普通高等教育“九五”国家级重点教材

矿产经济与管理

李万亨　傅鸣珂
杨昌明　田家华　编著

中国地质大学出版社

内 容 简 介

本书是一部以矿产资源经济(包括经济区划、区域和矿床勘查经济评价及矿山建设可行性研究)与地矿行政管理(包括储量管理、勘查开发监督管理和矿业权管理)为主体,并简略介绍有关法律、法规基本知识的教科书。书中注重矿产资源合理开发利用和环境保护,以实现国民经济可持续发展为最终目标。

本书简明扼要、深入浅出,反映了当前我国社会主义市场经济体制改革中,矿产经济与地矿管理所取得的最新成果和今后发展趋势。

本教科书为教育部"九五"国家级重点教材和原地质矿产部"九五"重点教材,适用于普通高等学校本科地质(地球科学)和矿产勘查工程专业或自然资源勘查、开发利用与规划等专业,也可供从事矿产资源经济和管理的公务员或实际工作人员培训或自学参考使用。

图书在版编目(CIP)数据

矿产经济与管理/李万亨等编著.—武汉:中国地质大学出版社,2000.11
(2013.7 重印)

ISBN 978-7-5625-1591-3

Ⅰ.矿
Ⅱ.李…
Ⅲ.矿业经济—经济学—高等学校—教材
Ⅳ.F407.1

中国版本图书馆 CIP 数据核字(2007)第 110011 号

矿产经济与管理 李万亨 傅鸣珂 杨昌明 田家华 编著

责任编辑:赵颖弘 赵来时 **责任校对**:杨 霖

出版发行:中国地质大学出版社(武汉市洪山区鲁磨路 388 号) **邮编**:430074
电 话:(027)67883511 **传真**:67883580 **E-mail**:cbb@cug.edu.cn
经 销:全国新华书店

开本:787 毫米×1 092 毫米 1/16 字数:336 千字 印张 12.5
版次:2000 年 11 月第 1 版 印次:2013 年 7 月第 9 次印刷
印刷:武汉市教文印刷厂 印数:15501—17500 册

ISBN 978-7-5625-1591-3 **定价**:25.00 元

《矿产经济与管理》编辑委员会

序

在1998年我国高等学校专业目录大规模调整后，作为地质工科调整后的新专业“矿产勘查工程”的第一本专业基础课通用教材《矿产经济与管理》即将出版问世了，这是专业调整后教材建设中的一件大事。

在教学改革的各项任务中，教学内容改革具有十分重要的地位，也是难度最大的工作之一。由于专业培养目标的拓宽，专业知识结构的完善，确定必要的公共专业基础课，并合理地确定各门课程的教学内容，编写相应的教材就成为当务之急。

矿产勘查工作需具有四大基础：地质基础、数学基础、技术基础及经济基础。

借助地质基础可解决勘查对象的正确认识问题，利用数学基础可解决勘查中的合理抽样、各种计算和信息分析处理问题，技术基础涉及矿产勘查中获取各种信息的方法手段，而经济基础则是解决矿床评价的理论、准则和方法问题所必需。矿床勘查的最终目的和基本任务是对矿床的经济价值和社会价值以及投入生产后的市场价值和竞争能力等作出正确的评价。因此可以说，矿产勘查的经济基础是核心问题，是最终确定矿与非矿，作出继续勘查与终止勘查，投入开发与放弃开发等决策的主要依据。

过去，我国在计划经济体制下的矿产勘查工作是以矿床的社会效益为前提的，经济评价只限于对矿床的自然状态（如品位、储量等）进行查定，至于矿床开采后市场效益如何，是否能盈利等则很少考虑。20世纪50年代，前苏联曾对矿床是否能以货币价值形式进行经济评价，并对以是否盈利为准则确定矿床取舍的问题开展了讨论。当时甚至对基于利润准则的评价理论进行了激烈的批判，并贴上了“资产阶级学术观点”的政治标签。这种学术思潮自然也影响到以计划经济为指导的我国矿产勘查学术界和具体的矿床评价工作。

至于矿产管理，由于矿产资源归国家所有，矿业活动又不以盈利为目的，所以地质勘查和随后的矿业生产均实行国家或地方的统一行政管理，矿产勘查和矿业活动中的风险完全由国家承担。而作为实施地质勘查工作的单位和个人不必为矿床勘查的经济效果负责。在这种情况下，勘查工作量宁多勿少，勘查工程间距宁密勿稀，高级储量比例宁高勿低等现象屡见不鲜，矿产勘查工作的多快好省要求无从谈起，矿产勘查的科学性也就成了很大的问题。在这种情况下，学校培养的矿产地质勘探人才更多地重视其地质基础及技术基础，而经济基础和管理能力的培养则十分薄弱，这样的知识结构和能力结构显然不适应当今社会主义市场经济条件下地质勘查工作的需要。所以，矿产勘查工程专业人才的培养模式需要认真改革，矿产勘查学科的教学内容也需进行相应调整。加强矿产勘查经济基础的培养，增加矿产经济与管理方面的教学内容势在必行。

由李万亨教授等编著的《矿产经济与管理》教材的出版恰好适应了这种需求，可以说是雪中送炭，十分及时。

《矿产经济与管理》的内容属于新兴交叉学科，其学科体系和内容还有待不断完善和丰富，本书的出版为这一学科的发展打下良好基础，也为进一步普及和提高有关理论和方法创造了良好条件，相信她一定能得到读者的欢迎，也一定能得到读者的关心与斧正。

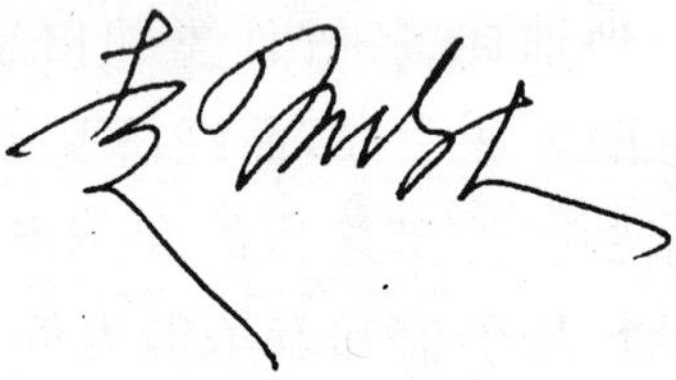

2000年8月29日

绪　论

自然资源是人类社会赖以生存和发展必不可少的物质基础，一部人类社会发展史，就是人类认识资源、开发资源的历史。矿产资源是自然资源的重要组成部分，研究其合理开发利用，建立人与自然和谐相处、协调发展的关系直接影响到人类的前途和命运，成为当今世界紧迫而又艰巨的任务。然而，过去在高等学校地质勘查类专业人才培养方面，过份强调认识自然和它的理科属性，在课程设置和知识结构方面，只注重地质技术科学理论，而忽视经济管理等社会科学，仅把高级地质技术人才作为大学本科的培养目标，以致学生毕业以后，成为既不懂经济，又不会管理，而且缺乏法制观念，对地质矿产勘查行业改革开放和中国社会经济特点知之甚少的"纯"地质技术人员。在计划经济体制下，培养出来的这种高级地质技术人才显然不能适应社会主义市场经济体制下对人才的需要，也不符合党的教育方针和"三个面向"的要求。为了适应改革开放和不断提高教育质量及教育水平，满足国民经济建设和社会发展对人才的需求，尽快改变上述"培养"和"需求"不协调的情况，近几年在调整专业和修改教学计划过程中，曾经增设过"矿产资源规划与管理"、"矿产资源经济学"、"地质勘查管理学"和"矿产资源法及其配套法规"等方面的课程。本次《矿产经济与管理》教科书的编写就是在上述课程基础上，经过进一步补充修改，重新编写完成的。

《矿产经济与管理》是一门涵盖众多学科的社会科学。首先，随着我国改革开放的发展，社会主义市场经济体制的建立和完善，全球经济一体化，科技进步以及可持续发展对矿产资源和环境的新要求等，都将促使我国矿业生产关系和矿业社会经济关系不断发生变化。其次，由于矿业活动多工序、长周期、涉及多种社会经济关系，使矿业开发面临着中央与地方、政府与企业、不同所有制企业之间错综复杂的权属关系和利益矛盾，再加上我国原有体制上的种种弊端，要想建立一个完善的社会主义市场经济体制岂能一蹴而就？因此，在这种情况下，编写本教科书确实难度很大，目前必须先从不同层次、不同角度和侧面总结出最基本、最本质和通过改革开放取得的成功经验着手进行，随着改革的深化，再逐步补充、修改和提高。

从《矿产经济和管理》这本教科书的名称，可以看出来本书研究的内容主要是经济与管理两大类学科。

矿产经济属应用经济学范畴，它是以矿产资源为研究对象，把矿产资源作为社会物质资料生产的基本要素，按照经济学的原理，通过矿产资源在勘查和开采加工，转变为可销售矿产品的一系列多阶段活动中的作用，研究其与经济效益有关的问题，以及在生产力运动中的地位和作用及其规律性。因此研究矿产经济，除了关注自然界中矿产资源天然禀赋以外，矿产品市场需求的变化，采矿加工技术的进步和经济自然地理条件等都是不可忽视的重要因素。

矿产管理属于管理学的范畴，是指国家有关矿产行政管理机关及其公务员依据《中华人民共和国宪法》和《中华人民共和国矿产资源法》等有关法律、法规的规定，在国家授权范围内，对矿产资源进行的综合管理，包括矿产资源的储量管理，矿产资源勘查、开发的监督管理和矿业权管理等。通过矿产资源管理工作，体现国家的意志，维护矿产资源所有者权益，保障矿产资源勘查、开发活动依法有序地进行，从而达到振兴矿业，促进国民经济可持续发展目标的实现。

本教科书分前后两部分，它们分别由矿产经济和矿产管理所组成。尽管两者的研究目的、任务和主要内容有所不同，但它们都是以矿产资源作为主要研究对象，因而也就限定了全部研究工作必须遵循矿产地质规律，以提高矿产资源勘查和开发的经济效益为出发点，只有这样才能迅速提高我国社会主义市场经济条件下矿产资源的综合管理水平。所谓“管理”其实就是对某个经济系统的活动进行计划和决策、组织和指导、控制和调节、监督和激励，争取以最少的劳动消耗，达到最佳的经济效益的目标。可见，经济与管理又是紧密联系在一起的，很难分开。当然，由于矿产资源勘查和开发经济活动的特殊性，其管理工作的制度和方式方法也与一般工业部门有很大不同。

本教科书最后一章是“地质矿产行政管理法律与法规”。法律、法规作为上层建筑，一定要为经济基础服务。现行的地质矿产法规体系主要是在维护国家权益前提下，为规范矿产地质勘查和开发、环境保护等活动有序运作而制定的行为准则。地质矿产行政管理法规体系主要由现行的和拟将制定的地质矿产法律及与之配套的法规、规章共同组成的分类别、有层次、上下制约、相互关联的有机统一体。它在规范和调整当前矿业经济活动、服务矿政管理、促进矿业发展中的作用是不可缺少的。因此，它在培养地质和矿产勘查工程类专业本科学生适应社会主义市场经济建设中，也是必须具备的专业基础知识。

根据研究领域的基本内容和读者的需求，本书首先对矿产资源的概念和国民经济可持续发展做了必要的介绍。然后，对矿产资源经济从宏观到微观，从经济区划到区域和矿床勘查经济，再到项目可行性研究，进行了较深入的探讨和论述。再后，对地质矿产的行政管理，包括矿产资源储量管理，勘查、开发的监督管理和矿业权管理，做了重点和系统的描述。最后，对进行矿产经济与管理所依据的地质矿产行政法律体系和内容，也做了简明扼要的介绍。

本教科书是根据国家教委《关于“九五”期间普通高等教育教材建设与改革的意见》（教高[1995]6号）和《关于印发“九五”普通高等教育国家级重点教材立项选

题的通知》(教高[1997]16号)所确定的国家级重点教材。后经原地质矿产部地质类工科本科教学指导委员会第二次会议(1998年5月7日至8日,武汉)审议,确定本教材为原地质矿产部首批“九五”重点教材;会上在进一步明确教材编写指导思想的基础上,对其在地质和矿产勘查工程类本科专业人材培养目标和教学计划课程设置中的地位和作用,又做了要求和说明。根据会议精神,主编人员在征求有关评审顾问、专家意见的基础上,对原教材提纲又进行了补充、修改。在参编人员分工充分准备后,于1999年3月下旬在北京召开了全体参编人员会议,国土资源部人事教育司薛平副司长在会上做了指导性发言,中国地质大学出版社也派人员参加了会议并提出建议和要求,会上通过讨论,确定了详细编写提纲和重点内容,并规定于2000年3月完成全部初稿的编写。初稿全部完成后,于同年5月中旬又在武汉校本部,由中国地质大学出版社邀请将来准备使用本教材的资源学院等单位的专家,进行了认真审查并提出宝贵意见。之后又进一步充实,使本教材更加完善。

值得提出的是,由于本教科书涵盖的内容极为广泛,要把所有这些知识融合起来成为统一的整体,确实难度很大。尽管参编人员是由校内外教学、生产、科研的老中青相结合的班子组成的,但在关键时刻,本教科书编辑委员会、原地质矿产部地质类工科本科教学指导委员会的评审顾问、专家们能够及时进行指导并提出宝贵意见,对本书的顺利完成,起到了至关重要的作用,谨在此向他们表示衷心的感谢。特别应该提到的是赵鹏大院士和国土资源部薛平副司长,他们从本书策划到编写,从编写指导思想到具体内容都给予了很大的关注,提出了许多宝贵意见。赵鹏大院士还为本书做了很好的序,特表示诚挚的谢意。

在本教科书编写过程中,还得到许多专家和同行的帮助,有的提供了研究成果、文件资料和案例素材等,有的提出了宝贵意见和建议,有的帮助做了大量具体工作。他们是中国矿业大学北京研究生院陶树人教授、北京科技大学陈希廉教授、中国矿业联合会李佩基教授、国土资源部金榆中处长和原地质矿产部教育司郑玉琦同志,在此一并表示衷心感谢。

全书共分八章,参加编写的人员有李万亨(负责绪论及第三章、第七章)、杨昌明(负责第一章、第二章)、田家华(负责第四章、第五章)、傅鸣珂(负责第六章、第八章)。最后全书由李万亨负责统稿和编纂。

作 者

2000年6月

目　录

矿产资源与可持续发展

提　要

1. 矿产资源属不可再生资源，其基本特征是资源消耗的不可逆性。矿产资源属国家所有。矿产资源具有价值，价值源于矿产资源的有用性和稀缺性。矿产资源是国家实力的重要体现，它不仅是人类物质生产的重要基础，而且也是人类生活资料的重要来源。不管人类社会发展到什么水平，矿产资源都是社会发展的重要基础。

2. 我国独特的成矿地质构造特征，决定了我国矿产资源的基本特点，即矿产资源总量丰富，但人均拥有量较少；矿产资源品种齐全，但某些重要矿产资源特别是大宗矿产相对不足或短缺；矿床数量多，但大型、特大型矿床较少；矿产地分布广泛，但不均衡；贫矿多，富矿少；"三难"矿多，"三易"矿少；共生、伴生矿床多，单一矿床少。

3. 矿产资源突出的供求矛盾必须引起我们的重视。走可持续发展之路是人类社会发展的必然选择。可持续发展包括公平性、持续性和共同性三个最基本的原则。为实现矿产资源的可持续发展提出十项政策建议。

第一节　矿产资源在社会经济中的地位与作用

一、矿产资源的概念与分类

地球上一切有生命和无生命的"天赐之物"，对人类是有用的，或者在合理的技术、经济与社会环境下对人类是有用的天然产出的资源，都称为自然资源。根据联合国环境规划署的定义："自然资源是指在一定时间、地点条件下，能够产生经济价值，以提高人类当前和未来福利的自然环境因素和条件。"自然资源包括土地、森林、瀑布、河流、水产、能源、矿产等。

矿产资源是一种自然资源，可定义为赋存于地壳内或地壳上天然产出的固态、气态、液态物质的富集物，从中经济开采和提取矿产品，目前是可行的，或者是潜在可行的，它包括所有无生命的、可供人类使用的、天然产出的无机或有机物质(有时可称为矿物资源和燃料资源)。矿产资源当其作为第一次产业的劳动对象，通过生产被消耗掉，而转化为与土地分离的社会产品，具有特殊的自然属性、社会属性和理论属性，这是与其他地质资源(如地质环境)的根本区别。

1. 矿产资源的特性

与其他自然资源相比，矿产资源有以下一些特性：

(1) 矿产资源的不可再生性(可耗竭性)。资源经济学把自然资源分为两大类来研究：一类是可再生资源(Renewable Resources)，诸如土地、森林等；另一类是不可再生资源(Non-renewable Resources)，也称为"可耗竭资源"(Exhaustible Resources)，如矿产资源、能源等。

不可再生资源的基本特征是资源消耗的不可逆性。拿矿产资源来说，它是采掘业的生产资料，被当作劳动对象来使用，只有消耗它才能得到矿产品，其生产过程与矿产资源的消耗过程同步并行。这种消耗是不可逆的，因为它一旦被消耗掉，不可能在短期内恢复到原储量水平。相反，甚至可能会被人们开发殆尽而最终枯竭。从这个意义上讲，矿产资源是有限的，但人类的需求是无限的，这一对尖锐矛盾的存在，也正是研究矿产资源可持续发展的重要意义所在。

(2) 矿产资源属国家所有。《中华人民共和国宪法》规定，矿产资源属于国家所有。《矿产资源法》第三条则进一步明确："矿产资源属于国家所有，由国务院行使国家对矿产资源的所有权。地表或者地下的矿产资源国家所有权，不因其所依附的土地的所有权或使用权的不同而改变。"这一规定从法律上确定了矿产资源属于国家所有，强调了矿产资源所有权主体的唯一性，排除了它与土地所有权或者使用权之间的依附关系。矿产资源的国家所有权既指所有权本身，也包括由之派生的国家对矿产资源享有的占有、使用、收益和处分的权利。一般而言，国家不是在事实上占有、使用矿产资源，而主要是依照法定的方式将矿产资源的占有、使用的权利授让他人，来间接实现其收益和处分权。

(3) 矿产资源的价值特性。矿产资源是有价的，它的价值是资源所有权的经济权益的具体表现，这种价值来源于矿产资源的有用性和稀缺性。有用性即它能为人类提供生产与生活资料，而稀缺性是因为它是不可再生的，用一点就少一点。但矿产资源的价值并不是一个固定值，它犹如房地产价值一样，在不同的时期会以不同的价格表现出来。例如，当某种矿产资源埋在地下未被人知，这时资源的存在尚未被证实，人类还不知道怎样利用这些资源时，它也就没有使用价值，当然也就没有价值可言。但一旦人类通过投入找矿、勘探劳动，获得了矿产资源的信息，掌握了利用这些资源的知识技能时，这时矿产资源自身就有了使用价值，相应也就有了价值。可见，矿产资源的价值能否显现出来，还取决于人类已积累的认识和利用它的知识与技能。

2. 矿产资源的分类

矿产资源根据划分标准的不同，有多种分类方法：

(1) 按照矿产资源成生赋存的不同领域，可划分为陆地资源、海洋资源和外星资源三大类。这种划分的意义在于树立地质矿产资源工作的远大目标，努力扩大领域，向地质矿产资源的深度和广度进军。

(2) 根据矿产资源用途不同，可划分为10类(我国矿产资源统计中使用的分类)：

① 能源矿产：煤、石油、油页岩、天然气、铀、钍等；

② 黑色金属矿产：铁、锰、铬、钒、钛等；

③ 有色金属矿产：铜、铅、锌、铝、镍、钴、钨、锡、铋、钼等；

④ 稀有金属矿产：铍、锂、铌、钽、锆、镉、镓、铟、稀土等；

⑤ 贵金属矿产：金、银、铂、钯、钌、锇、铱、铑等；

⑥ 冶金辅助原料：熔剂用石灰岩、白云岩、硅石、菱镁矿、耐火粘土等；

⑦ 化工原料：硫铁矿、自然硫、磷、钾盐、明矾石、化工用石灰岩、泥炭等；

⑧ 特种类：压电水晶、冰洲石、金刚石、蓝石棉、熔炼水晶、光学萤石等；

⑨ 建材及其他类：云母、石棉、高岭土、石墨、石膏、滑石、水泥用石灰岩等；

⑩ 水气矿产：地下水、地下热水、二氧化碳气等。

(3) 国外的分类方法如下：

国外矿产资源的分类法这里仅以美国分类法为例加以简单说明。美国的矿产资源分类法虽然经过不断修正，已成为一个比较复杂的分类体系，但它与最初美国地质调查所麦克凯维

(V.E. Mexelvey)分类法仍很相似。

麦克凯维将矿产资源分为储量和资源两大类。“储量”是指地质上已探明的、能经济地回收利用的矿床。按矿床经济回收利用的可靠程度由高到低又细分为证实储量、推断储量和可能储量。“资源”则包括其他所有矿床,如尚未发现的,或者回收利用它们还不可能的。资源也可细分为两类:准边界资源和次边界资源。了解掌握麦克凯维分类法后,对熟悉掌握其他分类法有极大的帮助。

二、矿产资源在人类社会发展中的作用

人类对矿产资源的利用可以追溯到很远的古代,那时人们便知道用煤生火取暖、烹调食物,用多彩的矿石制造首饰。到了现代社会的今天,人类已与矿产资源结下了难解之缘,矿产资源已经进入了我们生产、生活的各个领域。在当前制约和影响我国经济发展的“瓶颈”中,能源和原材料都涉及到矿产资源。有关专家认为,在国民经济发展中只有两大基础产业——农业与矿业,尽管这两大基础产业在发达国家中的国民生产总值中占的比重很低,分别占5%左右,但它却支撑了占产值90%左右的其他产业。由此可见,矿产资源在社会经济发展中的重要作用。

1. 矿产资源是人类物质生产的重要基础

据统计,在被社会利用的自然财富中,矿产资源约占80%。有的经济学家在预测未来时,认为世界经济发展所需90%的能源,80%以上的工业原料,仍将取自矿产资源。在我国也是如此,尽管我国的矿业产值占国民生产总值(GNP)的比例仅为7%左右(表1-1),但在我国每年消费的能源中有94%以上来源于矿产资源,工业原料消耗量的80%来源于矿产资源,能源矿产与工业生产和经济发展的关系是十分密切的,可以说矿产资源已成为整个世界经济的支柱。正像有人所描述的那样:石油是工业的“血液”,煤炭是工业的“粮食”,而钢铁正像马克思所说的是“近代工业的杠杆”。

表1-1　我国“七五”以来国民生产总值、工业产值、地质勘查产值及矿业产值①

项目＼年份	1985	1986	1987	1988	1989	1990	1991	1992	1993	1994
国民生产总值(亿元)	8 995	9 380	11 351	13 984	15 916	18 545	20 236	24 379	34 477	44 918
工业生产总值(亿元)	9 716	11 194	13 813	18 224	22 017	23 924	28 248	37 066	52 692	76 909
地质勘查产值(亿元)②	21③	23③	27③	60	72	119	132	178	242	304
矿业产值(亿元)	423	483	776	789	999	1 334	1 604	1 826	2 610	3 130
矿业产值占GNP的比重(%)	4.70	5.15	6.84	5.64	6.28	7.19	7.93	7.49	7.57	6.97

注:① 均按当年价计算

② 地质勘查产值包括全国地质勘查行业地质勘查投资、地质市场、多种经营及其他方面的产值

③ 1985～1987年油气勘探投资中仅包括小部分

资料来源:《中国矿产资源报告》(1996)

2. 矿产资源是人类生活资料的重要来源

在人类漫长的发展史中，矿产资源的利用程度，不仅仅反映人类已达到的科学技术水平，而且也是划分人类文明史的标志。人类历史上的石器时代、青铜器时代、铁器时代，以及蒸汽、电气和原子能时代的划分，均体现了矿产资源在人类生活中的利用程度。在现代社会中，煤、石油、天然气、铝、铁、金、硅、石墨等一系列矿产资源，已成为人类生活中必不可少的生活资料，其一次性产品或深加工产品，被广泛用于人们的生活之中，涉及到衣、食、住、行、通讯、娱乐等各个方面。以能源矿产为例，从表1-2可以看出，我国每人年平均生活用能源中除煤炭和煤油略有下降外，均呈明显的上升趋势。人类已到了离开矿产资源就几乎寸步难行的地步。

表1-2 我国每人年平均生活用能源

项目/年份	平均每人生活消费能源(千克标准煤/人)	煤炭(千克)	电力(千瓦/小时)	煤油(千克)	液化石油气(千克)	天然气(立方米)	煤气(立方米)
1983	106.6	127.7	13.4	1.2	0.6	0.1	1.5
1984	113.5	134.9	15.3	1.4	0.6	0.5	1.5
1985	126.7	148.7	21.2	1.2	0.9	0.4	1.2
1986	127.3	148.3	232	1.3	1.1	0.7	1.3
1987	132.1	152.1	26.4	1.2	1.1	0.7	1.6
1988	141.0	159.1	31.2	1.1	1.2	1.4	1.5
1989	139.3	152.4	35.3	1.1	1.4	1.5	2.4
1990	139.2	147.1	42.4	0.9	1.4	1.6	2.5
1991	138.1	142.0	46.9	0.8	1.7	1.6	3.1
1992	133.4	126.1	54.6	0.7	2.0	1.8	4.4
1993	130.4	120.5	61.2	0.6	2.5	1.4	4.5
1994	129.3	109.5	72.7	0.6	3.2	1.7	6.3

3. 矿产资源是国家实力的重要体现

在1995年世界银行最新的统计标准中规定，任何国家的财力均由人力财产、自然财产、创造财产三部分组成，其中自然财产包括土地、森林和矿产资源等，且创造性财产中无处不有矿产资源的影子，因此矿产资源的赋存量自然体现了一个国家实力的强弱。全国初级矿产品产值4 336亿元，占全国国民生产总值的8%以上。我国矿业开发总规模居世界第三位，其实力不言而喻。

综上所述，矿产资源在社会经济发展中占有举足轻重的地位，它对人类文明社会的发展发挥着强大的作用力。

三、面向21世纪的矿产资源

21世纪是知识经济时代，根据联合国经济合作组织在《以知识为基础的经济》专题报告中提出的定义，所谓知识经济，是指建立在知识与信息的生产、分配和使用之上的经济。简单地说，知识经济就是依靠知识进行创造性的思维和科研从而创造财富的经济。知识经济浪潮已席卷全球，知识与信息的作用被提升到至高无上的地位。相形之下，资源的作用和地位日益淡化。甚至有不少学者认为，自“二战”以来，资源的地位和作用一直就不断下降，而且将继续下降。这种论点有理吗？众所周知，人类的一切经济、社会活动的根本动力，源于人类不断增长和发展的需求，而满足这种需求的基础，是物质资料的生产；物质资料生产的起点，是资源的开发利用。也就是说，不管人类社会发展到什么水平，资源都是社会发展的基础，所不同的仅在于人类对资源认识的深度和广度不同，开发利用的水平和层次不同，以至于在不同时期，发挥主要和主导作用的资源种类、层次不同而已。

知识经济虽是一种全新的经济形态，它也仍然离不开矿产资源的利用：① 在知识经济社会中，人们最基本的需求仍依赖于取自天然的物质和能量，第一、二产业仍要以矿产资源为基础。就是信息，也大都需要物质载体；② 矿产资源同样是高技术产业的基础，只不过构成此基础的资源不再仅仅是逐渐耗竭的资源，而且有能得到更深层次开发利用的富有资源，如海水、太阳能等；③ 知识虽都是经过高智力加工的信息资源，但是，直接来源于自然资源的自然信息又是这种加工不可或缺的原料。因此，人类即使进入知识经济时代，矿产资源和其他自然资源同样也是很重要的资源。软件是知识产品，但也得有物质。许多产品如果没有物质产品的支撑，也是不可能生产出来的。只有在物质产品比较丰富的基础上，才能有知识的丰富和广泛应用。没有知识的世界是愚昧的世界，而没有物质的世界是死亡的世界，没有能源的世界是黑暗的世界。

在知识经济即将到来的今天，人类也面临几个严重的全球问题，如人口不断膨胀，资源日渐枯竭，环境破坏日趋严重等。知识经济为人类解决这些问题提供了新的方法和途径。就矿产资源而言，可以运用新理论、新技术和新方法，寻找、开发矿产资源，同时应更加有效地保护和合理利用矿产资源。

第二节　我国矿产资源的基本特点

从整体上看，我国陆域地壳活动强烈，地层发育齐全，沉积类型多样，构造复杂，赋矿地质环境、成矿种类和矿化力度自成体系，由此决定了我国矿产资源的基本特点。

一、矿产资源总量丰富，但人均拥有量较少

我国幅员辽阔，地质构造复杂，特殊的地质环境使我国成为世界上矿产资源比较丰富的国家之一（图 1－1）。在探明的矿产储量中，我国有 33 种矿产居世界前五位，其中位居世界第一位的有 12 种。从 45 种主要矿产储量折值来看，我国总折值占世界总折值的 9.9%，居世界第三位；单位陆地面积矿产储量折值为全球陆地矿产储量折值平均水平的 1.5 倍，是世界上矿产资源丰度较高的国家之一。但是由于受人口众多的基数影响，我国矿产资源的人均拥有量很低，人均拥有量折值还不到世界平均量的一半，名列世界第 80 位。所以从资源总量上来说，我国是个资源大国，但从人均拥有资源量来看，我国又是个资源小国。

二、矿产资源品种齐全，但某些重要矿产特别是大宗矿产相对不足或短缺

目前世界上发现的近 200 种矿产资源在我国已有 168 种被找到（表 1－3），在我国已经探明储量的 152 种矿产中，有 6 种能源矿产、55 种金属矿产、88 种非金属矿产，以及地下水、地下热水和二氧化碳气等 3 种矿产。我国是世界上矿产资源品种较为齐全、配套程度较高的少数几个国家之一。

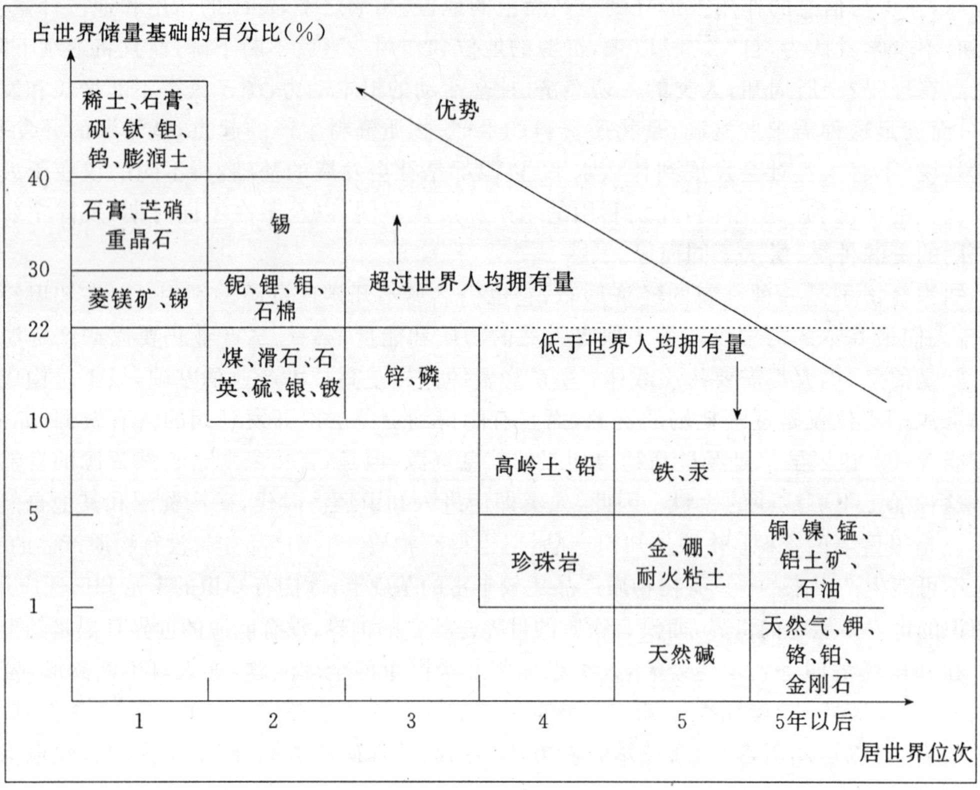

图 1-1　我国主要矿产储量在国际上的地位示意图

（据中国国土资源报，1999）

我国储量的概念和国际上通用的储量概念不一致。因此，这种对比仅供参考。一般情况下，我国储量的概念主要表明了地质研究程度和工程控制程序，其中有一部分尚未做经济可行性研究。因此，我国矿产储量中包含了部分经济不可行的储量

同世界其他国家相比，我国矿产资源的优劣特征比较明显。以资源储量计，占世界 15%以上的优势矿产有：稀土、钽、铌、钛、钒、钨、锡、钼、锑、锂、煤、芒硝、镁、重晶石、膨润土、耐火粘土、石棉、萤石、滑石、石膏、石墨等 21 种。这些资源不仅储量居世界前列，而且资源质量高，开发利用条件好，在国际市场上具有明显的优势和较强的竞争能力。但是，某些重要矿产特别是大宗矿产相对不足甚至短缺，其中如铁、锰、铜、铝、硫、磷等均以贫矿为主。中国铁矿石 86%为贫矿石，平均品位仅为 33.5%，比世界平均水平低 10%以上，可以直接入炉的富铁矿仅占铁矿总量的 2%。锰矿平均品位只有 22%，不及世界商品矿石工业标准 48%的一半，且矿石含磷、硫、铁等杂质多，在利用以前需做选矿和脱磷处理。铝土矿几乎全为一水硬铝石型，用其生产氧化铝的建设投资和生产成本明显高于处理三水铝石和一水软铝石。铜矿平均品位仅为 0.87%，品位大于 2%的富矿仅占总储量的 6.4%。硫矿之硫源明显不同于国外，以硫铁矿为主，且贫矿多富矿少，利用效益差。磷矿富矿少，品位平均仅为 16.95%，且胶磷矿多，选矿难度大。迄今为止，我国还没有发现像澳大利亚、巴西和印度那样的大而富的铁矿，像智利、美国、澳大利亚、赞比亚那样大而富的铜矿。这给我国的矿产资源开发和利用，带来了一系列不利的影响。

表 1-3　我国发现的 168 种矿产

矿产类型		矿产名称
探明储量矿产（152 种）	能源矿产（6 种）	煤、石油、油页岩、天然气、铀、钍
	黑色金属矿产（5 种）	铁、锰、铬、钒、钛
	有色金属矿产（13 种）	铜、铅、锌、铝、镍、钴、钨、锡、铋、钼、汞、锑、镁
	稀有金属矿产（29 种）	铍、锂、铌、钽、锆、镉、镓、铟、稀土、锶、铷、铯、锗、铊、铼、硒、碲、铪、镧、铈、镨、钕、钐、铕、钇、钆、铽、镝、钪
	贵金属矿产（8 种）	金、银、铂、钯、钌、锇、铱、铑
	非金属矿产（88 种）	a. 冶金辅助原料类：溶剂用石灰岩、白云岩、硅石、菱镁矿、耐火粘土、萤石、铸型用砂、铁钒土、铸型粘土、高铝矿物原料 b. 化工原料类：硫铁矿、自然硫、磷、钾盐、明矾石、化工用石灰岩、泥岩、硼、盐、芒硝、砷、重晶石、钾长石、含钾岩石、化肥用蛇纹岩、钠硝石、天然碱、镁岩、溴、化肥用橄榄岩、碘、毒重石、化肥用硅石 c. 特种类：压电水晶、冰洲石、金刚石、蓝石棉、熔炼水晶、光学萤石、光学水晶 d. 建材及其他类：云母、石棉、高岭土、石墨、滑石、水泥用石灰岩、水泥混合材料、水泥配料、玻璃用砂、长石、陶瓷粘土、砖瓦粘土、建筑石材、蛭石、硅藻土、膨润土、叶腊石、玉石、泥灰岩、玻璃用白云岩、石榴子石、天然油石、花岗岩、方解石、铸石用辉绿岩、玄武岩、珍珠岩、浮石、刚玉、玛瑙、凹凸棒石、宝石、透辉石、透闪石、颜料矿物、白垩、伊利石粘土、累托石粘土、板岩、辉长岩、角闪石、片麻岩、粗面岩、火山渣、霞石正长岩、沸石、硅灰石
	水气矿产（3 种）	地下水、地下热水、二氧化碳气
未探明储量矿产（16 种）	能源矿产（3 种）	煤成气、油砂、天然沥青
	金属矿产（5 种）	钬、铒、铥、镱、镥
	非金属矿产（5 种）	电气石、黄玉、麦饭石、黑曜岩、松脂岩
	水气矿产（3 种）	硫化氢气、氦气、氡气

三、矿床数量多，但大型、特大型矿床较少

我国目前已发现矿床和矿点 23 万多处，据 1995 年统计资料，我国已开发的矿产达 152 种，全国已建成国有矿山 8 800 多个、乡镇集体小矿和个体采矿点 28 万多个。

在发现的众多矿床中，大型矿床很少，中小型矿床较多。我国矿业年产值超过 4 000 亿元，已成为世界第二矿业大国。在我国已经探明储量的矿床中，约 95%是中小型矿床，大型矿床仅占 5%，特大型矿床罕见。矿床规模大的矿产仅有钨、锡、钼、锑、铅、锌、镍、稀土、菱镁矿、石墨以及煤炭等。一些重要矿产的矿床规模则以中型特别是小型居多，大型、超大型矿床少，如铁、铜、铝、石油、天然气、硫、磷以及金、银等。据统计，这些矿产大型矿约占 8%，中型矿约占 20%，小型矿所占比例大于 70%。中小型矿床所占的比例大了，就不利于规模开发，单个矿区也就难以形成较大生产能力，而且造成矿山基建和生产成本偏高，从而影响资源开发的总体效益。

四、矿产地分布广泛，但不均衡

我国矿产资源分布广泛，全国 31 个省市（自治区、直辖市）的近 2 000 个县（市）有矿产资源。但由于全国不同地区地质构造环境差异较大，发展历史不尽相同，区域地质各具特色，因而造成资源的空间（区域）分布不均衡。如北方有多个规模大的煤矿集中区，主要矿物能源——煤

炭和石油资源的80%左右分布在北方；南方则有多个磷矿集中区，化工矿产的硫和磷矿资源的80%以上则分布于南方诸省；黑色冶金矿产资源大部分蕴藏在北方东部地区；而有色金属的70%以上则集中于南部；西部则是镍矿、钼矿、铅矿、铬矿、石棉矿、云母矿的集中区。这些分布特点，也为我国建立不同的资源配置类型和各具特色的经济区创造了条件。

五、贫矿多，富矿少；"三难"矿多，"三易"矿少

我国贫矿多，富矿少；难采、难选、难冶矿多，易采、易选、易冶矿少。这是由我国特定的成矿地质条件决定的。在我国已经探明储量的152种矿产中，一些重要矿产往往是难采、难选、难冶矿，如铁矿、铜矿、磷矿等。已经探明储量的矿床大多是贫矿，这就给采、选、冶等在技术经济上带来一定的困难，使得相当一部分矿产在近期内难以开发利用。

六、共生矿床、伴生矿床多，单一矿床较少

我国的矿产资源不但种类多，而且矿石物质成分比较复杂，形成了中国矿产资源的一个显著特点：共生、伴生矿多，大多数金属和非金属矿中都有伴生元素，其中尤其以有色金属矿产为多。据统计，有80多种矿产含有共、伴生储量。比如铁矿中有15%的矿石为含钒钛磁铁矿，其他还有热液交代型、矽卡岩型和火山岩型铁矿，它们常伴生多金属矿床；又如铜矿常与铁、铅、锌、钼、镍、钴、金、银、铋、铂、钨、锡、硒、碲、硫等矿石共生。我国伴生金储量约占金总储量的28%，伴生铜储量占铜总储量的25%，而银的伴生储量比重更高。从伴生矿中回收的铜占铜产量的25%～30%，金约占金总产量的25%，而铂族金属和稀有元素几乎全从伴生矿中回收。

多种矿物或有用组分相共生或伴生，虽然从理论上讲可以提高矿石的综合利用程度和开发的经济效益，但同时也会增加采矿和选矿加工的难度，使生产成本大幅度提高，成为矿产资源开发的障碍因素。

第三节　我国矿产资源形势分析

21世纪中国的经济实力将大大增强，将实现邓小平同志制定的"三步走"战略的第三步目标，即在本世纪中叶达到中等发达国家的水平。矿产资源是实现这一宏伟目标的最主要的物质基础。当前的时代，要从社会主义市场经济的角度，从改革开放的角度，从利用全球资源的角度，从可持续发展的角度，来认识我国21世纪的矿产资源形势，制定矿产资源战略，解决矿产资源供应问题。

从我国人口、资源、经济增长的趋势与国际矿业大市场的发展趋势出发，我国在21世纪前半期所面临的矿产资源形势可归结为五点。

一、巨大的需求压力

经济学家发现，在每一万元的GNP中，都含有对矿产品的使用量，称之为对矿产品的"使用强度"。在人均GNP处于1 000～2 000美元时，对矿产品的使用强度最大，这实际上相当于工业化中期阶段，是基础工业与基础设施发展最快的时期。战后西方国家进入后工业社会，使用强度已大幅度下降，每一万元GNP中包含更多的是高科技和服务性产品，矿产品的份额减少。对于中国，今后20～30年内，正是人均GNP处于1 000～2 000美元的时期，即矿产品使用强度高峰期，这一时期我国经济的增长仍然需要有大量的物质性投入，特别是矿产品的投入，

以支持基础工业与基础设施的发展。同时我国人口也将进入高峰期。我国在21世纪将面临着对矿产资源需求的三重压力:经济增长、发展阶段(使用强度最大)、人口高峰。为了研究我国21世纪初期的矿产资源形势,已经对我国45种重要矿产进行了逐个矿种、逐个矿区的分析,特别对矿产品的需求量、供应能力、问题、战略、对策、措施进行了研究。目前对矿产品的需求压力就已经很大,石油、铜、钾盐、铁矿石等供需有很大缺口。到2020年,各类矿产品的需求量将增加一倍以上,届时除石油、铜等少数矿产品外,对大多数矿产品的需求量将超过美国而名列世界第一,矿产品的需求总量也将跃居世界第一。

二、缓慢的储量增长

目前矿产储量的年增长率除石油、黄金和少数非金属矿产外均增长甚微,储量增长缓慢的原因是多方面的。但是,最根本的原因是找矿难度加大和地质勘查的有效投入不足。以固体矿产的钻探工作量为例,"六五"的勘查投入完成的钻探工作量为3 000多万米,"七五"为2 000多万米,"八五"接近1 000万米,1996年不足100万米。也就是说,每隔5年,钻探工作量减少1 000万米,有效勘查投入不足的形势是相当严重的。因此,加速地质勘查与矿业体制的改革,建立勘查资金来源的市场化机制,是开拓勘查投入新渠道,大幅度增加有效勘查投放,解决储量增长缓慢的重要途径。

三、可用资源不足

国家计划发展委员会和原地质矿产部联合各有关部门和省(自治区、直辖市)开展的第二轮矿产资源对建设保证程度论证工作,在需求预测基础上,对45种主要矿产进行了概略的矿区技术经济分析,将已探明矿区分为已利用(含在建)矿区、可设计利用矿区、可规划利用矿区和暂难利用矿区四类,并对前三类可利用矿区进行可供性分析。结果表明各矿种可利用矿区储量占探明总储量比例的30%～80%,而可利用矿区中扣除设计开采境界外和设计开采损失量后的可采储量一般只占可利用矿区储量的40%～70%。这说明总体上我国矿产资源现有储量中只有60%左右可开发利用,35%左右可以采出,因而实际可利用的储量明显不足。

四、矿业的全球化趋势增强

20世纪90年代以来,随着全球经济一体化的加速发展,矿业出现了强劲的全球化趋势。以1996年矿产勘查投资为例,据《澳大利亚矿业杂志》统计,西方矿业界对固体矿产(不含石油、天然气)勘查的总投资为35.2亿美元,其主要来源是美国、澳大利亚、加拿大和英国。在这些投资中,已有60%的投资额进入了发展中国家,其中拉丁美洲占全球勘查总投资的23.7%,东南亚、太平洋地区占11.8%,非洲占11.9%。

矿业的全球化,有利于发展中国家吸取国际资金,勘查和开发本国矿产资源。对于像我国这样一个拥有一定的经济与技术实力的发展中国家,可借机完成本国矿业的资本积累与技术改造,提高中国的竞争能力。同时,我们还可以利用矿业全球化的机会,进入资源丰富但相对落后的非洲和拉美地区开发海外矿业基地。

五、矿产资源承载力不足

据对45种主要矿产的可利用矿区可采储量对2010年经济建设保证程度论证结果:到2010年,可保证并有部分矿种或其产品可以出口换汇的矿产有菱镁矿、钼、稀土、芒硝、钠盐、煤、钛、水泥(原料)、玻璃(原料)、石材、萤石、钨、锡、锌、重晶石、锑、滑石、高岭土、硅灰石、硅藻土、石墨、膨润土、石膏等23种;基本保证但在储量或品种上还存在不足,需要在国内找矿或进口解决的矿产有铀、铝、铅、锶、耐火粘土、磷、石棉等7种;不能保证、部分需长期进口补缺的矿产有石油、天然气、铁、锰、铜等10种;资源短缺,主要靠进口解决的矿产有铬、钴、铂、钾盐、金刚石等5种。在这45种矿产中,人均占有量低于世界人均占有量的达27种。对经济建设不能保证或基本保证但存在不足的矿产达22种,占所论证矿种的48.9%。在优势的矿产中,则有相当部分是市场容量不大的非大宗使用的矿产,而不能保证的矿产相当部分是经济建设需求量大的支柱性矿产。在论证的23种能源、金属、贵金属矿产中,不能保证和短缺的矿产有11种,占47.8%。还有部分矿产因过度开采或浪费严重,加快耗竭速度而将成为不能保证的矿产。从总体上看,我国已探明的矿产储量对2000年经济建设发展目标总体上尚能基本保证;到2010年,45种主要矿产中可以保证需求的只有23种;而到2020年形势更加严峻,可以保证需求的仅有6种矿产,相当部分矿产的探明储量对经济建设的保证程度偏低。

第四节 矿产资源与可持续发展

一、可持续发展战略

可持续发展是当今人类社会普遍关注的热点问题,它是人类在面临人口膨胀、资源短缺、环境恶化等几大全球问题时,为了摆脱发展困境,经过沉重的反思和积极的探索寻找到的发展战略。有关可持续发展的定义也多种多样,其中得到一致认可的定义是布伦特兰(Brundfland)夫人领导下的联合国世界环境与发展委员会在其提交的报告——《我们共同的未来》(《Our Common Future》)中提出来的定义:“可持续发展是指既满足当代人的需要,又不对后代满足其自身需要的能力构成危害的发展。”可持续发展在1992年巴西里约热内卢召开的“环境与发展大会”上得到了广泛的接受和认可,并且作为人类共同选择的发展道路,在全球开始被付诸行动。

可持续发展包括公平性、持续性和共同性3个最基本的原则:

(1) 可持续发展的公平性原则(Fairness)。可持续发展强调:“人类需求和欲望的满足是发展的主要目标”。然而在人类的需求方面存在着很多不公平因素,可持续发展强调的是要满足当代人民的基本要求和较好生活的愿望,强调世世代代公平利用有限的、稀缺的自然资源的权利,强调在全世界范围内公平分配自然资源。可见公平性原则包括三重含义:一是当代人之间的公平,二是代际间的公平,三是全球分配的公平。

(2) 可持续发展的持续性原则(Sustainability)。布氏在论述可持续发展“需求”内涵的同时,还论述了可持续发展的“限制”因素,因为没有限制也就不能持续。“人类对自然资源的耗竭速率应考虑资源的临界性”,“可持续发展不应损害支持地球生命的自然系统,大气、水、土壤、生物…”(《Our Common Future》)。“发展”一旦破坏了人类生存的物质基础,那么“发展”本身也就难以继续下去,发展也就失去其根本意义。因此,可持续发展提出了持续性原则,其核心就是指人类的经济和社会发展不能超越资源与环境的承载能力。

(3) 可持续发展的共同性原则(Common)。鉴于世界各国历史、文化和发展水平的差异,可持续发展的具体目标、政策和实施步骤不可能是唯一的。但是可持续发展作为全球发展的总目标,所体现的公平性、持续性原则,则是共同的。为了实现这一总目标,共同性原则要求必须采取全球共同的联合行动。

用一句话来概括，可持续发展的本质内涵是强调必须处理好人类社会自身的生存发展和保护自然资源的关系，强调要合理利用和保护好人类赖以生存的自然资源的生态环境。

1994 年，我国根据 1992 年联合国“环境与发展大会”的精神，制定了《中国 21 世纪议程》——中国 21 世纪人口、环境与发展白皮书。白皮书中提出：“走可持续发展之路，是中国在未来和下一世纪发展的自身需要和必然选择”，“必须毫不动摇地把发展国民经济放在第一位”，同时要“保护自然资源和改善生态环境”，以便实现国家的长期稳定发展。白皮书的制定，标志着我国正式确定把可持续发展作为自己的社会经济发展战略。

我国的可持续发展战略主要包括 10 个方面的内容，例如，维护资源基础，不断提高资源利用效率，发展资源产业，建立资源得以永续利用的体系；节约利用资源和能源，建立低能耗、低物耗、低污染和高产出的可持续发展体系；防治环境污染和公害，保障公众身体健康，促进经济社会发展，建立健康的生态环境体系等。

二、矿产资源与可持续发展

由可持续发展的定义与内涵中可以看出，可持续发展的基本要素是人口、资源与环境，也就是控制人口、珍惜资源、保护环境、持续发展。矿产资源作为自然资源的重要组成部分，决定了它在可持续发展中的基础性地位。可持续发展战略的全面实现，必须有矿产资源可持续发展作为支撑，也就是要高度重视和优先实现矿产资源的可持续发展。要解决这个问题，可以从以下几个方面进行考虑。

1. 制定科学的矿产资源战略

凡事预则立，不预则废，对于矿产资源开发和经济发展当然更是如此。要实现矿产资源的可持续发展，必须重视搞好矿产资源战略问题。在当代，资源战略被认为是具有全球性的战略问题，受到世界各国的高度重视。研究矿产资源战略就是要研究矿产资源开发决策中具有全局性、长期性、规律性、关键性或决定性的谋划。如果把政策作为决策的产物，战略则是更高层次的决策，政策是实行战略目标的具体方针和措施。在我国属于矿产资源战略性的问题包括以下几个方面：

(1) 矿业生产力布局。研究全国范围内的矿产资源开发部署、矿业投资方向、攻关方向等全局性的问题。

(2) 区域性经济发展中的资源战略。研究区域开发中资源的最优配置、资源的优先开发次序、资源开发方案优化等。

(3) 矿产资源的产、供、销战略。研究矿产资源勘查与开发战略中矿产品的中长期供应、销售策略，优势资源的开发战略，稀缺资源的储备战略、勘查战略等等，以保障国民经济长期稳步发展的需要。

(4) 战略资源研究。战略资源是指那些在国民经济、国防建设、国计民生中具有决定意义的资源。这类矿产资源往往对国家某类重大方针的实施、重要目标的实现具有决定性的作用。确定某种矿产资源是否为战略资源一是看国家对这种资源的急需程度，二是资源的赋存量。如果国家急需，但资源条件很好，或者资源条件不好，国家也不急需，这都不能成为战略资源。所以战略资源也是动态变化的，今天是战略资源的矿产，明天可能不是，今天不是战略资源的矿产，明天也会有可能成为战略矿产。因此，战略矿产资源需要经常研究。

(5) 矿业开发管理体制改革的战略决策。矿业管理体制本身属于全局性的问题，它对矿业的影响也是长期的、关键性的或决定性的。矿业管理体制制定得好，就能保证有一个良好的矿业秩序、高效率的管理运行机制，从而促进矿业的健康发展，否则会因为管理体制的问题而成为矿业发展的桎梏。

(6) 重大项目规划。搞好资源战略和长远规划的另一个重要问题，就是一定要有重大项目规划，特别是要有重大矿产资源开发项目、重大矿物能源和非能源矿物原料基地建设项目以及其他重大基础设施建设项目规划。所谓隔几年上个新台阶，除了科学技术进步获得重大突破，劳动生产率提高到一个新的水平之外，就是几年之内投产一批重大项目并发挥出效益。

2. 计划与市场相结合，实现矿产资源优化配置

在计划经济体制下，我国长期执行的是资源无价、原料低价、产品高价的价格政策，国家花了大量的人力、物力、财力找到的资源形成无形资产，随着采矿权的无偿授予转移到其他国有企业以及整个社会国民经济的效益之中。但是，改革开放以来，特别是我国开始建立社会主义市场经济体制以来，这种无偿授予采矿权的弊端就越来越明显。一方面是由于投入采矿主体的多元化，造成中央国有与地方国有，国有与集体、个体矿山企业的资源之争，形成复杂的矿业纠纷，出现无证采矿、滥采乱挖，大量的国有资产及国家前期投入成为矿山企业甚至个人资产。另一方面抑制了资源再生产活动的积极性，造成资源的严重浪费，如采富弃贫、采易弃难、采浅弃深、采厚弃薄等等，同时生态破坏和环境污染也日益加剧。各种形式的资源浪费，其目的是降低资源产品的生产成本，但其代价是有限资源的损失。可以这样说，一切掠夺式资源开采、资源利用的低效率、资源的严重短缺等行为和状态的产生，都根源于资源的无偿使用。实践证明，这种办法已不能适应经济的高速发展特别是矿业发展的要求。为了扭转局面，从1994年开始在全国范围内开征资源补偿费。资源补偿费的征收，对于促进矿业秩序的好转和矿业经济发展起了良好作用，但其更重要的意义是，它是政府第一次运用市场经济价值规律来优化资源配置。从此，市场在资源配置中的作用才开始被重视并渐渐得到发挥。市场机制作用要得到更有效地发挥，必须对矿产资源价格的形成机制进行研究，通过市场运用价格杠杆来限制资源的浪费，调节资源生产，实现资源持续利用。

其实，我国社会主义市场经济制度作为一个完整的经济制度体系，它在促进充分合理利用自然资源和推动经济持续发展上的作用，应该包括充分发挥市场经济本身在配置自然资源中的基础性作用和加强政府对自然资源利用的宏观调控作用这两个相互联系的重要方面，它们共同组成我国社会主义市场经济制度合理配置自然资源作用机制不可分割的有机联系整体。我们既不能像过去一样完全由计划手段来调节和配置矿产资源的开发利用，这必然严重地影响到整个经济体制的改革进程，使经济走向“一放就乱，一抓就死”的怪圈中去；也不能完全由市场来配置矿产资源，它必然会使某些关系国家兴衰存亡大事的矿产资源和关系国家经济主体(国有经济)生存的矿产资源处于无序状态，对资源的持续利用、经济的持续发展显然会造成不利影响。

因此，切实发挥社会主义市场经济制度在合理配置自然资源、促进经济可持续发展中的作用，就要实现计划配置与市场配置的有机结合，同时用可持续发展的思想给以正确的引导。

3. 改变传统观念，用可持续发展思想指导资源合理配置

资源合理配置就是要使资源的配置和利用达到帕累托(Pareto)最优。传统的观念认为，资源合理配置的标准是经济增长，一切有利于经济增长的资源配置都是合理的配置。在这种传统观念指导下，矿产资源的开发利用就出现了种种短视现象，特别是过分地追求矿产品产量的增加，造成资源的有效储采比不断下降，致使资源对经济持续发展的保证程度一再下降。因此，要转变传统观念，用可持续发展的思想指导矿产资源的合理配置。一要改变传统的资源配置标

准，用经济增长和持续发展双重目标来衡量资源配置的合理性，既要有利于当代人平均生活水平的不断提高，又要不损害未来经济的发展。二要用可持续发展的思想指导调整我国的产业结构。合理调整我国产业结构的关键是以可持续发展的思想为指导确定我国的产业政策，即把它们对资源的消耗和对环境的污染作为一个重要因素考虑在内，在所确定的可持续发展产业政策指导下，我国应该严格限制那些能源消耗高、资源浪费大、环境污染严重的行业和企业的发展，而积极鼓励并发展质量效益型、科技先导型和资源节约型的产业和产品。三要用可持续发展的思想克服短期行为。在我国长期以来非持续发展的思想指导下，矿业发展中的短期行为到处存在。例如"三废"的任意排放、野蛮开采、资源浪费等等，都是典型表现。对资源的破坏性利用，其结果必然是既破坏了资源基础，又限制了经济的发展。短期行为的产生，根源在于生产经济的急功近利，只看到某些眼前和局部的经济利益而忽视长远和全局的经济利益。只有在可持续发展思想的的指导下，才能克服这些形形色色的短期行为，使矿业发展走上可持续发展的道路。

同时也应该认识到，观念的转变是一件非常困难的事情，应该尽可能地借用各种媒体手段，向公众普及可持续发展知识，使保护生态环境、合理利用资源成为全社会的道德风尚；将过去那种以"人定胜天"为骄傲，把人类进步建立在向大自然无节制索取和恣意挥霍之上的发展观转变为与自然和谐相处、在发展中珍惜和保护资源和环境的发展观。

4. 依靠科技进步，提高资源利用效率，走资源节约型发展道路

矿产资源的利用效率主要表现为对矿产资源利用的程度上。中国以位居世界第三位的矿石产量支持排名世界第九位左右的 GNP，这说明中国单位 GNP 的资源消耗至少是同等发展水平的国家的 3 倍。而根据有关统计资料计算的结果，中国单位 GNP 的钢材、铜、铝、铅、锌的消耗分别为世界平均水平的 3.6、3.7、2.4、2.7 和 2.2 倍；能源对 GNP 的产出率仅为世界平均水平的 1/7。以上数据无不表明，我国的资源利用效率远远低于世界平均水平。因此，当前应把提高资源利用效率，降低单位国民生产总值的能耗和钢耗，走资源节约型发展道路放到战略地位，从战略高度去重视它，并组织人力、物力和财力去研究它。

提高资源利用效率，最根本的是要依靠科学技术的进步。邓小平同志曾精辟地指出"科学技术是第一生产力"，科学技术在各个领域发挥着越来越重要的作用，它的进步同样也能大大提高资源的利用率。如新设备的使用，可以大大提高煤的燃烧率。利用新技术开展精加工，开发新的石油产品能提高石油利用率等等。目前我国矿产资源开发利用的科技含量很低，这表现在开发中科技人员比例很低，科技开发经费很少，科研项目研究理论性太强，节约资源的各种开发利用工艺、材料、能源和设备推广非常缓慢。如我国研究和开发经费占国民生产总值的实际比例长期在 1%以下，绝对值只相当于美国的 1/50。因而我国的资源优势没有得到充分的发挥；资源优势在很大程度上尚未转变为产业优势。在可持续发展要求下，要实现节约型资源开发战略，就必须增加资源开发利用的科技含量，提高资源利用效率。

5. 加强矿产资源开发环境保护，实行开发全过程的环境管理

矿产资源的开发利用会产生一定的环境污染，造成某些生态破坏，譬如采出的废石占用土地、污染环境，开采造成地面塌陷等。在可持续发展目标的要求下，矿产资源开发利用必须加强环境保护和环境管理，尽可能减少开发对环境的破坏。如可以采用土地复垦技术恢复土地的使用价值，采煤选煤企业可以附建低热值燃料发电厂或煤矸石建材厂，减少排出废石量等等。

加强矿产资源开发环境保护，要制定矿山环境保护法规，依法保护矿山环境。环境保护应执行"谁开发谁保护、谁闭坑谁复垦、谁破坏谁治理"的原则，制定保护恢复计划，鼓励推广矿产

资源开发废弃物最小量化和清洁生产技术；制定和实施矿产资源开发环境补偿收费、复垦保证金政策，减少矿产资源开发的环境代价；要积极推进矿山“三废”资源化和矿产开采对周围环境影响的无害化工作。为了有效地进行矿产资源开发利用中的环境保护，更重要的是要实施矿山开发全过程的环境管理，即矿产资源开发环境管理应从项目的立项论证开始，从项目的可行性研究开始，对资源开发的环境保护在开发的前期就进行研究，并与开发项目主体设施同时上马实施。环境管理的终止环节也不应是矿山闭坑，而应延伸到矿山闭坑后的土地复垦阶段，使矿产资源开发利用对环境的破坏降到最低程度。开展矿产资源开发环境保护工作，可以考虑选择若干矿业城市，建设成从矿产勘查、开发到综合利用、环境保护一条龙的试点示范城市，再将其经验推广实施。

6. 增加勘查投入，提高矿产资源承载能力

增加勘查投入，可以改善资源紧张状况，提高矿产资源的承载能力。这一点是显而易见的，问题在于投入资金的来源。以往我国矿业资金的来源主要是政府投资，现在中央已经允许私人和外商投资矿产资源的勘查与开发。地质勘查投资体制的多元化，无疑扩大了勘查投入的来源途径。需要强调的是，在吸引外资方面，与许多国家竞相改善投资环境，吸引国际矿业资本相比，我国政府的步伐还是比较慢的，开放程度也比较低。

例如菲律宾以往只允许外资占矿产权益的40%。20世纪90年代前期拉莫斯总统执政时改变了这一政策，允许外资占矿产权益的100%。印度尼西亚政府则采取了对勘查完全开放的政策，在矿床发现并勘查完拟建矿山时则规定需要当地的合作伙伴，但可允许外资权益占80%。智利铜矿原主要由国家经营开采，现允许国营铜矿公司将其矿产勘查地对外招标引资，而且其他勘查地亦对外资开放，允许外资获占100%的权益。秘鲁、墨西哥、阿根廷等国也制定了类似的开放政策。由于这些国家采取开放矿产资源的政策，修改矿业法及其有关规定，并且改善投资环境，所以全球大部分的矿业投资都涌向这些国家。反观我国，因为开放力度不够，因而在吸引矿业投资方面落在了其他国家后面。如1996年，西方国家在亚洲及太平洋地区投资为4.14亿美元，大部分投至印度尼西亚和菲律宾，而投到中国的极少。

前面提到，世界已经出现矿业全球化的趋势，对于中国而言，既是挑战，更是机遇，应该抓住机遇，加大矿产资源开放的力度，不仅要放宽对矿产资源勘查与开采的管制，而且要修改政策法规，出台优惠政策，切实保护投资者的合法权益。只有把这些基础工作做好，才可能吸引更多的外资进入国内矿产资源的勘查与开发领域，促进我国矿业的发展，增加矿床储量，从而增大矿产资源的承载力。

扩大矿业投入的另一条有效途径是鼓励矿业企业进入资本市场，例如发行股本或债券等，筹措资金以图自身发展。在国外，许多矿业企业都是走这条道路发展起来的，我国矿业企业也可借鉴学习。同时，由于矿业投资风险高、周期长，矿业企业进入资本市场时政策性的扶持也必不可少。

7. 运用新理论、新方法、新手段，开发利用非传统矿产资源

非传统矿产资源是指由于当今技术、经济原因尚未进行工业利用的矿产资源和尚未被看作矿产的、未发现其用途的潜在矿产资源，或虽为传统矿产但因地质地理原因极难发现的矿产资源。它是一个包括非传统矿产—非传统方法—非传统矿业—非传统矿业经济等的完整体系。

在西方发达国家以及一些矿业大国，关于非传统矿产资源发现与开发的研究受到高度重视。如美国矿业局(现并入能源部)在俄勒冈州阿尔巴尼市建立了规模可观的研究院，其任务是专门研究在经济上目前不具备工业价值或在技术上目前尚不能开采和加工利用的矿床类型和

矿石类型，其目的是一旦传统矿产资源枯竭，则立即有新类型资源接替。俄罗斯作为一个矿业大国也特别注意对非传统矿产资源和矿产资源非传统方法的研究。我国的非传统矿产资源研究起步较晚，但步伐正在加快。1998～1999 年短短两年内，就召开了两次有关非传统矿产资源的学术研讨会。1999 年在由中国地质大学主办、自然科学基金委员会协办的第二届“非传统矿产资源发现及利用国际学术研讨会”上，与会专家基本达成共识：矿产资源是不可再生资源，传统矿产资源将随其不断消费而逐渐耗尽与枯竭；另一方面，新兴产业的崛起又对矿产资源的用途提出了新要求。面临这种形势，发现和开发非传统矿产资源以满足未来社会对矿产资源的新需求成了当前一项紧迫的战略任务。会后，几位中科院院士联名上书，呼吁尽快启动非传统矿产资源发现与开发的基础研究。

非传统矿产资源强调的一个方面是要向海洋要矿。海洋为人类提供了丰富的矿产，除丰富的海上油气、滨海砂矿外，海水中还有含量丰富的各种化学元素和大洋矿产资源，其中尤以深海海底的多金属结核、富钴结壳和海底硫化物矿床最引人注目。中国的海洋矿产资源虽然十分丰富，但目前利用较多的只是海水中的钠、钾、碘和大陆架中的石油、天然气资源，海洋矿产的利用大有潜力可挖。非传统矿产资源也强调向新深度要矿。例如，在俄罗斯，黑色金属矿石的平均采矿深度为 600 米，有色金属矿石平均开采深度为 500 米，但许多已超过 1 000 米，将来可达到 1 500～2 000 米，1/3 以上铜储量，几乎所有的镍、钴，大部分铝土矿、金刚石、金，优质铁矿及磷的开采深度将超过 1 000 米；加拿大为 2 000 米；美国为 3 000 米；印度达 3 500 米；而在我国，绝大多数金属矿床的开采深度不足 500 米。可见，开发地下深部资源前景广阔。非传统矿产资源对矿业提出新的要求，它是一种非传统矿业，采用高新技术，产出高附加值，具有综合服务功能、环保功能和节能功能。非传统矿产资源还强调发现矿产资源的新用途。以稀土矿石为例，近年来稀土的新用途层出不穷：代替重金属颜料，用于核磁共振照相，可作挠性超导带，存储全息图像甚至可对运动中的图像进行记录等等。

由于矿产资源供求形势日趋紧张，而且传统的矿产勘查与开发面对新世纪更高的环保要求和新的矿业经济评价已经不能适应。因此运用新理论、新方法、新手段，开发利用非传统矿产资源势在必行。也只有通过对新领域、新深度地球物质运动过程及其成矿作用机理研究，建立新类型矿床的成矿模型，提出一套非传统矿产预测的新理论、新方法和新技术；在对地球物质特殊性能及复杂物质体系反应研究的基础上，开拓出非传统矿产的新用途和采—选—冶一体化新工艺，才有可能为 21 世纪国民经济和社会可持续发展提供可接替资源保证，为新兴产业（如环保、健康、人居等）及高新技术产业提供新型的矿产资源支撑。

8. 合理利用国内外两种资源

在当今世界经济一体化趋势不断增强、国际资源市场不断扩大的形势下，任何国家都不能完全依靠本国的资源满足社会经济发展的需要。因此，要在立足用好国内资源的基础上，扩大矿产资源的国际合作与交流，充分利用国内外两个市场、两种资源，通过国际市场调节和优势互补，实现资源的优化配置，保障资源的有效供给。

中国资源不足和严重短缺的若干重要矿产如石油、富铁矿、铜矿、锰矿、铬铁矿、钾盐、金刚石等，在国外均较丰富，如澳大利亚、巴西、南非等国的富铁矿石、富锰矿石、铬铁矿石产品都有稳定供应，我们应充分利用这些国家的资源来满足我国矿业发展的需要。甚至对一些目前虽不是急缺矿种，但保证程度不高的一些战略矿种，在国际市场价位低时，也应有计划、有组织地进口一部分，做必要的储备。对急缺矿种的进口，应以初级产品为主，比如铜应以进口铜精矿为主。据估计，在 21 世纪前半期，全球的矿产品总体上仍将处于供过于求的局面，从市场购买的仍然是一种比较廉价的矿产品。应该充分抓住这个机会，以多种方式利用国外廉价矿产品，发展我国经济。

除扩大进口贸易外，还可以走出国门面向世界，根据国内外资源形势和所在国实际情况，引导和协调到国外进行风险勘查开发矿产资源的商业活动。采取独资或合作方式直接参与开发，建立海外矿产品供应基地或与有关国家建立长期稳定的矿产品供求关系，以获取稳定的原材料供应来弥补国内之不足。

9. 制定并严格执行法规政策，规范矿业管理

改革开放以来，根据国民经济发展规划目标的要求和国内外矿产资源形势，国家对矿产资源勘查、开发利用政策进行了调整和充实，提出了维护矿产资源国家所有，有偿取得探矿权、采矿权，依法转让探矿权、采矿权，矿产资源勘查、开发实行区块登记，对矿产资源实行有偿使用，以及“十分珍惜资源，合理利用和保护矿产资源”等一系列促进矿产资源勘查、开发利用的政策，逐步组织制定矿产资源开发战略，建立包括国家矿产品进出口政策、矿产资源保护政策、鼓励勘查和开发政策在内的矿产资源政策体系。尽管我国已经初步制定了比较完善的矿业政策法规体系，矿业管理工作逐步规范，矿业秩序有所好转，但由于导致矿业纠纷的思想根源、经济根源等一系列深层次因素尚未消除，矿业秩序整顿仍将是一项长期的、艰巨的、复杂的任务。

尚待进一步进行的工作，一是继续制定政策法规，逐步完善有利于矿产资源可持续利用与保护环境的价格政策和财政税收政策；建立矿产资源的实物账户和价值账户，以支持建立综合的环境与经济核算体系，改进、完善现有的国民经济核算体系。二是加大法规政策的执行力度。矿产资源管理的内容很多，最主要的是探矿权、采矿权的审批管理，探矿权、采矿权的出让与转让管理，矿产资源开发监督管理等。对探矿权、采矿权必须实行两级审批发证制度，市、县两级矿产资源管理机构没有对探矿权、采矿权的审批权，两级审批机构都是在维护矿产资源国家所有的原则下，对探矿权、采矿权申请进行审批管理。还要加快实施矿产资源勘查、开采区块管理制度。矿产资源勘查、开采区块管理制度，是国际上通行的国家管理矿产资源的有效办法。勘查矿产资源必须按区块向国家提出申请，经批准并缴纳体现国家所有权的探矿权使用费，领取勘查许可证，成为探矿权人后才能进行勘查活动。探矿权人要严格遵守国家的有关规定，保证有必要的勘查投资，勘查过程接受国家主管部门的监督，勘查成果资料必须向国家主管部门汇交，开采矿产资源必须向国家申请并报经批准。国家保护探矿权人的合法权益，保护探矿权人的优先采矿权。探矿权人有偿取得一个区块的探矿权以后，其他任何单位或个人未经许可不得进入他人的区块内勘查和开采矿产资源。

矿业管理活动的规范还必须得到当地地方政府领导的大力配合。近年来的实践表明，凡是政府领导重视矿产资源管理和矿业秩序整顿的地方，矿业秩序就好，矿业经济就能得到健康发展，即使出现问题也能很快纠正；否则，矿业秩序就产生混乱。在矿业纠纷比较突出的地方，其矛盾双方当事人的背后往往有地方政府或部门的影子。因此，要真正规范矿业管理，建立良好的、有序的、法制的矿业秩序，必须要有各级地方政府的大力支持，要能对各级地方政府进行有效的约束。从这个角度来说，巩固和维护矿业秩序非常艰巨，需要付出艰辛的努力。

10. 积极发展二次资源产业

二次资源产业是指对矿产资源在开发、消费利用过程中，由于各阶段不同的原因而被废弃的矿石或有用元素及金属、非金属矿产制品的回收开发利用产业。形成的资源称二次资源或再生资源。二次资源开发的意义有3个方面：一是可以回收大量资源，节省原生矿产资源的消耗；二是可以防止、减轻对环境的污染和生态的破坏；三是可以节省一次资源开发的大量费用而获

得可观的经济效益。

中国二次资源的开发利用起步于20世纪50年代，进入80年代以来发展较快。废旧金属、非金属工业制品的回收利用，尾矿的开发利用，冶炼、加工过程中的综合回收利用，已经取得了较好的资源、环境、经济效益。目前，中国回收再生资源达19大类，上百个品种，年回收总量达1.7亿吨，年总产值达250亿元。废钢铁的回收率为42%，废旧金属综合回收率为27.7%，综合回收黄金占总产量的1/4～1/3，综合回收的银占总产量的3/4以上，废铝回收占全国铝产量的11.2%，锌占6%，近1/3的硫也是靠综合回收的。

在中国，二次资源开发虽在不断发展，但也还存在不少问题：一是矿床的综合勘查、综合开发、综合评价不够。二是对可供二次开发利用的资源缺乏有力的促进和保护政策措施。如对可供综合利用，但由于种种原因不能同时开发利用的资源及选矿尾矿资源等都缺乏保护的法律、政策依据，以至于大量可供二次开发利用的资源遭受不应有的损失。三是技术水平低。四是产业化程度不高，二次资源开发尚未真正形成一个独立的产业。五是再生资源的产品价格等政策的导向作用还没有充分发挥出来。六是各部门之间的配合不够，资源管理部门、矿业部门和环境治理部门基本上处于脱节运行状态。

由于二次资源开发意义重大，因而受到各国政府和企业的高度重视，一些国家资源二次利用的范围广、效益大，再生金属在金属产量中的比重不断上升。目前，西方发达国家的废旧有色金属综合回收率达35%，废钢铁的回收率达60%～70%。20世纪80年代再生铝占西欧铝产量的40%～50%，占美国铝产量的20%，到90年代其比例达到50%～80%。1991年美国、日本和原西德回收废杂铜量占精炼铜产量分别达63.3%、67.2%、79.9%。中国由于废旧金属的社会积累量尚不高，与发达国家相比差距很大。根据抽样调查统计，中国铁、锰等黑色金属矿山采选平均回收率为65%；国有有色金属矿山采选综合回收率只有50%；煤矿矿井回采率也只有50%左右，如果加上集体、个体煤矿则只有32%；矿产资源总回收率不到30%，比发达国家要低20个百分点。一项研究表明，如果金属矿山开采回收率提高10个百分点，则全国就将增加几千万吨的矿石量，相当于建几十座矿山。煤矿也是这样，如能提高采煤技术，仅减少由于采高、落煤等因素造成的损失，每年就可以增加4 000万吨产量。

发展二次资源产业可以从两个方面入手。一是加大矿业技术开发和科研投入。重点加强综合回收利用研究，对综合利用中的重大技术难题组织攻关，使共、伴生矿中的有用组分得以充分回收利用，以提高共、伴生矿及综合矿产地的经济效益和资源效益，最大限度延长矿山服务年限。同时随着技术的改进，使一些低品位矿石也能被加以利用，增加储量。二是采用政策措施或经济手段鼓励矿山企业的矿产资源综合利用和“三废”资源化活动，调动广大基层矿山发展二次资源产业的积极性。

进一步阅读的书目

1. 宋瑞祥. 矿产资源开发利用与社会经济可持续发展. 中国地质，1997，No. 8.
2. 张雷. 我国可持续发展的矿产资源基础. 自然资源学报，1998，Vol. 13，No. 2.
3. 陶家元. 矿产资源环境的保护与可持续发展. 华中师范大学学报（自然科学版），1997，Vol. 31，No. 1.
4. [美]鲁道斯基著. 杨昌明，李万亨译. 矿产经济学——自然资源开发与管理. 武汉：中国地质大学出版社，1991.

5. 殷淑丽.优化资源配置,实现可持续发展.中国地质矿产经济,1999,No.6.
6. 王松.论我国的自然资源利用与经济的可持续发展.自然资源学报,1998,Vol.10, No.4.
7. 中国地质矿产经济研究院.我国矿产资源与可持续发展,1998.
8. 王军.可持续发展.北京:中国发展出版社,1997.
9. 杨昌明,黄孝林.矿产资源与可持续发展.地球科学,1998,No.5.

思 考 题

1. 如何理解矿产资源的三大特征?
2. 阐述矿产资源在人类社会发展中的地位与作用。
3. 从我国矿产资源的特点及其供求形势,分析矿产资源可持续发展的必要性。
4. 实施矿产资源可持续发展战略有哪些对策?

第二章

矿产资源经济区划

提　要

1. 矿产资源经济区划是在矿产地域分布的自然属性和矿业经济活动地域分布的社会属性的基础上形成与发展起来的具有特殊性质的地域生产综合体。

2. 矿产资源经济区划的理论基础是区位理论、地域分工理论、联系论和差异论。

3. 根据经济、动态、系统、带动等7项基本原则，综合运用多种方法开展矿产资源经济区划工作。

4. 我国的矿产资源经济区划体系由4个层次组成。

第一节　矿产资源经济区概述

一、经济区的基本特征和类型

区域是地球表面各构成要素组成的物质实体——地域综合体，是地球表面的分类(包括区划和类型)单位，它是客观存在的，并且有自身质与量的规定性。经济区是人类运用科学技术、工程措施，根据社会经济规律，对资源、环境进行利用、改造和建设中形成的，符合经济生产地理分工规律的，以大城市为中心，专门化与综合化相结合的生产地域综合体。它是一种特殊类型的区域，也有人称之为生产地域综合体。经过国内外地理界、经济界多年的理论探讨与实践，一般认为经济区具有以下基本特点：

(1) 客观性。经济区是客观存在的，它反映的是一定区域内经济活动的地域差异，因而必然表现为具体的地域单元。但是，经济区域的划分是人们依据自己的认识而划定的。因此，在经济区域的划分中，选择能反映区域联系的客观标准是非常必要的。

(2) 结构性。经济区以一定的经济中心为区内经济的核心，外围为中间带和边缘带，各部分通过交通、通讯网络连接起来形成一定的空间结构。经济区内部各要素是按照一定的秩序有机组合的，构成一个完整的有机体，并非各要素的简单相加。

(3) 地域性。区域是地球表壳的一部分。一定的区域有一定的面积，有一定的范围和边界，可以在地图上标示出来，并可以度量，区域的边界应该能够用经纬线和其他地物控制。经济区是一种区域，是一个相对完整的空间单元，也具有区域的这些基本性质。

(4) 功能性。经济区有一定的具有全国和地方意义的专业化生产部门，在全国和地方劳动地域分工中具有特定的功能。

(5) 开放性。每个经济区都是一个开放性耗散结构系统，内部子系统间协同配合，同时，系统内外进行大量的人、财、物、信息交换，具有很大的协同力和促协力，形成一个“活”的、有生命力的、越来越兴旺发达、越来越高级的耗散结构系统。具体来说，就是区内既要有专业化分工和紧密的协作，对外又需要大力加强区外包括国外的分工协作，吸引区外和国外的资本、技术、人力和先进的管理经验。

(6) 层次性。经济区域的层次性，是指在一个地域单元内，可以划分出多个层级的经济区。一个国家是层级最高的综合经济区，称为基本经济区。在这个基本经济区内，又有若干个较低层次的次级经济区。若干个较低层次的经济区集合成一个较高层次的经济区，产生新的质，并具有新的特征。完全可以说，一个国家是由若干层级的经济区组成的大经济网络。

(7) 可变性。经济区按经济活动的内在联系和基本特征来分，可分为综合性经济区和专业性经济区两大类。综合经济区是指以中心城市和交通要道为依托，突破行政区域界限，充分反映市场经济规律和经济活动的内在联系，以及地理自然特点的经济区域。专业性经济区是指那些具有某种或某些相似或相同的经济特征，但不一定有统一的经济中心，也不一定有紧密的内在联系的经济区域。专业性经济区最大的特点是在多个类型经济区域划分中出现地域上的重叠性。例如，产粮区是类型经济区，产棉区是类型经济区，产棉区和产粮区就可能在地域上是重叠的。

二、矿产资源经济区

矿产资源经济区属于专业性经济区的一种，区划的对象和经济内容仅包括矿产资源和矿业经济活动。严格地讲，矿产资源经济区和矿产资源经济区划是工业经济区和工业经济区划的细分。因此，可见矿产资源经济区可定义为：在矿产资源地域分布的自然属性和矿业经济活动地域分布的社会属性的基础上形成与发展起来的具有特殊性质的地域生产综合体。

矿产资源经济区除具有一般经济区的客观性、地域性、结构性、功能性、开放性和层次性等特征外，还具备以下特征：

(1) 专属性。矿产资源经济区的专属性主要表现在两个方面：一方面，矿产资源经济区形成及发展，专门且严格受矿产资源地域分布和矿业经济活动地域分布的影响和制约，矿产资源经济区内矿产资源和矿业经济活动的状况、水平、结构相似，不同矿产资源经济区之间则在矿产资源和矿业经济活动的状况、水平、结构方面存在着明显的差别；另一方面，矿产资源经济区的区划旨在揭示矿产资源及矿业经济活动地域分布的客观状况，促进、保证矿业开发的分工和空间布局的合理性，提高矿业开发的程度、水平、规模和效益。

(2) 相关性。矿产资源的地域分布特征是在地球的形成和发展过程中一定地质作用和成矿作用的自然产物，不受人类主观条件的影响，其位置、品种、质量和数量等特征具有不可更改性，矿产资源的地域分布特征是矿业经济活动地域分布特征形成的前提和基础。但同时矿业经济活动地域分布特征又必然受到区域和社会经济水平及产业空间结构的制约和影响。相对于矿产资源经济区的专属性而言，矿产资源经济区的这种性质称为相关性。

矿产资源经济区划意义在于有利于对矿产资源及其矿业经济活动地域分布客观状况的认识；有利于矿业经济活动地域上的合理分工，以及矿业经济活动的规划、组织、指导和协调；有利于矿产资源及其他经济资源的合理开发、综合利用；有利于区域矿产资源及其经济潜力、优势的充分发挥等。

第二节 矿产资源经济区划的理论和方法

一、矿产资源经济区划的理论

经济区划是指按照地域经济发展演变及其地域分异的客观规律，对一定地域进行战略划分，揭示出具有不同地域范围、内容、层次的，各具特色的经济区域或地域生产综合体。

矿产资源经济区划是在经济区划的基础上，把矿产资源作为自然的生产要素，结合其有关的社会生产要素在不同地域空间上的分布、组合的特点，按照矿产资源和矿业经济活动特征，进行矿产资源经济区的划分过程。

(一) 矿产资源经济区划的理论基础

矿产资源经济区划的理论基础主要是区位理论、区域分工理论、联系论和差异论。

1. 区位理论

区位理论的发展经历了古典区位理论、近代区位理论和现代区位理论3个阶段。古典区位理论主要是指杜能(Thunen)1826年创立的农业区位理论和韦伯(Weber)1909年创立的工业区位理论。它是以单一的企业和工厂为研究对象，从降低成本和运费来追求成本最小化。随着资本主义由自由竞争阶段向扩张和垄断阶段转变，产生了以克莱斯泰勒(Walter Christaller)的中心地理论和廖什(August Lasch)的市场区位理论为代表的近代区位理论。近代区位理论的研究对象转为城市，追求扩大市场达到利润最大化目标。“二战”后，尤其是20世纪50年代以来，工业化和城市化的浪潮几乎冲击了所有的国家，同时也带来了一系列重大的区域经济问题，如区域发展不平衡、城市人口膨胀、环境污染等等。面对新问题，区位理论也获得了新的发展，产生了现代区位理论。现代区位理论主要包括以下五大学派：成本-市场学派、行为学派、社会学派、历史学派和计量学派。虽然各种学派间的观点不尽相同，但他们的研究对象都已转至对区域整体经济结构及其模型的研究，对区域发展条件的分析也扩展为多因素研究，如在成本、市场的基础上还考虑劳动力因素、区域发展宏观经济环境、社会因素等等。

区位理论虽然在不断向前发展，但其研究的核心却一直没变，仍然是区位和场所问题，即确定成本最小、利润最大的生产区位，它为矿产资源经济区划提供了理论基础和方法工具。

2. 区域分工理论

区域分工是区域经济学研究的重要内容之一。和其他经济理论一样，区域分工理论经历了不同的发展阶段，主要有古典区域分工理论和现代区域分工理论。古典区域分工理论以亚当·斯密(Adam Smith)的绝对成本和大卫·李嘉图(David Richard)的相对成本学说为代表，他们从成本的角度对国际分工的原因进行了论证。现代区域分工理论的主要代表人物是赫克歇尔(E. Heckscher)和俄林(Bertil Cotthardohlin)，他们提出了资源要素禀赋理论，从要素禀赋的不同的角度出发，对国际分工的必要性进行了阐述。俄林的资源要素禀赋论中的许多观点为大多西方经济学家所接受。

地域分工理论的基本要点是：

(1) 每个区域或国家，生产要素禀赋各不相同，这种差异是地域分工形成与发展的基础。

(2) 地域分工是生产力发展到一定阶段的产物，生产力的发展，使得各地区生产要素供给不同，它决定了生产要素价格差异，是地域分工和区际交换的最直接原因。

(3) 地域分工、交换最重要结果是各地都能更有效地利用各种生产要素，促进生产率的提高。

(4) 地域分工是社会分工的空间形式。各地区由于发展生产的有利条件不同,各自形成特有的专业化生产部门,因此生产地域分工表现为地区生产专业化地域分工的发展,促进了各地区发挥优势,形成以专业化生产为主导,以配套产业、基础产业为辅助的协调发展的地区经济综合体——经济区。

3. 区域联系论

区域联系理论和区域分工理论一样,也是区域经济学研究的重要内容之一,而且随着生产国际化、贸易全球化的发展,其地位越来越重要。区域联系是指各个区域之间在商品、劳务、资金、技术和信息等方面的交流活动,具体包括自然联系,经济联系,人口移动联系,技术联系,社会联系,服务传递联系和政治、管理及组织联系。区域是区域分工不断深化和发展的结果,是区域在经济上彼此相互依赖日益加深的具体表现。区域间联系的程度对于区域经济发展水平、区域产业结构和空间布局都有着深刻的影响。区域联系随着生产力的发展而逐步提高,首先是区内联系发展到一定程度,然后扩展到区外和国外,最后达到国际规模。一般来说,区域联系的规模和水平取决于3个因素:一是区域生产专业化发展的规模和水平,即当地生产的产品除满足当地自身需要外,能够提供多少剩余产品;二是区域分工发展的水平;三是交通运输、邮电通讯、商业、金融和其他服务业的发展水平。

区域联系理论主要包括以下3个方面的内容:

(1) 相互依赖理论。这一理论是由我国著名区域经济学家刘再兴教授归纳提出的,其基本要点是:① 世界经济的相互依赖,是资本主义发展的客观要求和必然趋势;② 这种相互依赖,日益扩展到一切国家、一切民族;③ 这种依赖是相互的、双向的,而不是单方面的、单向的。

(2) 空间相互作用理论。空间相互作用是指在某种区域特点的影响下,发生于不同地理区域之间的相互作用,这种相互作用是通过区域间的人口、物质、资金、信息等的流动来实现的。它的主要内容有:① 距离衰减原理,即地理现象之间的相互作用随着距离的增加而减小;② 引力模式,这是社会物理学派在研究社会现象时从牛顿的万有引力理论得出来的,它可用来确定两个区域之间的货流、业务流、信息流、人流的数量;③ 此外,还有潜能模式、市场区分界点模式和空间相互作用模式等。空间相互作用理论是研究区域规划、城市规划、交通网规划的重要理论基础。

(3) 核心-外围理论。核心-外围理论是发展经济学中用以解释发达国家与不发达国家之间不平等关系的理论,后来被引进区域经济学,用以解释区域经济发展中的发达地区与不发达地区间的关系。这一理论主要有从国际经济秩序角度分析发展中国家不发达原因的阿明依附论,从国际经济关系的角度分析发展中国家经济发展的普雷维什经济发展理论,从生产价值分析发展中国家经济落后原因的伊曼纽尔不平等交换理论,从国际经济交换关系的角度分析发展中国家经济发展的弗兰克不发达发展理论,以及也是从国际经济关系的角度研究发展中国家经济发展的刘易斯中心边缘国理论。进行地质矿产资源经济区划,就是要通过地质矿产资源及其他自然资源富集区、加工工业集中区、自然地理区位优势区等的划分,为改善自然资源富集区区位不利的条件,实现地区与地区之间的专业化分工和合理协作,实现生产力的合理布局和地区经济协调发展,提供科学依据。

4. 区域差异论

差异处处都有,差异无所不在。一物区别于另一物以至万物,其根据就在于它们之间存在着差异。所有各种区分和区划,归根结蒂,都是各种差异的区分与区划;或者说,区分与区划就在于找出对象的差异,然后加以区别和划分。矿产资源的差异主要体现在自然丰度和自然分布两个方面。

矿产资源的自然丰度的极大差异性，主要指矿产资源的有用物质组分含量、有用物理化学性能以及所包含的自然力等方面的极大差异性。例如都是煤，但有质量优劣之分。有的煤质量好，灰分含量低，发热量大；有的煤质量差，灰分含量高，发热量小。同样是铜、铅、锌等金属矿石，但金属含量、矿石技术加工性能、选冶工艺性能等差异很大。有的矿石金属含量高，品位富，矿石易采、易选、易冶，为优质富矿、特富矿；有的却金属含量低，品位贫，且矿石难采、难选、难冶，为劣质贫矿，甚至暂无经济价值。再如同样是二氧化硅化合物，但由于内部分子结构不同，有的是水晶，有的是玛瑙，有的是蛋白石，有的只是普通石英砂。同样是碳元素，由于其存在的客观自然环境条件不同，有的生成泥炭、褐煤、烟煤、无烟煤，有的却生成石墨、金刚石。

矿产资源自然分布的极大差异性，主要指它的自然赋存及其分布的极不均衡性。例如我国的煤炭资源，主要分布在华北、东北、西北"三北"地区，南部和东部就很少。沉积磷矿，主要分布在云南、贵州、湖南、湖北、四川等5省，其他省区很少。有色金属矿，南方比北方多；湖盐、岩盐矿，西部比东部多等等。矿产资源自然分布的这种极不均衡性，是由成矿地质条件及其特点决定的。例如我国南方，地处太平洋西部，正好在大约1.9～0.8亿年前发生了强烈的花岗岩浆活动，带来了大量的钨、锡、锑、汞、铅、锌等有用金属元素，再加上这个地区已经沉积了大量的碳酸盐岩地层，这样就大大有利于层控金属矿床生成。一个地质历史晚期花岗岩浆侵入活动多，一个碳酸盐岩地层沉积多。两个条件，合在一起，就使我国南方主要是滇、黔、桂、湘、粤、赣等6省区内生成了具有世界第一、二位蕴藏量的钨、锡、锑、汞、铅、锌矿产资源，包括世界最大的层控锑矿床、大型层控铅锌矿床，以及斑岩型钨矿和钨钼矿床。再如盐类矿产资源，主要生成于新生代的第三纪与第四纪，因而主要分布于有这个时代沉积的华北、中原、江汉盆地，陕北、四川、滇中盆地，柴达木、塔里木、准噶尔盆地。

矿产资源自然丰度和自然分布的极大差异性，也是一切其他自然资源所共有的客观属性，是不以人们的主观意志为转移的客观自然规律，具有重要的经济意义。

(1) 引起矿产资源开发利用经济效益上的差异。因为那些自然丰度好，自然分布地理位置优越(如距离交通运输线近，距离中心城市和生产、生活消费需求地近)的矿产资源，必然比那些自然丰度差，自然分布地理位置不优越的矿产资源开发利用经济效益好。不仅能够获得一般水平的利润，而且还能获得超额利润。正如马克思所指出的："自然资源的自然丰度，即它所包含的自然力和自然有用物质组分、物理化学性能等，是超额利润的一种自然基础，因为这是特别高的劳动生产力的自然基础。"

(2) 产生产业和产品结构的地区差异，特别是生产资料产业和产品结构的地区差异。例如有的地区只有煤矿，没有铁矿和其他矿，就只能兴办煤炭产业及其邻近相关产业，而不能兴办其他产业。有的地区有铁矿，没有煤矿和其他矿，这个地区就只能通过利用煤炭产区的煤炭等燃料兴办钢铁产业及其邻近相关产业，而不能兴办其他产业。这样，就不仅使地区之间的产品交换、生产协作和产业产品结构调整成为客观必然和必要，而且还会产生地区经济发展中的地区经济利益差别。例如单纯的煤炭产业，就比钢铁冶炼及压延加工产业效益低得多。同样是采掘业，煤炭采选业又比石油、天然气开采业效益低得多，初级建材矿开采业也比金属矿采选业效益低得多，贱金属矿采选业比贵金属矿采选业效益低得多。

(3) 产生资源稀缺程度上的差异和对资源的不同占有、利用关系。已如前述，由于矿产资源自然赋存、自然分布上的差异，很自然会造成一地区某种矿产资源富集，另一地区某种矿产资源稀少甚至完全短缺。如一地区有石油、天然气资源而另一地区没有，一地区有金属等贵金属矿产资源而另一地区没有等等。这种情况，在资本主义私有制条件下，就必然会产生一地区土地主或矿业主对该地区石油、天然气和贵金属矿产资源的完全私人垄断占有。在社会主义公有制条件下，虽然不会造成对于这一地区石油、天然气和贵金属矿产资源的完全私人垄断占有，但完全可能造成对这一地区石油、天然气和贵金属矿产资源所带来的超额利润，甚至平均利润的某些部门和企业垄断与占有。正是由于矿产资源的上述客观属性及其经济意义，就使地质矿产资源经济区划十分必要，具有特殊重要的意义。通过地质矿产资源经济区划，弄清矿产资源的自然丰度和自然赋存、自然分布的差异性，弄清不同矿产资源的地区分布及其贫富程度，很自然就为政府制定和执行宏观调控政策，进行地区产业和产业结构调整，正确处理地区经济发展中的利益差别，以及保护自然资源和生态环境等方面，提供了科学依据。

（二）矿产资源经济区划的层次体系

区域矿业系统具有层次性特点，矿产资源经济区划是由多层次组成的统一的体系。一个国家的矿产资源经济区划应包括几个层次，各个层次划分几个矿产资源经济区，并没有固定的模式，一般取决于国家的国土面积大小、人口数量多少、经济水平高低、经济状况好坏等情况。我国国土面积辽阔，人口众多，各地区自然和社会经济条件复杂多样，并具有明显的地域分布性，我国的矿产资源经济区划体系应该由若干层次组成。全国矿产资源经济区划体系可分为4个层次：一级矿业经济地带、二级大矿产资源经济区、三级基本矿产资源经济区、四级基层矿产经济区。下面分别加以概述。

1. 矿业经济地带

我国地域辽阔、自然条件、自然环境、历史发展过程的综合作用形成了我国人口、社会、经济东西差异的地域分布特征。东部地区人口密集，经济、文化、科技、交通、通讯发达，但矿产资源相对较少；中西部地区经济文化落后、人口稀少，但自然资源极为丰富。在全国已探明的主要矿产资源中，绝大部分矿种与储量都分布在中西部地区。按已探明的保有储量居全国前五位的省区统计，在35种矿产资源中，中部地区占全国60%以上的有钨、铋、钒、天然气、萤石、天然碱、硅灰石、珍珠岩等8种，占全国40%以上的有铝土、钴、钼、锑、钽、煤、磷灰石、明矾石、石棉等9种。西部地区占全国60%以上的有铬、镍、锡、铀、铂、铍、稀土、汞、钾盐、云母等10种，占全国40%～50%以上的有锌、锑、铌、重晶石、石棉、石膏等6种。中西部水力资源蕴藏量占全国90%左右，可开发的水电资源占全国的80%以上。总之，我国的有色金属、稀有金属、稀土矿藏、化工原料矿藏、水力资源的80%～90%分布在中西部地区。另外，中西部拥有相当丰富的铁矿和石油储藏、煤、天然气也占全国的大部分。我国东西部之间，经济水平、资源状况存在的巨大差异对我国经济的区域平衡发展、资源开发、经济增长有着重大的战略影响。因此，经济地带的划分与研究具有重大的战略意义与实践意义。

2. 大矿产资源经济区

大矿产资源经济区是我国的二级矿产资源经济区。在我国划分大矿产资源经济区的必要性包括以下几方面：

(1) 我国省级之间资源、能源存在着明显的不平衡性。这一点尤以上海经济区最为突出，江、浙、沪两省一市能源严重短缺，而安徽则有相当丰富的煤炭资源，把它们组建成一个经济区，就有利于能源资源的开发、运输及合理利用，提高综合经济效益，其他资源也存在类似情况。

(2) 在我国经济地带内部，各地区的经济发展水平、类型和条件仍有很大的不同。例如，在东部沿海地带，有辽中南、京津唐、上海金三角、珠江三角洲等经济发达地区，也有相当一部分地区经济并不发达。影响经济发展的主要制约因素各地也不同。如北方缺水，南方缺煤。我国中西部也存在着明显的区内差异。对各地区的差异不作出科学的区分，就不可能对经济发展作出合理的安排。

(3) 我国国土辽阔，经济专业化必须保持在一个适当的程度上。为此，既不能完全专业化，各类物质各由一个地区生产和供应，这样会造成过远运输和浪费；也不能各个省区各搞一套，建立完整的经济体系。大经济区的划分恰好能解决这个矛盾，按大经济区建立比较完整的经济体系和合理的经济结构，把经济专业化与经济综合发展结合起来，为各个行业的生产创造有利的外部条件，减少原料、燃料、半成品的不合理运输，特别是大宗物资的长途调运，达到缩短生产周期，提高经济效益，从而促进经济发展的目的。

3. 基本矿产资源经济区

基本矿产资源经济区为我国三级矿产资源经济区，相当于省级矿产资源经济区。因为我国的省级行政区划是在漫长的历史过程中逐步演变而来的，省会是全省的政治、经济、交通、科技、文化中心，经济主管部门多集中于此，建国以来又一直是国民经济计划管理的基本地域单元。由于长期以来不注意发挥各省、市、自治区的经济优势，忽视省区间分工协作，片面强调地区自给，导致重复建设和自成体系。在长期的历史发展过程中各省、市、自治区的经济结构不同程度地形成了门类齐全、自给水平较高、自成体系的特点，使省区间的经济联系、经济差异日益扩大，因此，以我国现行省级行政区划为基础划分我国的基本矿产资源经济区是符合客观实际的，也有利于在经济建设和经济管理中发挥作用。

4. 基层矿产资源经济区

基层矿产资源经济区为我国四级矿产资源经济区，也称为省内矿产资源经济区。我国各省区人口面积较大，一般同一个中小国家相当，内部矿业经济差异十分显著，也存在着地区分工问题，因此有必要在省级经济区内部划分省内经济区，为省市区经济发展战略布局、国土规划、区域规则、经济计划服务。

(三) 矿产资源经济区划的原则

1. 发生原则

一个经济区的形成与其特定的自然条件和自然资源结构是相关的。在一个经济区内，其自然条件应有较强的类似性，资源种类的地域组合具有一定的特点，或者本身就是一级自然资源的组合单元。经济区的划分与建设，应充分体现自然资源的合理开发利用、保护与改造，使资源、经济、生态平衡协调发展。

2. 经济原则

经济区的划分必须体现经济联系，在一个经济区内，其经济发展的条件应具有一定的类似性，发展方向基本一致，经济联合既合理又密切。各经济区都能依靠自己的条件发展生产，在相当程度上能满足本地区生产与生活的需要。因此，每个经济区都应该拥有3种经济部门，即专业化部门、为专业化部门服务的部门、地方自给性部门。

3. 动态原则

经济区的划分应根据国家和地区一定发展阶段的水平和目标，从分析区域现状和资源条件入手，确定发展的方向与可能性，以及经济联系范围的变化、生产力布局状况的调整等，制定经济区划方案。同时随着经济区的演化应不断地修改、充实区划内容。

4. 带动原则

多数经济区既应该包括经济发达地区作为区域发展的主要依托，也应该包括以一些较不发达的地区作为区域发展的延伸空间，同时使资金、技术、产品、劳务、土地等相互补充、转移，利于发达地区经济结构的升级和不发达地区的工业化，体现带动效益。

5. 系统原则

经济区是由经济中心与腹地结合组成的区域系统，在经济聚集与扩散关系上，表现为一定区域内多层次的城市系统，即以中心城市为核心，以交通、通讯网络系统为脉络，上下级城市密切联系，城乡结合的整体区域系统。经济区划工作就是要反映这一系统的合理性。

6. 连续统一原则

经济区是完整的地域生产综合体，在地表占有特定的地理空间，不应存在与之在空间上分离又从属于该区的"飞地"。同时，在一定条件下尽量与行政区划保持一致性，实现经济区内政治、经济、社会共同发展的目标。

7. 政治原则

在经济区划中，必须重视民族因素，尽可能地支援和促进少数民族地区的共同发展。另外，还要考虑国防需要，要有利于国防建设等。

（四）矿产经济区划的作用

地质矿产资源经济区划在国民经济中的作用，是由地质矿产资源经济区划的目的决定的，主要起着3个方面的作用。

（1）地质矿产资源经济区划，是工业和国民经济发展长期规划的一项基础工作。我们知道，作为国民经济基础的农业，为了制定长期发展规划，从20世纪50年代开始，就几次进行了综合性的自然区划和全国土地利用总体规划，并于1984年由科学出版社出版发行了全国农业区划委员会中国自然区划概要编写组编写的《中国自然区划概要》一书，发行了10 000册，1986年又第二次印刷发行了1 600册。1987年5月，国务院环境保护委员会又向全国发布了《中国自然保护纲要》，在发布纲要的通知中指出："保证环境和自然资源是社会主义现代化建设的重要组成部分和保证条件，是一项基本国策。"地质矿产资源是最主要的自然资源，是社会物质资料生产必不可少的自然劳动对象要素和自然劳动资料要素，是矿业和工业特别是重工业发展的物质基础条件和保证。通过地质矿产资源经济区划，不仅在全国从总量上弄清了我国地质矿产资源的自然赋存情况及其数量与质量，而且弄清了它们的地区分布和分地区的自然赋存情况及其数量与质量，很自然就为制定矿业、工业以至整个国民经济发展的长期规划提供最主要的实际依据。

（2）为工业特别是重工业以至整个国民经济的产业合理布局和产业、产品结构优化调整提供最主要的决策科学依据。所谓产业和生产力布局，可以说就是生产力诸要素及其结合所形成的生产力的地域空间分布。静态的，指不能移动的土地、矿产资源等自然劳动对象要素和自然劳动资料要素，以及已经固定下来的社会生产要素如已建成的电厂、工厂、农场、铁路等诸要素。动态的，主要指可以流动的资本和劳动力要素。生产力和生产力布局的形成，主要是通过能够流动的生产要素运动去同固定的不能流动的生产要素相结合而实现的。例如我国的钢铁工业生产力布局为什么会形成鞍本、京津唐、攀枝花三大基地，宝钢、上钢、马钢、武钢、重钢长江走廊，以及包钢、邯邢铁矿、海南石碌铁矿等若干独立钢铁企业这样的布局？归根结蒂，是由我国的铁矿资源自然赋存状况和长江、海上自然有利运输条件决定的。再如为什么镍都在甘肃金昌，锡都在云南个旧，主要煤炭基地在晋、豫、陕、内蒙古和贵州，主要石油基地在大庆和渤海湾等，也都是首先由矿产资源条件决定的。在决定生产力和生产力布局的条件中，当然客观条件是第一性、第一位的，主观条件是第二性、第二位的。但在客观条件中，客观的自然条件比起客观的社会条件来,则更具第一性和决定性。例如金属冶炼及压延这类原材料工业企业,当然要选在距离金属矿采选企业和铁路运输线近的地方,就是说前者要由后者来决定,因为后者是已经形成的客观条件。但后者即金属矿采选企业和铁路运输线的选址建设则主要是由金属矿床产地这样的自然条件决定的,而不是由已有的客观社会条件决定的。如根据经济发展需要新建一个钢铁基地,在哪里选址建设,就只能根据铁矿资源在哪里这样的客观自然条件来决定,而不能根据主观要求来决定,也不能主要根据已有的客观社会因素与条件来决定。如果国内有理想的铁矿资源,那就只能首先根据理想的铁矿资源在哪里,然后再结合已有的社会经济因素与条件来选址建设。如果国内没有理想的铁矿资源,那就只能首先根据选定利用的铁矿资源在何国何处,选择距离海运大港口码头最近的沿岸城市附近建厂。由此可见,无论新工业基地的建设,还是原有工业布局的改善和产业结构调整,都必须弄清矿产资源的自然分布、自然赋存及其技术经济条件,也就是必须首先搞好地质矿产资源经济区划。

(3) 地质矿产资源经济区划,是国家政府部门为履行管理和保护地质矿产资源,既管社会又管自然的职能,一项不可缺少的决策咨询工作。如果把政府的职能划分为政治的、经济的、社会的三大职能,则根据马克思主义的国家学说,其中的政治职能将来是要随着国家消亡而消亡的,经济职能则有部分随着国家消亡而消亡,另有一部分随着社会的存在而保留下来,而社会职能则要随着社会存在而全部保留下来,也就是说社会职能是不会消亡的。管理和保护矿产资源的职能,作为既管社会又管自然的重要职能,不会随着国家的消亡而消亡,而是要随着社会的存在而存在下去。只要有人类存在,人类就要管理自己的社会,就要管理自己赖以生存和发展的自然(环境和条件)。地质矿产资源,作为社会物质资料生产必不可少的自然劳动对象要素和自然劳动资料要素,是创造和形成社会物质财富的第一源泉。因为地质矿产资源不仅是生产和构成矿产品、金属冶炼及压延产品等原材料产品的基质和主体,而且由于它包含有自然力及其他自然有用因素,因而还是创造超额利润的一种自然基础,起着一种资本的作用。因此,它同已经形成并积累下来的社会物质资料生产要素一样,也是人类的伟大物质财富。这样,通过地质矿产资源经济区划,研究清楚全国和地区地质矿产资源的自然分布、自然赋存状况及其技术经济条件,很自然就不仅为中央政府,而且也为地方政府履行好管理和保护地质矿产资源、管理和保护人类一大物质财富的职能提供了最重要的决策科学咨询。

二、矿产资源经济区划的方法

从经济区划的研究和应用情况来看,经济区划的理论研究(包括经济区划的理论基础、层次体系、原则依据、作用地位)比较成熟;方法研究尤其是定量方法比较薄弱,一般以定性分析为主,而且难以区分出各种方法,在实际应用中往往是各种方法综合应用。这里概括地介绍经济区划的主要方法。

1. 经济中心法

以各地区的经济中心为出发点,确定其经济吸引范围,研究所吸引范围内矿产资源和矿业经济活动的地域分工特征,并以此为依据划分矿产资源经济区。这种区划首先要确定区域经济中心,但并不是任何城市都能起经济中心的作用的,而应通过各地区首位度城市和城市首位度的分析进行研究确定,然后再确定经济中心的吸引范围和经济区边界。这可以通过历史、现状经济联系调查,并借助于重力模式、潜力分析进行研究。这种区划方法有助于揭示各经济区内部的有经济联系的区际分工,是进行规划性经济区划、划分功能经济区的重要方法。

2. 经济联系法

这种方法同经济中心法有些相近，强调把经济联系密切的区划为同一个经济区，地区经济联系可以分为区内联系和区际联系两种，区内联系表示区域综合协调、发展的状况。经济联系法主要从区内联系入手，因此很重要的一点是把区内联系与区际联系区分开来。区内联系主要同综合开发部门有关，且距离较近；区际联系主要同专业化部门的发展有关，且距离较远。地区之间经济联系的主要表现为交通运输量、交通运输条件、交通运输网，因此可以把它们作为划分经济区的依据。随着区间经济联系统计资料的增多，多地区模型的发展，可以通过建立多地区投入产出模型来研究地区经济联系，并用于经济区划，国外已有学者根据投入产出表来识别地域生产综合体，进行经济区划。

3. 动力生产体系法

这种方法是经济联系法的变形，它不是按产业部门来分析地区经济结构和经济联系，而按生产过程的前后顺序，从原料动力、原材料生产起，沿着生产顺序，经过各种加工过程，直到各种制成品的生产，组成一个动力生产体系。以动力生产体系作为经济区的基本组成单元，通过深入研究已有的和正在发展着的动力生产体系的特点、完善程度、发展水平、发展趋势及相互关系，确定主导的动力生产体系，并以此为基础，结合地区经济发展的需要，将相关地区划为一个经济区。这种区划方法尤其适用于资源开发地区与粗加工地区。

4. 过程分析法

这一方法从分析经济区历史发展过程与经济联系入手，摸清经济发展现状、经济发展的主导部门和影响该区经济的主要因素，根据主导部门发展的需要，将有关的相邻地区划在一起，组成一个经济区。由于经济联系的相对稳定性，过程分析法实质上是通过历史来追踪区间经济联系和地区经济发展的，因此与经济联系法结合使用可以起到相互补充的作用。

5. 统计分类法

这种方法主要解决认识型经济区划，根据各地区有关经济条件、水平、结构、功能、效率指标，以区内相似性和区间差异性为主要依据进行分类，据此划分经济区。这种方法主要是按经济现状进行分类区划，因此主要被用于认识型经济区划。但是，在进行指标选评时，若能更多地考虑经济联系指标、结构功能指标、发展远景与规划性指标，则这种方法也可用来进行规划型经济区划，尤其考虑到在大范围经济区划时，认识型经济区划与规划型经济区划的相对一致性，更可以采用这种方法。从这种考虑出发，对统计分类法作了进一步改进，提出了邻接交替迭代法和系统区划法两种定量经济区划方法。

6. 邻接交替迭代法

这种方法的基本出发点还是区内相似性、区间差异性，通过建立经济区划的数学模型把经济区划问题模型化，并提出计算机求解算法。以聚类分析法产生的分类图为基础，作出初始经济区划，然后根据经济区划目标区内相似性最大、区间差异性最小，在邻接的经济区边界上进行迭代，改进原来经济区划方案，直至无法改进，即得到优化的经济区划方案。这一方法主要适用于认识型经济区划。

7. 系统区划法

这种方法是在系统聚类法的基础上发展而来的。通过逐次归并两两最相近或功能联系最紧密的地区，最后可得到系统区划体系，据此可作出经济区划。系统区划法的基础是地区之间相似性矩阵或功能联系矩阵，前者用于认识型经济区划，后者用于规划型经济区划。

8. 聚类分析法

聚类分析法是一种多元统计分析方法，通过对观察对象相似程度的分析，找出被分析物间的亲疏，达到“物以类聚”的目的。该法在商业和金融统计、化学计量学、化学动力学以及环境科学中得到了广泛的运用。其中系统聚类法是目前用得最多的一种方法。这种方法的基本思想是先将 N 个样本各自看成一类，然后规定样本之间的距离以及类与类之间的距离。首先因为每个样本自成一类，所以类与类之间的距离及样本之间的距离是相等的。选择距离最小的两类合并成一个新类，然后计算该类与其他类的距离，再将距离最近的两类合并成一类。这样每次减少一类，直到所有的样本都归成一类为止。

近些年来，聚类分析法在我国已得到广泛的应用，特别是电子计算机的逐渐普及，使聚类分析应用的广度和深度更趋加大。因此，掌握聚类分析的方法，就是拥有了研究区域经济问题的新工具。

第三节　我国矿产资源经济区划研究概况

我国全国范围的矿产资源经济区划研究已经开展，并取得了一些成果。

1986～1990 年，我国原地质矿产部矿产地质经济研究院等单位在进行新疆国家 305 项目Ⅵ4 专题研究中，根据矿产资源开发的难易程度和一般工业用途，第一次对新疆大经济区进行了矿产资源经济区划，首先将新疆划分为可开发区和难开发区两大区域，然后又分别划分了北疆可开发区、东疆可开发区、南疆前开发区和沙漠戈壁滩开发区、极高难开发区，最后再在可开发区内细分为各种不同的资源经济小区，如伊犁煤炭、黑色金属矿产资源经济区，哈密煤炭、黑色、有色金属矿产资源经济区，等等。1988～1991 年，上述单位又通过地质行业科学技术发展基金资助的 88155 项目“中国西部矿产资源技术经济条件分析和地质勘查发展战略研究”，对中国西部地区进行了地质矿产资源经济区划。这个方案，主要是在全国六大经济区方案的基础上，划分了黄河上游干流区、甘肃南部、河西走廊、青海柴达木盆地、青海南部高原、川西高原、四川盆地、川东丘陵地、黔南、黔东南、北疆、东疆、南疆、藏中一江两河流域、藏东三江流域等 19 个二级经济区，然后把区内的矿产资源结合进去成为矿产资源经济区。

1993 年，在国家计划发展委员会的资助下，由原地质矿产部牵头，成立了全国第一轮地质矿产资源经济区划研究课题组，开始开展全国性的地质矿产资源经济区划研究。经过 3 年艰苦细致的研究工作，该课题组提出了将全国划分为 29 个二级能源和非能源物质原料经济区的方案，详见表 2-1。

在全国这个层次上进行地质矿产资源经济区划研究的同时，按照原地质矿产部的统一布署，在省、市、自治区这个层次上的地质矿产资源经济区划的研究工作也蓬勃开展进来了，并且有些省市按期完成了区划研究工作，为本地区经济的宏观布局和发展战略提供了坚实的依据。表 2-2 是湖北省矿产资源经济区划方案。

表 2-1 全国地质矿产资源经济区一览表

能源经济区	1. 东北石油、煤炭资源经济区 2. 华北煤炭、石油、天然气资源经济区 3. 黄河上游干流域煤炭、水能资源经济区 4. 新疆石油、天然气、煤炭经济区 5. 四川石油、天然气和煤炭资源经济区 6. 川黔滇煤炭资源经济区 7. 苏鲁皖煤炭和石油、天然气资源经济区 8. 东海陆架盆地石油、天然气资源经济区 9. 东南沿海石油、天然气资源经济区 10. 华南—南海、北部湾石油、天然气资源经济区
钢铁资源经济区	11. 鞍山本溪铁矿资源经济区 12. 京津唐铁矿资源经济区 13. 攀西钒钛磁铁矿资源经济区 14. 西北铁矿资源经济区
有色金属矿产资源经济区	15. 阿勒泰有色、稀有、贵金属、白云母矿产资源经济区 16. 天山北山铜、镍、铅、锌、金等有色、贵金属矿产资源经济区 17. 祁连河西镍、铜有色金属矿产资源经济区 18. 秦岭有色、贵金属矿产资源经济区 19. 长江中下游铜、铅、锌等有色金属矿产资源经济区 20. 南岭钨、锡、铜、铅、锌等有色金属矿产资源经济区 21. 攀西滇中铜、铅、锌、锡等有色金属矿产资源经济区 22. 西南三江铜、铅、锌等有色金属矿产资源经济区
化工原料、非金属矿产资源经济区	23. 柴达木钾、钠、镁等盐类矿产资源经济区 24. 川滇黔磷矿资源经济区 25. 湘鄂磷矿资源经济区 26. 广东硫铁矿资源经济区
建筑材料、非金属矿产资源经济区	27. 环渤海建筑材料、非金属矿产资源经济区 28. 东南沿海建筑材料、非金属矿产资源经济区 29. 环北部湾建筑材料、非金属矿产资源经济区

表 2-2 湖北省矿产资源经济区划

矿产资源经济区名称	所辖行政区	主要矿产	相关产业及发展方向
鄂东矿产资源经济区	武汉市、鄂州市、黄石市、孝感市、黄冈地区、咸宁地区	铁、铜、金、水泥用石灰岩、岩盐、石膏、磷、芒硝	钢铁工业、有色金属冶金工业、建材工业、盐化工业、磷化工业
鄂中南矿产资源经济区	荆沙、荆门、天门、潜江、仙桃市	盐、锂、芒硝、石膏、磷、石油	磷化工业、盐化工业、石油工业、建材工业
鄂西南矿产资源经济区	宜昌市、恩施市	磷、铁、水泥用石灰岩	钢铁工业、磷化工业
鄂西北矿产资源经济区	十堰市、襄樊市、神农架林区	磷、钒、金红石、金、银	冶金工业、化学工业

进一步阅读的书目

1. 徐强等.可持续发展下矿产资源开发若干战略选择.中国地质矿产经济,1996,No.7.
2. 贾芝锡.关于矿产资源开发和地区经济发展的问题.中国地质矿产经济,1996,No.2.
3. 李万亨,杨昌明等.矿产资源经济学.武汉:中国地质大学出版社,1995.
4. 杨昌明,黄孝林.矿产资源可持续发展研究述评.地球科学,1998,No.4.
5. 袁国华.区域矿产资源与可持续发展研究.中国地质矿产经济研究院,1996.

思　考　题

1. 什么是矿产资源经济区划?
2. 阐述矿产资源经济区划的理论基础。

第三章

矿产资源勘查经济

提　要

1. 矿产资源勘查业的形成是社会分工和生产力发展的结果和需要，是社会和科学技术进步的标志。

2. 矿产资源勘查生产劳动具有与一般物质资料生产劳动不同的特点。

3. 矿产资源的自然有用性和地质勘查劳动是矿产资源转化为现实的社会使用价值的两个基本要素。

4. 矿产资源只有通过地质勘查社会必要劳动量的凝结，才能形成一定量的价值。

5. 区域矿产资源经济评价定量化是当前区域矿产资源经济研究的前缘问题。

6. 矿床技术经济评价是根据地质勘查工作所获得的资料，按照技术可行、经济合理的原则，为勘查项目取舍和矿山开发投资决策提供科学依据。

第一节　矿产资源勘查业的形成和特点

一、矿产资源勘查劳动的界定

矿产资源作为一种天然存在的物质资料生产要素是构成矿产品主要实体的物质基质，是采矿业生产的劳动对象。但是，天然存在的矿产资源，由于埋藏在地下，赋存在不具有使用价值的地质体中，所以不能直接进入社会生产过程而成为劳动对象，它需要通过矿产资源勘查劳动，查明它存在的确切空间位置、形态和产状以及数量和质量。因此，矿产勘查工作实际就是为矿产品生产准备好劳动对象。正因为如此，矿产资源勘查过程和开采过程同属于矿产品生产的同一劳动过程。有特定目的普查找矿活动的起点，可以视为矿产品生产劳动总过程的起点。矿产资源勘查劳动阶段同矿山生产劳动阶段的区别是，前者始终不改变矿山生产劳动对象的天然存在状态，而后者主要是通过劳动获得同地质体脱离直接联系的矿产品。

矿产资源勘查劳动过程和矿山生产劳动过程是密切联系在一起的，没有矿产资源勘查劳动过程，矿山生产就没有劳动对象，就不能进行矿山生产，也就不可能有矿山生产劳动过程。反之，没有矿山生产，矿产资源勘查也就失去了意义，矿产资源勘查劳动过程就不能转化为矿产品生产总劳动过程的一个特殊过程。其关系见图 3-1。

<table>
<tr><td colspan="6">矿产品生产总劳动过程</td></tr>
<tr><td colspan="3">矿产资源勘查劳动过程</td><td colspan="3">矿山生产劳动过程</td></tr>
<tr><td>普　查</td><td>详　查</td><td>勘　探</td><td>基　建</td><td>采　矿</td><td>加　工</td></tr>
</table>

图 3-1　矿产资源勘查劳动过程和矿山生产劳动过程的关系

二、矿产资源勘查业的形成

矿产资源勘查业的形成是社会分工和生产力发展的结果和需要，也是社会和科学技术进步的结果和标志。

在生产力水平很低，社会分工简单的人类社会初期，人类对矿产资源的需求水平也很低，在这种条件下，当然不可能产生出独立的矿产资源勘查业。现代情况就绝然不同了，矿产资源需求和消耗量增长速度越来越快，矿产资源再生产规模越来越大，同时，社会经济和科学技术生产力也完全能够支持规模不断扩大的矿产资源再生产产业。此时，矿产资源勘查业完全可以同矿产资源开采产业分开，形成独立发展的生产部门。

在西方国家，虽然它们的生产力水平和生产规模，都已发展到前所未有的高度，但那里的矿产资源勘查业目前仍由矿业资本家企业自己进行，把它当作矿产资源开采的前期工作，属于整个矿产品生产劳动过程中的一个必要环节。这主要是因为西方资本主义国家从农业社会走向工业化，先发展轻工业，然后逐步发展重工业、矿业和矿产资源勘查业，以及矿产资源勘查业是一种投资周期长，风险大，资本家不愿单独经营，而只能依附矿业集团的产业。

根据我国矿产资源状况和经济社会发展要求，矿产资源勘查业的潜力和前景应该说还是很大的。但是，矿产资源禀赋只是发展矿产资源勘查业的物质前提条件，而不是全部条件；还需要有必要的劳动、物质等社会投入要素，特别是科学技术进步。中国是个大国，但经济和科学技术落后，又是一个穷国。社会主义新中国成立以后，实现工业化当然不能走西方资本主义老路，而必须凭借自己的社会主义公有制的优越性，首先集中必要的人、财、物力，大力开展矿产资源勘查，以迅速大量开发我国的丰富矿产资源，为工业化打下可靠的物质基础。就这样，矿产资源勘查业作为一个独立产业，在中国首先建立和发展起来了。这不仅标志着社会分工和生产力的发展，而且是我国社会主义制度优越性的体现，是具有中国特色工业化道路的组成部分。

三、矿产资源勘查业生产劳动的特点

矿产资源勘查被称为是一种特殊的物质资料生产，首先是因为它生产的是矿产资源的使用价值，是一种社会物质财富。但是，这种生产与一般的物质资料生产又有不同，除了没有同地质体脱离直接联系的独立产品以外，在生产过程中还具有以下特点：

（一）科学研究劳动所处地位的特点

矿产资源勘查通过工程施工的生产过程，完全是由工人直接从事的生产劳动，同一般的物质资料生产劳动过程没有根本区别。但是，由于劳动对象的多变性和不确定性，而且工程揭露的仅仅是其中的很小一部分，这就需要运用成矿地质规律等科学知识和先进技术手段，对工程揭露出来的地质现象，认真进行观察和记录，通过理论研究以达到对矿体、矿床符合客观实际的认识。矿产资源勘查过程中的地质科学研究活动，是由地质科学技术人员进行的，它与地质工人所进行的生产劳动，是完全结合在一起、统一在一起的。它们在同一劳动对象，同一劳动条件下，为了获得矿产资源使用价值这一共同目的，发挥不同的作用。没有工程揭露，矿产资源地质观察和研究就没有基础；反之，没有地质观察研究，地质勘查工程揭露就没有意义。

在矿产资源勘查生产过程中，也是遵循从已知到未知，从一般到特殊的认识规律。先收集已有地质资料，进行综合整理和分析研究，并进行实地观察，作出设计，然后才能进行工程揭露。可见，科学研究劳动贯彻始终。正因为如此，在整个矿产勘查生产过程中，依靠科学技术进步，提高劳动者特别是地质科学技术人员的素质，较其他产业占有更重要的地位。

（二）在劳动对象和劳动者方面的特点

矿产资源勘查生产的劳动对象是矿床或矿体，它们不但具有自然禀赋和自然分布上的不确定性，而且不能自由选择，也不能加工改造。这样就不仅难以保证产品质量和数量的稳定性，而且存在着很大的自然风险性；有的矿床从发现到勘探结束往往需要多次反复，具有很长的周期性，致使投入产出效益差且不固定。从这个意义上说，矿产资源勘查企业规模不能过小，最好是组成大型勘查企业集团，以适应以上特点。

另外，在一般物质资料生产中，产品的直接生产者是生产工人，工程技术人员不直接进入产品生产劳动过程。而矿产资源勘查生产则不同，生产劳动者不仅有生产工人，而且包括工程技术人员，工程技术人员是生产矿产资源使用价值的直接生产者，他们直接参加矿产资源使用价值的生产劳动过程。而他们在工程施工过程中有同生产工人之间的在物质资料生产中的那种结合，还有独立进行的劳动过程，所以决定勘查成果成败的主要是地质科学研究人员要有相当高的比例，还要有相当高的素质和水平。同一个劳动对象，不同水平的工程技术人员去同工人结合，可以产生出很大不同的勘查成果，有的甚至相反，还有的就是有矿也发现不了等等。

（三）阶段性特点

矿产资源勘查生产，从找到矿到经过勘探，提交最终勘探报告是产品生产的全部过程，它既是物质资料产品生产过程，又是知识产品生产过程，是生产劳动过程和科研劳动过程的统一。由于矿产资源勘查生产的这种双重性，决定了整个生产过程的阶段性。

从经济学角度讲，矿产资源勘查生产的实质是矿产资源的使用价值和价值生产，劳动对象和生产产品都是矿床或矿体，因而只有以矿床或矿体为对象的劳动过程，才能属于矿产资源勘查生产的过程，这也是由矿产资源勘查生产的性质和特点所决定的。它的阶段性主要表现在劳动对象从无到有，从不确定到确定，然后再到使用价值和价值形成的不同过程及其劳动的不同特点。

我国固体矿产资源勘查生产，一般分为3个阶段：

(1) 普查阶段。这个阶段的目的和任务是对已发现的矿点和地质物化探等异常进行普查工作，查明是否有进一步工作的价值，提交普查报告，一般探求资源量，为是否进行详查阶段工作提供依据。这个阶段必须要有工程揭露，因此，劳动特点是生产劳动和地质科研劳动都同等重要，需要注意的是掌握好工程揭露的合理程度，特别是对于比较复杂的矿点或异常，一方面要掌握好揭露程度，同时，更要注意加强地质科学研究。

(2) 详查阶段。这个阶段的目的和任务是对经过普查阶段工作证实具有进一步工作价值的矿床，做出是否具有工业价值的评价，提交详查报告，一般探求基础储量，其中C级储量，一般金属矿为10%～20%，非金属矿为20%～50%，为是否进行勘探阶段工作提供依据，并可提供矿山总体规划和拟写矿山项目建议书时使用。这个阶段必须要有较大量的工程揭露和追索，因此，生产劳动和地质科研劳动较普查阶段都更为重要和深化，但相对而言，生产劳动增长速度会更快。

(3) 勘探阶段。这个阶段的目的和任务是对经过详查阶段工作证实具有工业价值，并拟近期开采利用的矿床进行勘探，按国家矿产资源管理部门制定的有关规范探求各级储量，提交勘探报告，作为矿山建设可行性研究和矿山企业设计的依据。由于这个阶段的劳动对象已经确定，即矿床经过评价是有工业价值的，虽然生产劳动和科研劳动都在继续增加和深化，但相对而言，生产劳动增长速度会继续超过科研劳动增长速度，也就是说最终产品质量在很大程度上决定于投入工程的数量和质量。

第二节　矿产资源价值及其经济核算

一、矿产资源使用价值和价值的形成

矿产资源的自然有用性只能使矿产资源具有潜在的使用价值，要使其具有现实的社会使用价值，还必须通过人类劳动，才能使其进入社会需要。因此，矿产资源的自然有用性和地质勘查劳动是矿产资源转化为现实的社会使用价值，即物质资料生产要素（或劳动对象）的两个要素缺一不可。不仅如此，通过劳动所获得的效用（即使用价值）还要能够抵偿地质勘查劳动的消耗；否则，矿产资源就不能形成现实的使用价值，当然也就不能形成价值。总之，矿产资源的现实社会使用价值是在矿产资源的自然有用性和地质勘查劳动两个要素相结合，并在通过所获效用能够抵偿劳动消耗的条件下才能形成，这就是矿产资源使用价值的形成条件和过程。但是，矿产资源可以是有使用价值，而不一定有价值。那么，在什么样的条件和情况下，矿产资源才有价值呢？它的价值又是怎样形成的呢？

前面考察了商品的使用价值，接着再考察商品的交换价值。马克思指出："交换价值首先表现为一种使用价值同另一种使用价值相交换的量的关系或比例。"马克思还指出："在商品交换关系中，只要比例适当，一种使用价值就和其他任何一种使用价值完全相等。"马克思进一步分析时，把劳动产品的使用价值抽去（不予考虑），也就是把那些使劳动产品成为使用价值的物质组成部分和形式抽去，随着"劳动产品的有用性质的消失，因而这些劳动的各种具体形式也消失了，于是各种劳动不再有什么差别，全部化为相同的人类劳动，即抽象的人类劳动"。这时，劳动产品剩下来的就只是无差别的人类劳动的单纯凝结，即不管以哪种形式进行的人类劳动力耗费的单纯凝结。这就是马克思关于商品价值的质的规定性。商品的价值，除了质的规定性，还有量的规定性。所谓量的规定性是由生产商品所耗费的劳动量来决定的。但并不是花费劳动时间越多，商品就越有价值。一切商品都只是一定量的凝固的劳动时间，即社会必要劳动时间。它是在现有的社会正常的生产条件下（即抽去劳动的不同物质生产条件差异，化为现有的社会平均水平的生产物质条件下的劳动），在社会平均的劳动熟练程度和劳动强度下（即抽去劳动的不同质，化为能统一度量的劳动），制造某种使用价值所需要的劳动时间。这样，就从质和量上规定了在商品的生产上，只能用平均必要劳动时间，而且在社会总劳动时间中，也只把必要的比例量使用在不同类的商品上。所以，"只有社会必要劳动量，或生产使用价值的社会必要劳动时间，决定该使用价值的价值量"。因此，使用价值的价值量是用劳动的量来计量的。

矿产资源具不具有价值？根据前面所述，决定于它的使用价值对人有用是否需要通过劳动。由于矿产资源的自然丰度、分布的差异性和可耗竭、不可再生性等特点，从而决定要取得它的使用价值，用于满足人类需要，必须要通过劳动，从这个意义上说，所有已知可用的矿产资源都是有价值的。它的价值不是决定于所取得的可用矿产资源中已经包含有的多少劳动时间量，而是决定于消耗了、重新获得的补偿消耗的同质等量矿产资源所需要的社会必要劳动时间。据此，我们可以看到价值的形成过程，首先，经过劳动必须是对人有用的，同时，还必须是两个要素（劳动要素和自然物质要素）的结合。马克思指出："一切劳动，一方面它作为具体的有用劳动，它生产使用价值；另一方面，它作为相同的或抽象的人类劳动，它形成商品价值。"这就是劳动的二重性，即同一劳动的两种性质、两种作用。同样，劳动还必须在物化形式上才能形成价值，脱离开物的因素，去片面地空谈劳动创造价值，不符合马克思的劳动价值论，因而没有任何实际意义。

严格地说,不论是已被开发部分,还是未被开发天然存在的矿产资源,都不存在未经人类劳动(生产劳动或科学劳动)过滤的纯粹空白领域,因此,它们应该都是有价值的。这种认识丝毫没有违背马克思劳动价值论,恰恰相反,这是在现代条件下,针对新的实际,坚持发展了马克思的劳动价值论。

那么,矿产资源的价值到底是怎样形成的?它的形成条件又是怎样的呢?根据"只是社会必要劳动量,或生产使用价值的社会必要劳动时间,决定该使用价值的价值量"的原理,矿产资源只有通过"社会必要劳动量"的凝结,才能形成一定量的价值,而不是随便什么样的劳动都能形成价值。从生产(取得)使用价值来讲,劳动必须是符合社会需要,从形成价值和价值量方面讲,不仅劳动的量和质符合社会必要,同时还要达到社会正常的平均水平。由于一切商品都只是一定量的凝固的劳动时间,如果生产商品所需要的劳动时间不变,商品价值量也就不变。但是,生产商品所需要的劳动时间,随着劳动生产力的变动而变动,影响劳动生产力的因素,除了社会的、经济的因素以外还有自然物质条件因素。矿产资源的使用价值在于它所包含的自然力和有用物质组分。矿产资源的使用价值是怎样实现的呢?它是通过人类劳动使自然力和自然有用物质要素合并到社会生产要素,从而提高劳动的生产力。在一般的物质资料生产中,劳动的生产力只是劳动的社会生产力,没有同物的自然有用要素结合形成的劳动的自然生产力,所以在矿产资源的生产(地质勘查)中,关键在于选择能够创造出等于或高于现有社会平均劳动力水平的矿产资源的自然条件,就能形成价值和较大的价值。总结过去的经验教训,有些矿床劳动投入虽然也不少,但其劳动凝结不是"社会必要劳动的凝结",所以投入其中的劳动也就没有用,因此,不能形成价值。可见,只有社会必要劳动的凝结,才能形成商品价值。矿产资源使用价值的价值量,只能用它所包含的"形成价值的实体",即劳动的量来计量,也就是用社会平均必要劳动时间来计量。

关于马克思的只有"生产使用价值的社会必要劳动时间决定其价值量"的论断,包含着极其深刻的含义。

(1) 包含劳动的二重性,即创造使用价值的具体的有用劳动和形成价值的一般的抽象人类劳动。矿产资源作为一种使用价值,它的价值,当然也只能用生产它的社会必要劳动时间来计量、来决定。

(2) 体现在资源(财物、商品)使用价值中的,形成价值的社会必要劳动时间,绝不是单个商品中所包含的个别的具体的劳动时间,而是全社会"各种使用价值或商品体的总和,表现了同样多种的,按照属、种、科、亚种、变种分类的有用劳动的总和"的平均劳动时间,是现有的社会正常生产条件下的平均劳动时间,但这个平均劳动时间又是不断变化发展的,是动态的劳动的自然时间。

正因为如此,所以评价矿产资源是否有价值和价值大小,并不是也不能根据矿产资源已经包含了多少劳动,而是要根据现有的社会劳动生产力水平和劳动生产率去同矿产资源的使用价值作比较,或者说用矿产资源的使用价值同取得这个使用价值所需劳动耗费作比较来评价的。如果所取得的使用价值能够抵偿取得它的劳动耗费,这种矿产资源就有价值;抵偿后的余额越大,其价值就越大。不管矿产资源是否包含有劳动和包含的劳动量多少,也不管是天然存在的状态还是已经被开发,情况都是如此。

(3) 决定和计量价值的社会必要劳动时间,是一种社会尺度、社会标准,而不是一种由自然过程决定的自然标准、自然尺度。所以,马克思指出:"在商品的交换关系或交换价值中表现出来的共同东西,也就是商品的价值。"因此,对于某处矿产资源是否有价值或价值大小,绝不能简单根据其中是否已经包含有劳动和劳动量大小来评价，必须同现有的生产条件和劳动生产力水平结合起来，并且把它们放到社会再生产过程和经济关系中去权衡，就一定能够做出有无价值和价值大小的正确评价，而不论它处于自然状态还是已被开发，也不论它过去是否已经包含有劳动和包含有多少劳动量。矿产资源的自然赋存状态、自然丰度、分布地点等虽然都是一定的、不变的，但有的矿床昨天没有价值今天却有了价值，相同禀赋和丰度的矿床在甲地有价值，到了乙地却没有价值，这是由于社会条件、社会劳动生产力水平发生了变化和存在差异。取得矿床使用价值所需劳动时间等于、小于社会必要劳动时间的矿床，就有价值和价值大，否则就没有价值。至于这个矿床过去是否已包含有劳动和包含多少劳动，或者是不是刚刚发现的，还是天然存在着的，都与问题无关。

二、矿床资源的价值核算

每种商品的价值都是由物化在它的使用价值中的劳动量决定的，是由生产该商品的社会必要劳动时间决定的，因此，价值核算，首先就要计算物化在这个商品的使用价值中的劳动量，即生产这个商品的社会必要劳动时间。矿产资源价值的核算，当然也是要首先计算物化在矿产资源使用价值中的劳动量，即矿产资源产品的社会必要劳动时间。但决定使用价值的价值量的社会必要劳动时间是一个社会尺度、社会标准，不是劳动的自然时间，因而不能直接计算。它是现有的社会的各种使用价值的总和，同表现了同样多种的，按照属、种、科、亚种、变种分类的有用劳动的总和平均的社会必要劳动时间，是在商品的交换关系或交换价值中表现出来的共同东西，因而也不是不可捉摸的。只要我们通过获得每个具体矿床使用价值的实际劳动耗费，然后去同获取同样多的矿床资源使用价值所需社会必要劳动耗费作比较，就能判定所比较的矿床有没有价值和价值大小。可见，矿产资源价值核算，就是获得个别矿床使用价值的实际劳动耗费，同现有的同样多的社会矿产资源使用价值中已经形成的价值量之间的比较，不是矿产资源勘查劳动过程的自然时间的计算，也不是纯劳务量核算。

通过单个矿床勘查劳动的实际耗费，同现有的同样多的社会矿产资源使用价值中已经形成的价值量作比较，目的是给矿床使用价值的使用和消费确定一条经济合理的界线和标准，以达到既能充分发挥矿产资源的最大效益，又能合理利用矿产资源的目的。从长远的角度考虑，一个矿床开发利用的劳动生产率如果不能达到创造出超过社会平均利润水平的超额利润，这个矿床就不应该开采。应该明确的是生产矿山获得的这个超额利润应该上交国家而不应占为己有。通过核算必须明确指出，矿床勘查的实际劳动消耗，同现有的同样多的社会矿产资源使用价值的平均必要劳动耗费（即价值）比较的结果，如果比值小于1，则有超额利润，表明这些矿床可以为社会提供积累；如果比值大于1，则表明这些矿床不能获得平均利润，有的不能保本，甚至亏损。

平常所谓有价值的矿产资源，实际就是在一定的矿产品价格水平的条件下，可提供（生产）矿产品（价值）的矿产资源。矿产资源价值核算，主要就是进行这部分矿产资源的价值核算。

（一）矿产资源价值核算体系

该核算体系一般包括以下内容：

(1) 矿产资源占用量和消费量，是指矿山企业占用的和生产消费的矿产资源量。前者常按实际占用量或按服务年限计算占用量。后者一般按年计算或按逐年累计计算。矿产资源占用量和消费量都是以矿产储量单位来计算，然后再按储量价格计算出占用价值和消费价值总量（详见例1，表3－1）

(2) 矿产资源增加量，是指每年或一定时期内新发现或新探明的矿产资源量。一般是以矿产地(矿床或矿区)为单位计算探明储量及其可能形成的价值量。通过核算，如果探明储量达不到社会现实开采利用的要求，则不能视为增加量。

(3) 矿产资源存量，是指既没有投入勘探，也没有投入开发建设的矿产储量。有两种情况：一种是通过普查找矿或详查，已经做出了肯定评价的可供进一步勘查的后备基地，但由于某种原因，目前还不能或没有必要进行进一步勘查工作，而只能作为库存量暂时储存起来，应该说这种存量是合理的。另一种是积压性质的存量，多数是由于盲目勘探，以致造成探明储量供大于求或产销不对路，这种情况应该尽量避免。

(4) 矿产资源价值增值，是指探明储量没有增加，但由于新增加劳动和物质投入以致新形成了价值，从而使原有价值增值。这主要是指通过进一步勘查劳动，使矿产储量升级，从而使矿产资源价值增值。矿产资源能够成为自行增值的价值，就在于矿产资源的自然丰度等自然条件，同新增加勘查劳动结合产生出高于一般社会劳动生产力水平的劳动生产力，从而创造出超额利润，或者说提供矿租(详见例2，表3-2)。

(二) 核算举例

例1　矿产资源占用量、消费量及其价值核算，如表3-1。

表3-1　矿产资源占用量、消费量及其价值核算(1989年度)

矿种	矿产品价格	储量价格	年资源消费量		资源占用总量	
	(元/吨)	(元/吨)	储量(万吨)	价值(亿元)	服务年限(年)	价值(亿元)
煤	39.21	0.44	210 830	9.3	30	279
石油	257.54	10.00	45 880	45.88	20	917.6
天然气	946.24	50.04	501.63	2.51	20	50.20
铁矿石	14.93	0.13	34 370	0.45	30	13.50
锰矿石	159.46	1.50	1 000	0.15	30	4.50
铬矿石	331.01	74.00	50	0.37	30	11.10
铜矿石	57.68	3.67	9 740	3.57	30	107.10
铝土矿石	18.00	1.46	411.04	0.06	30	1.80
铅锌矿石	189.20	11.50	3 457	3.975	30	119.25
总计				66.265		1 504.05

例2　假设一个矿区，前后经过7次不断投入使资源总量增加(每次增加100万吨)，如果按边际成本定价，则该矿区矿产资源的总矿租(即矿产资源原有价值的增值)计算过程如表3-2。

由于矿产资源总矿租＝按矿产品边际成本计算的产值－按矿产品生产价格计算的产值
＝矿产品单位边际成本×矿产品产量－[总成本(1＋成本利润率)]
＝矿产品单位边际成本×矿产品产量－[总成本＋按平均成本利润率15%计算利润额]　　(3-1)

将表3-2有关参数值代入上式，

则矿产资源总矿租＝206.13×440－[52 800＋52 800×15%]
＝29 977.2(万元)

该总矿租就是矿产资源原有价值的增值。

表 3-2　边际成本定价的某矿区总矿租计算

投入生产资源总量（万吨）	矿产品产量（万吨）	资源边际生产量(增量)（万吨）	矿产品边际生产量(增量)（万吨）	矿产品总成本（万元）	矿产品边际总成本(增量)（万元）	矿产品单位平均成本（元/吨）	矿产品单位边际成本（元/吨）
100	50	100	50	5 000	5 000	100	100
200	110	100	60	9 900	4 900	90	81.6
300	180	100	70	14 400	4 500	80	64.3
400	240	100	60	20 400	6 000	85	100
500	320	100	80	28 800	8 400	90	105
600	380	100	60	40 432	11 632	106.4	193.87
700	440	100	60	52 800	12 368	120	206.13
(1)	(2)	(3)来自(1)	(4)来自(2)	(5)	(6)来自(5)	(7)＝(5)÷(2)	(8)＝(6)÷(4)

三、矿产勘查的经济效益

(一) 矿产勘查成果的特点

矿产资源地质勘查的劳动成果，虽然不是自然物体或自然物质的制造，但它却是各种使用价值及其价值的生产和创造，也就是各种有用劳动的物化和凝结，其物质承担者就是经过地质勘查探明的产地或是可供矿山开采的矿产储量以及地质勘查报告。矿产勘查作为一个产业同所有其他产业一样，其产品一般地可划分为中间产品和最终产品两大类。

矿产勘查成果(产品)具有以下显著特点：

(1) 具有二重性，即既有物质产品性质，还有知识产品性质。矿产资源成果作为物质资料生产要素产品，具有专用性，即占有性，同时，它们又包含了揭示客观成矿规律的知识成果，因此，又具有可以供许多人多次使用的特点。

(2) 具有不确定性。矿产资源成果无论作为劳动对象，还是劳动资料，都不像物质资料生产要素产品那样，具有数量和质量上的确定性。这是由于矿产资源的客观属性，即自然丰度和自然分布的差异性造成的。

(二) 矿产勘查的经济核算

正如前面所述，通过生产取得的地质勘查劳动成果，首先，必须是有用的，而不是不能用的。其次，是获得的效用，即从矿产资源中能提取出来的有用组分(或工艺特性)价值，必须能够补偿劳动消耗。其三，是必须生产适合社会需要，即能够实现的价值(即商品价值)。长期以来，地质勘查工作经济效益不好的重要原因，就是没有按照上述三条要求进行生产，往往只考虑地质效果，缺乏经济观点，尤其是缺乏商品经济的观点，以致勘查出来的成果有的成为积压的产品或是“呆矿”，应引以为戒。

这里将要讨论的矿产勘查的经济核算，主要是讲产品效用能否抵偿地质勘查费用的问题，研究的主要目的是为了决策矿产勘查工作开始前，或进行过程中是否应该继续进行下去。它与前面所介绍的矿产资源价值核算的概念不同。在矿床勘查工作中，不仅生产之前就应该解决产品效用能够抵偿生产费用问题，而且在生产过程中还要不断进行比较核算，一旦发现不能抵偿生产费用时，就要停止生产。这一特点与一般社会物质资源生产不同，是由于矿产资源本身属

性的不确定性所决定的,可用公式表示如下:

矿产勘查的经济效益＝产品效用－地质勘查生产费用 (3-2)

式中:产品效用是指其包含的能提取的有用组分社会价值(即矿产资源原有价值)。

地质勘查生产费用是按规定的劳动组织劳动定额和实际劳动过程进行物质及劳动投入的成本核算。要经常了解和掌握矿山企业和地质勘查企业的生产经营参数,以便对比。

第三节 区域矿产资源经济评价

矿产资源经济评价可分为区域矿产资源经济评价和矿床技术经济评价。它们都是根据矿产地质勘查工作所获取的资料,按照技术可行、经济合理的原则加以优选,为区域经济发展规划、地质勘查项目的开发利用和是否继续进行工作作出决策。本节主要介绍区域矿产资源经济部分,下一节将介绍矿床技术经济评价的有关内容。

一、概述

区域矿产资源经济评价是根据地质勘查工作已查明的矿产资源基础条件、技术经济条件、开发利用的内外部条件、工业布局和配套、区域或国家经济对矿产资源的需求条件、市场条件等,应用数量经济学和计算机等手段和方法,对研究区域内的矿种(矿产资源或矿业经济区、成矿远景区等)的资源经济价值作出综合评价,确定其优劣类型或优劣顺序,为区域经济发展规划,区域矿产资源勘查、开发利用和保护决策提供科学依据。

区域矿产资源经济评价与区域矿产资源形势分析、区域矿产资源经济政策研究以及区域矿产资源经济决策等,都属于区域矿产资源经济研究的范畴。它们之间有区别,也有联系。区域矿产资源形势分析是指从地质条件、技术经济条件以及政治社会经济因素等方面,综合分析区域内(世界、全国或地区)的矿产资源形势。区域矿产资源经济政策研究包括国家或地区矿产资源的法律、法规以及有关税收等方面的研究。区域矿产资源经济决策是指做出决定和选择矿产资源或矿业经济区域或成矿远景区的经济决策。为了向国家或有关部门决策提供正确、全面、准确的评价结论,必须加强区域矿产资源经济研究的各个领域,特别是起步较晚、比较落后的区域矿产资源经济评价研究,这具有现实的重要意义。

区域矿产资源经济评价可分为总体评价、相对评价和潜力(或潜在价值)评价。总体评价和相对评价是一个问题的两个方面,它们主要是通过综合评价值予以确定或排序,是本节主要介绍的内容。在本节最后也将简述潜在价值评价的内容。

二、影响区域矿产资源经济评价的因素(条件)

影响区域矿产资源经济评价的因素很多,归纳起来有以下几类:

1. 矿产资源基础因素(条件)

矿产资源因素是区域矿产资源经济评价的基础因素,包括矿产储量潜在总值、已探明储量在全国的地位、保有储量占全国比例、保有储量人均占有量、矿石平均品位、富矿的比例、高级储量的比例、有利成矿地质条件和找矿远景预测等。

2. 矿产资源开发利用因素(条件)

矿产资源开发利用因素是区域矿产资源经济评价的重要因素,包括矿山建设条件(如交通运输条件、供水、供电和矿区自然经济地理条件等)、矿床开采技术条件(如开采方案和矿区水文地质条件)、选矿加工技术条件(如矿石选矿加工处理方法、工艺流程和选矿指标等)、环境保护措施(如生产过程中产生的污水、废渣和有毒气体等直接对空气、土壤和水质造成污染)等。

3. 社会经济因素(条件)

可分为各种社会经济基础因素和各种社会经济效益因素。社会经济基础因素制约矿产开发利用水平。如该地区经济发展目标和生产力布局以及在全国经济建设中的地位和作用,该地区经济发展历史和现状以及制约因素等。社会经济效益因素是评价区域矿产资源开发利用的标准,包括年总产值、年净产值、年销售税金、年利润总额、年国民收入净增值、国家(社会)收益率、年就业人数、年净外汇效果、年创汇能力等。

4. 市场因素(条件)

市场因素是影响区域矿产资源经济价值的重要条件,包括矿产品储备情况、矿产品生产、消费和价格等。

5. 其他因素(条件)

如矿产产业基础因素,也是影响区域矿产资源经济价值的因素。如该地区矿业开发程度和现状、矿业投资水平、固定资产原值、全部职工人数、工程技术人员总数等。

三、区域矿产资源经济评价的程序和方法

(一) 评价步骤和程序

区域矿产资源经济评价的一般程序是:

(1) 首先,明确评价地区和对象。

(2) 收集、整理和分析影响经济评价各因素(条件)的资料。

(3) 构造评价体系,由于区域矿产资源经济评价是一个由相互关联,相互制约的众多因素构成的复杂系统;构造评价系统是解决这一问题的必不可少的手段,因为它能使复杂问题条理化、层次化,从而便于进行系统的评价研究。目前,国内外通常采用层次分析法(AHP 法)构造评价系统体系。

(4) 选择合适的评价方法进行综合经济评价研究。根据国内外已研制的先进综合评价决策方法,在这里主要介绍常用的模糊数学中的综合评判方法(模糊综合评价方法),此外还有灰色理论中的综合评判方法(灰色综合评价法)等,作为区域矿产资源经济评价研究方法。

(5) 评价结论分析。

(二) 评价体系构造方法

现将层次分析法构造评价体系的方法简介如下:

(1) 确定系统问题的总目标,构造目标层。在进行区域矿产资源经济评价过程中,确定最佳矿产种类或矿产资源矿业经济区往往是总目标。目标层是系统分析的最高层。

(2) 确定系统问题总目标的影响因素(条件)。即分别考虑矿产资源基础因素、矿产资源开发利用因素、社会经济效益因素、市场因素和矿产产业基础因素对总目标的影响,这些影响因素构造约束层。

(3) 确定各影响因素所包含的评价指标,构造指标层。如矿产资源基础因素包括保有储量潜在价值、保有储量占全国的比例、高级储量比例、富矿储量比例、保证程度等。约束层和指标层构成系统分析的中间层。

(4) 选择评价对象,构造评价对象层。这是系统分析化最低层。区域矿产资源经济评价过程中,不同评价种类有不同评价对象。如区域多种矿产、多个矿产资源或矿业经济区等。

用层次分析法构造区域矿产资源经济评价的评价体系一般模式见图 3-2。

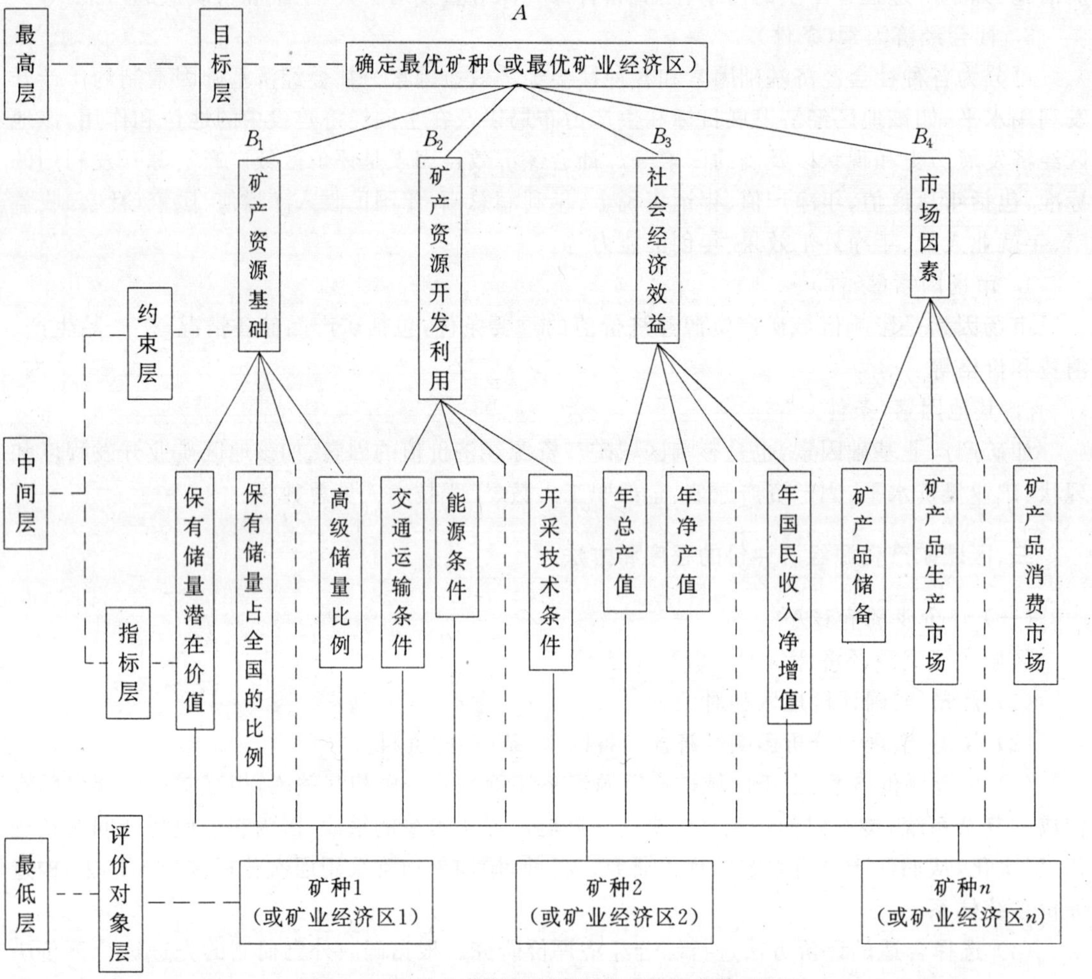

图 3-2　区域矿产资源经济评价系统评价体系图

（三）经济综合评价方法

现仅将通常采用的模糊综合评价方法介绍于后。

(1) 基本评价模型：

$$B=(b_1,b_2,\cdots,b_m)=A\cdot R \quad (3-3)$$

式中：B——模糊综合评价结果；

A——评价因素的权重分配集；

R——总评价矩阵。

(2) A 值的确定。在区域矿产资源经济评价过程中，由于评价指标的大小会直接影响到评价的结果，而且它们往往成正比或反比关系，因而有必要确定评价诸因素的权重。确定权重的方法很多，这里限于篇幅就不做介绍了，可参阅有关教科书。

(3) 评价矩阵 R 的建立。可通过评价指标的隶属函数计算隶属度值而构成评价矩阵。通常是根据评价者要求和评价系统的几何分布形式来构造隶属函数，一般它们可分为线性分布、级差分布和奖惩分布隶属函数。例如线性分布的隶属函数见图 3-3 和如下公式。

$$r_{ij}=\frac{x_{ij}}{a} \quad (3-4)$$

式中：r_{ij}——为第 i 变量隶属第 j 指标优的隶属度值；

x_{ij}——为第 i 变量(对象)第 j 指标的效果。

通过不同隶属函数计算出来的隶属度值，就可构成不同评价矩阵 $R^{(k)}$。

评价矩阵一般是由 3 种不同隶属函数计算而来。

$$R^{(k)}=\begin{bmatrix} r_{11}^{(k)}, & r_{12}^{(k)}, & r_{1n}^{(k)}; \\ r_{21}^{(k)}, & r_{22}^{(k)}, & r_{2n}^{(k)}; \\ r_{m1}^{(k)}, & r_{m2}^{(k)}, & r_{mn}^{(k)}。 \end{bmatrix} \quad (3-5)$$

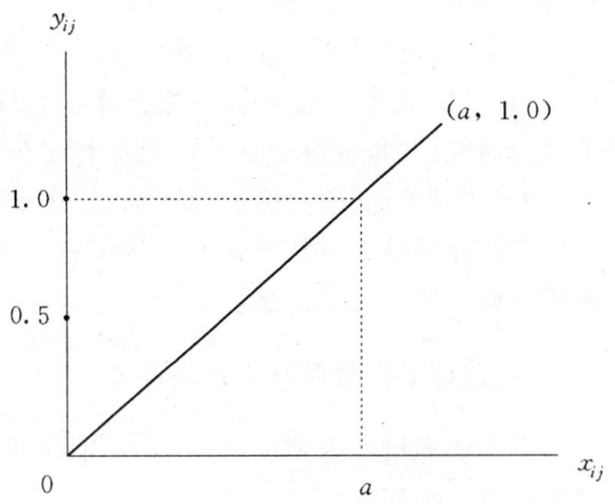

图 3-3　线性分布隶属函数图

(4) 评价模型的运算方法。评价模型的复合运算方法，常见的有普通矩阵乘法[$M(\cdot,+)$]、取小取大法[$M(\wedge,\vee)$]和取大求和法[$M(\vee,+)$]等数种，现选取普通矩阵乘法是考虑到，既要突出主要方面，又要顾及次要方面，尽可能不漏掉信息。

(5) 评价结果分析。根据评价结果 B，可以确定评价对象的优劣顺序。根据评价结果 B 和给定阀值，确定评价对象类型。

模糊综合评价法的原理框图，见图 3-4。

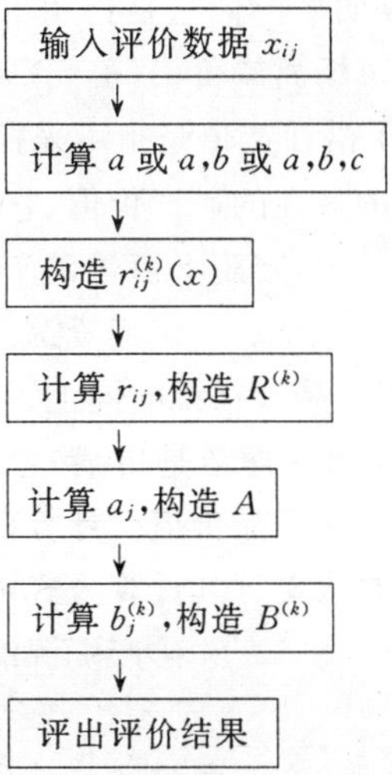

图 3-4　模糊综合评价方法的原理框图

(四) 实例

现将 1989 年对广西自治区以矿种和矿业经济区作为区域矿产资源经济评价研究结果对象，采用上述模糊综合评价方法程序和所得结论简述如下：

1. 广西矿种区域矿产资源经济评价研究

(1) 根据矿产资源的经济特性，广西矿产资源的产出特征和评价整体性要求等，选择了广西铁、锰等 19 种主要矿产作为广西矿种区域矿产资源经济评价研究的对象。

(2) 建立了广西矿种区域矿产资源经济评价系统的评价模型。模型中有 28 个评价因素(指标)，19 个评价对象。

(3) 对矿产保证程度、矿产开发交通条件、矿产伴共生条件、规模条件、开采条件等评价因素(指标)的效果进行了研究确定。

(4) 应用区域矿产资源经济评价系统，进行了广西铁、锰等 19 种矿种区域矿产资源经济综合评价研究，并且根据综合评价结果进行了分析。

19 种矿产的优劣顺序为：水泥用石灰岩→锡→铅→锌→铁→锑→钨→钛→锰、玻璃石英砂→滑石→铝土矿→重晶石→铜→萤石→硫铁矿、银→大理石→金。

2. 广西矿业经济区区域矿产资源经济评价研究

(1) 考虑经济中心的位置、交通、河流分布情况、矿产空间分布特征、现有的行政区划等，将整个广西划分为桂北等 9 个矿业经济区。

(2) 建立了广西矿业经济区区域矿产资源经济综合评价系统的评价模型。评价模型中有

37个评价因素(指标)和9个评价对象。

(3) 对部分评价因素(指标)的效果进行了研究确定。

(4) 用区域矿产资源经济综合评价系统,对广西9个矿业经济区区域矿产资源经济进行了评价研究,并根据综合评价结果进行了分析。

9个矿业经济区的优劣顺序为:桂中矿业经济区→桂西南矿业经济区→桂北矿业经济区→桂东矿业经济区→桂西矿业经济区→桂东北矿业经济区→桂南矿业经济区→桂东南矿业经济区→桂西北矿业经济区。

四、区域矿产资源潜在价值评价

矿产资源潜在价值(Potential value)可分为潜在总值(Total potential value)、潜在产值和潜在净值3个层次。

(1) 潜在总值是指探明的矿产储量(假定其可利用组分可以完全提取出来),经开采后所产生的潜在的矿产品价值。它表明矿产储量有可能在将来为矿山企业或整个矿业部门所带来的经济活动规模和生产总值,是衡量地质勘查工作经济效益和矿产储量经济潜力的一种宏观经济效益指标。其计算公式可表示为:

$$\text{矿产资源潜在总值}=\text{探明矿产储量}\times\text{矿产品价格} \quad (3-6)$$

式中:探明矿产储量是指相当于原 A、B、C 级储量,矿产品价格是指按中等质量的未加工原矿的国际市场离岸价格(美元/吨度)。

(2) 潜在产值是指可采探明矿产储量(假定其可利用组分可以完全提取出来),经开采后所产生的潜在的矿产价值。它能比较客观地反映出矿产储量潜在的社会经济价值,是矿产资源经济分析中,宏观上衡量矿产储量潜在价值较好的一个指标。其计算公式可表示为:

$$\text{矿产资源潜在产值}=\text{可采探明储量}\times\text{矿产品价格} \quad (3-7)$$

式中:矿产品价格说明同上。

(3) 潜在净值是指某一具体矿床探明矿产储量价值中的一种微观经济效益指标。它表示矿产储量的商品价值。计算矿产资源潜在净值对于推动矿产储量及早进入社会主义市场经济具有重要意义。其计算公式可表示为:

$$\begin{aligned}\text{矿产资源潜在净值}=&\text{矿产资源潜在产值}-\text{矿山建设投资}-\text{生产成本}\\&-\text{各项税费}-\text{投资收益}\end{aligned} \quad (3-8)$$

关于矿产资源潜在净值的概念和计算过程,可参见下节矿床技术经济评价的有关部分和指标,这里就不再重述了。

矿产资源潜在总值这一经济评价指标,简单明了,通过具体数值反映出矿产储量的综合经济潜力,所以在国外一些政府部门和研究机构中,常用来作为全国或某一地区矿产储量综合经济潜力评估指标。

当前,我国正在向社会主义市场经济过渡,在矿产资源核算方面,除继续进行实物计量外,还必须大力扩展价值计量,以适应市场经济的需要。矿产储量潜在总值计算,则是矿产资源价值计算的基础和初步。开展全国和地区矿产储量潜在总值研究,得出的矿产储量潜在总值,其意义为:

① 可了解矿产储量综合经济潜力及其在全国或地区上的地位,为我国或地区制定总体上的矿业政策提供战略性意见。

② 按矿产储量潜在总值、人均和单位国土面积潜在总值排序的前列地区,可作为有关部

门了解和获取地质勘查的活动、矿业经济、矿产品生产和贸易等信息的主要对象。

③ 通过世界各国矿产储量潜在总值、人均和单位国土面积潜在总值在世界上的位次和变化，为我国制定矿产资源外交政策、矿业政策和地质勘查工作计划参考，以便及时调整我国对外、对内政策。

第四节　矿床技术经济评价

矿床技术经济评价的主要目的是预估矿床未来开发利用的经济价值和经济社会效益，为勘查项目的取舍和是否继续进行工作，以及矿山进一步开发投资决策提供科学依据。

一、概述

(一) 评价原则和意义

1. 评价原则

在市场经济国家里，矿床勘查工作被视为以盈利为唯一目的的地质工作，即所谓商业性地质工作；它与公益性地质工作，无论在根本目的或者投资主体、组织实施主体、组织管理方式和运行机制等方面都不相同。

随着我国经济体制改革的深化和政府职能的转变，矿床勘查工作如何适应社会主义市场经济体制的要求，以及如何满足国民经济发展的需要，已成为当前改革的一个热门问题。继1996年8月29日全国人大常委会对《中华人民共和国矿产资源法》做了重要修改之后，国务院又于1998年2月12日审议通过了《矿产资源勘查区块登记管理办法》、《矿产资源开采登记管理办法》、《探矿权、采矿权转让管理办法》等三个行政法规。这三个法规遵循建立有中国特色的社会主义市场经济体制的总体目标，结合我国矿业生产实际，合理借鉴了国际上的通行作法，对矿产资源所确定的基本原则、基本法律制度进行了具体化。三个法规首先强调并充分体现了矿产资源国家所有的原则，在此前提下进一步强调了探矿权、采矿权有偿取得的原则、审批登记原则、排他原则和依法转让原则等。这不仅是充分体现了所有者的意志和利益的原则，有利于从宏观上把握矿床的综合勘查和合理开发利用，处理好宏观和微观经济效益、长远和当前经济效益以及经济效益和社会效益、资源效益的关系等。同时，也是充分体现了维护矿床勘查投资人合法权益的原则，勘查工作出资人通过市场筹集资金进行地质勘查工作找到了矿床以后可以优先取得采矿权，并且通过采矿或转让他人开采可以回收投资并取得利润，以实现自己的经营目的。

2. 评价意义

概括起来主要体现在以下几个方面：

(1) 作为矿床地质勘查项目取舍和矿山开发投资决策的依据。

矿床地质勘查工作是一项淘汰无工业价值的矿床，肯定有工业价值的矿床，不断筛选勘查项目的过程。为了做好矿床地质勘查项目取舍和矿山开发投资决策工作，除了要进行地质评价以外，还应该进行技术经济评价，而在目前情况下，技术经济评价尤其重要。根据各阶段技术经济评价的结果，对矿床勘查项目进行择优排序，转入下一步勘查工作，或投入矿山建设开发，从而确定投资方向。

(2) 作为选择最佳矿山经营参数以充分利用矿产资源。

矿山经营参数中矿石品位参数最为重要，而最佳品位参数的确定，就是以矿床技术经济评价最大值作为依据。比如经常采用的方案法，就是首先选择几个邻近品位指标的品位，据其分别圈定矿体，并计算可采矿石储量和平均品位，以及开发利用后的经济价值和经济、社会效益，从中选择经济价值最大，经济、社会效益最好的品位作为最佳品位，因为利用它圈定和开采矿产资源最能充分利用。

(3) 作为评价矿床地质勘查工作经济核算的基础。

在矿床地质勘查工作进行前或进行过程中，是否应该继续进行下去？或者就此而止，这决定于地质勘查工作所取得的效用能否抵偿生产费用，即勘查成果价值的经济核算问题。效用是指矿产物质组分及其社会价值，生产费用是指成本费用。如果矿产资源自然丰度好，矿山企业生产成本较低，这时效用就能抵偿生产费用，否则就应退出生产过程。总之，地质勘查工作经济核算依赖于矿床技术经济评价的进行。

(4) 矿床技术经济评价的实际意义还表现在以下各方面：

作为奖励地质勘查人员、补偿地质勘查投资费用、实行矿产资源有偿使用，以及对矿山企业征收有关税费等的依据；

作为申请银行贷款、筹措资金以及转让探矿权、采矿权价值评估等的依据；

此外，合理勘查程度的确定、矿产资源综合利用等都与矿床技术经济评价工作密切相关。

（二）矿床地质勘查各阶段矿床技术经济评价的要求

整个矿床地质勘查工作过程受认识规律和经济规律的制约，认识规律要求认识过程必须遵守"循序渐进"的原则，要求地质勘查工作必须逐步开展和不断深入地进行；经济规律则要求地质勘查工作应根据国民经济的需要，力求用最合理的方案和方法，最少的人力、物力和财力消耗，在最短的时间内，取得最多最好的地质勘查成果和最佳的经济、社会效益，确保后续勘查和开发投资的可靠性和合理性，使勘查和开发的投资风险最小。

矿床地质勘查工作一般划分为普查、详查和勘探 3 个阶段，每个阶段中的地质评价和技术经济评价互相对应。技术经济评价分别依次被命名为矿床概略技术经济评价、矿床初步技术经济评价和矿床详细技术经济评价。由于不同阶段对矿床地质特点的认识程度不同，因此，对各阶段矿床技术经济的目的、要求和内容也不相同，现分别简介如下：

1. 矿床概略技术经济评价

矿床经过普查工作之后，获得的地质信息和基础资料较少，只是粗略地查明了矿床规模、矿石质量、矿石加工技术性能、开采技术条件以及矿区自然经济条件等。首先，对这些资料是否达到本阶段工作程度的要求，提出评述意见；再着重分析该矿产的国内外地质资源概况、国内供需形势和资源保证程度、国际市场供需现状和发展趋势，在国家的资源开发政策与中、长期规划的基础上，结合本矿床储量的概略远景、相应的试验研究资料和矿山基本建设的内外部条件，评价矿床开发利用的可能性及国民经济意义；然后，利用有关矿产规范中的工业指标计算储量，通过采用拟定的开发方案和有关技术经济参数，用静态企业经济评价方法，概略估算未来开发利用时的可能盈亏情况。其目的是为矿床能否转入详查阶段和有无进一步工作的价值提出意见和建议。概略技术经济评价的结论正确与否，对后续勘查工作以及矿产资源的开发利用至关重要。因此，必须尽可能做好矿床的概略技术经济评价。

概略技术经济评价工作由承担矿床勘查工作的地质勘查单位完成。评价之后在矿床普查报告中应有技术经济评价的专门章节，或单独提交概略技术经济评价意见书。

2. 矿床初步技术经济评价

矿床经过详查工作之后，获得了比较丰富的地质信息和基础资料，基本查明了矿床地质构造条件，矿体空间分布，矿体的形态、产状和规模，矿石有用物质组分的含量及其赋存状态，矿石技术加工性能，矿床的水文地质和工程地质等开采技术条件和矿山建设条件等。首先，对这些资料是否达到本阶段工作程度的要求提出评述意见：在阐明矿床开发的国民经济意义的前提下，对该矿床未来矿山建设与开采的地质、资源、生产、技术、市场等具体条件做出初步分析。然后，采用符合该矿区具体条件，并与有关工业部门协商的工业指标计算储量，根据本阶段试验研究结果，参考同类矿山的实际情况拟定采选方案，利用接近该矿床实际情况的技术经济参数，用静态和动态经济评价方法，计算和分析矿床工业开发的企业经济评价和国民经济评价指标，以初步反映矿床未来开发利用的经济价值和经济效益。其目的是为矿床能否转入勘探、初步综合评价矿床工业开发价值，以及编制矿山建设总体规划，从技术、经济方面提供决策依据。通过初步技术经济评价证实矿床的经济价值较大，经济、社会效益较好，并可纳入国家近期建设计划的，方可转入勘探阶段。初步技术经济评价是减少矿床勘探投资风险的关键性评价。初步技术经济评价肯定的矿床转入勘探后，尽管某些评价参数可能会发生变化，但是不应出现评价结论的根本性变化，即不应出现肯定有经济价值的矿床变为无经济价值的矿床，或者前后有较大的出入。对目标做出否定评价时，必须资料充分、可靠，论证客观、全面。

初步技术经济评价工作一般由承担矿床勘查工作的地质勘查单位完成。必要时，可聘请部、局、院校技术经济研究机构，或矿山设计部门参加。评价后在详查报告中应有技术经济评价的专门章节，或提交单独的初步技术评价报告。

3．矿床详细技术经济评价

矿床经过勘探之后，获得了大量系统和可靠的地质信息和地质资料，对矿石的质量和技术加工特性及其空间变化、矿床的开采技术条件及水文地质条件等方面有了较深入的研究。首先，对这些地质、技术、经济资料是否达到本阶段工作程度的要求提出评述意见：在详细分析矿产资源形势、市场条件、产品方向与前景，并根据矿山建设项目建议书与矿山总体规划的具体要求，详细分析未来矿山设计建设与生产经营的具体条件。然后，根据工业部门正式制定批准的矿产工业指标计算储量，根据相应试验研究的结果，结合矿床具体技术经济条件，经过比选、优化，拟定矿山建设的合理方案，采用符合矿区具体经济条件的参数，计算矿床开发利用的微观经济效益，必要时还应计算与分析宏观经济效益。其评价结果可作为矿山建设可行性研究和确定矿山设计与合理开发的依据。评价结果的正确与否，直接影响矿山建设和开发经济效益的好坏，错误的评价结果往往会造成已建矿山被迫停产，给国民经济造成重大损失。

同样，详细技术经济评价工作一般也是由承担矿床勘查工作的地质勘查单位完成，必要时，可聘请部、局、院校技术经济研究机构或矿山设计部门参加。对国家重点建设项目或大型综合性矿床，可以委托上述单位承担。

（三）评价的基本步骤

矿床技术经济评价是一项涉及范围较广而又比较复杂的工作，必须采取科学的工作程序，有计划有步骤地进行。矿床技术经济评价工作一般按如下几个步骤进行。

1．确定目标

确定目标是矿床技术经济评价的第一步。应根据矿床地质勘查阶段的性质和特点，确定评价的任务和所要达到的目标。参加评价的人员，都必须明确评价目标，必须在评价过程中自始至终紧紧地把握住目标。

2．收集和整理资料

无论采用何种技术经济评价方法，都要有一定的资料和数据作为依据。收集的资料和数据愈系统、广泛、切合实际情况，评价的结论就愈可靠和合理。供矿床技术经济评价用的资料和数据一般有以下几种：

(1) 矿床地质勘查工作费用，除了评价矿床的实际勘查费用之外，还应包括分摊被淘汰的其他无工业价值矿床的地质勘查费用。

(2) 矿体的形态、产状、空间分布规律，以及不同级别的矿产储量和资源总量等。

(3) 矿石的质量，包括有用组分含量、伴生的有益和有害杂质的含量、矿物成分、矿石结构构造、矿物嵌布特征、粒度等，以及矿石选冶加工性能等。

(4) 矿床开采技术条件，如矿体埋藏深度、水文地质条件、顶底板围岩和矿体稳固程度、矿体受构造破坏程度。

(5) 矿区自然、经济地理状况及内外部建设条件。

(6) 社会政治因素。

(7) 矿产资源经济形势。

对收集到的资料和数据，要进行可靠性评述，要进行加工整理，汇总归类，使资料和数据具有系统性、全面性。

3. 拟定采选方案，确定技术经济指标

根据矿床的具体地质特征，当前的开采技术水平和技术加工试验成果等，拟定未来矿山企业的开采和选矿工艺流程的可能方案，通过类比和计算，确定下列重要参数和技术经济指标。

(1) 矿山企业的年生产能力(原矿或精矿)及服务年限；

(2) 矿床工业开发的基建投资、流动资金和资本化利息；

(3) 一吨最终产品(原矿、精矿或金属)的生产成本；

(4) 原矿或精矿的品位；

(5) 采矿损失率和矿石贫化率；

(6) 有用组分的加工(选矿和冶炼)回收率和产率；

(7) 根据最终产品的质量，按价目表确定其价格。

4. 进行国民经济评价

主要任务是从国民经济整体角度出发，按照调整后的经济参数，借助经济分析报表，计算矿床开发后的宏观经济效益。

5. 不确定性分析

矿床技术经济评价中，由于客观条件的影响和主观认识方法上的局限，往往会遇到一些不确定性因素，使评价的经济效益带来不确定性，这就需要进行不确定性分析，以避免或减少决策失误。

6. 综合评价

主要任务是通过企业经济效益和国民经济效益的综合评价与论证，提出评价项目是否转入下一步勘查或开发的决策意见。

7. 编写评价报告

需要指出的是，在评价过程中还需注意信息反馈，使评价工作更加完善、正确。

二、影响矿床技术经济评价的基本因素(参数)

影响矿床技术经济评价的因素(参数)包括矿产品价格、建设资金、生产成本、利息率、收益率、税金等经济因素，还包括工业指标、生产规模和采选技术经济参数等。

(一) 矿产品价格和销售收入

在影响矿床技术经济评价的因素中销售收入的变动往往比费用更敏感，而销售收入又受品位、生产能力、金属回收率和矿产品价格所控制。对于矿产品价格的估计是非常困难的，因它随时间而变化，而且与供需关系有关。

一般说来，矿产品的价格是由凝聚在矿产品中的社会必要劳动量决定的，但矿产品是由矿产资源经过开发加工而获得的。由于矿产资源是一种不可再生的自然资源，它的开发工作遵循“报酬递减规律”。同时，矿床在自然界的分布及其自然丰度又存在较大的差异，这将直接影响到人们对矿产资源开发利用所投入的劳动量。另外，人类对矿产资源的需求量在不断地增长，这就迫使人类不得不对劣等矿产资源进行开发利用。为了保证开发利用劣等矿产资源的矿山企业也能获得合理的收益，在对矿产品进行定价时，就应该按开发利用劣等矿产资源矿山企业的社会平均先进劳动消耗定额，而不是按全部矿产资源矿山企业的社会平均先进劳动消耗定额来加以确定。对于优等矿产资源在开发利用中获得的超额利润，国家可作为税金(或租金)加以回收。同时，由于矿业生产活动受到资源状况经常变动的影响，其生产活动常具有一定的冒险性，因此，在对矿产品进行定价时，应保证矿山企业有高于其他行业的资金利润率。

矿产品定价最常用的方法是利润加成本定价法，定价公式为：

$$Z=\frac{S_T+P_T}{D_T} \tag{3-9}$$

式中：Z——矿产品的销售价格(元/吨)；

S_T——按劣等矿产资源确定的总成本(元)；

P_T——矿产品期望利润(元)；

D_T——矿产品预计销售量(吨)。

矿产品期望利润 P_T 应按劣等矿产资源矿山企业平均先进成本利润率(也可按资金利润率、投资报酬率)来确定矿产品的价格。

$$P_T=S_TE \tag{3-10}$$

式中：E——劣等矿产资源矿山企业平均先进成本利润率(%)。

将 P_T 代入前式，则

$$Z=\frac{S_T+S_TE}{D_T} \tag{3-11}$$

式中：S_TE——利润总额。

此法的优点是价格制定比较容易，接近“利润价格”；缺点是不能考虑在不同价格条件下的需求量变化情况，解决这个问题可采用投资报酬定价法。

(二) 建设投资和资金筹措

建设投资包括固定资产投资、流动资金和固定资产借款利息(资本化利息)3个部分。由于固定资产投资在基建投资中所占比例最大，所以有时也专指基建投资。

1. 固定资产投资

固定资产投资是指花费在工程建设上的全部活劳动和物化劳动的总和。其中绝大部分用于建设场地的准备，主要生产设施、辅助性生产设备和矿山生产外部条件的建设，包括建设场地的开拓、平整和排水的费用，原有建筑的拆迁和重建费用，以及破坏环境的赔偿费用；包括采矿基建、采准工程的费用，露采的初期剥离费用，选厂厂房和通往选厂的运输线的建设费用，生产设备装卸设施、堆矿场和仓库的建设费用；包括排水、通风、安全技术、工业卫生、机修车间和生活服务设施的建设费用；包括矿山的铁路、公路、车辆和电话、供电工程(专用电站、输电线、配电所等)、供排水工程等费用。它们构成矿山企业的固定资产,将通过折旧形式转移到产品中去。小部分用于施工管理、职工培训、勘测设计、地质勘探、矿石技术加工试验、矿山建设可行性研究等费用,这部分不形成固定资产。

固定资产投资与矿床的特点、产出条件、矿山企业生产规模、矿床开采和技术加工方法、经济自然地理等因素有关,其估算的准确程度(精度)取决于工作的深度和广度,以及资料占有程度,常用的方法有以下几种。

(1) 扩大指标法:扩大指标即单位产量固定资产投资额,所谓扩大指标法就是将扩大指标与拟建矿山企业的年生产能力的乘积作为拟建矿山企业固定资产投资的方法,其计算公式如下:

$$J=J_uD \tag{3-12}$$

式中:J——拟建矿山企业基建投资(元);

J_u——扩大指标(元/吨);

D——拟建矿山企业年生产能力(吨/年)。

扩大指标是根据大量设计和实际投资指标的统计分析确定的。实际应用时,要尽量选取与拟建矿山地质条件类似、开采方法与选矿方法相似、生产能力相近的矿山的实际指标来估算固定资产投资。

(2) 生产规模指标法(又称 0.6 指数法):生产规模指标法的实质是利用已知企业的投资指标来概略地估算同类型,但不同规模企业的投资额,其计算公式为:

$$J=\left(\frac{D}{D_0}\right)^n J_0 \tag{3-13}$$

式中:J——拟建矿山企业的固定资产投资(元);

D——拟建矿山企业的生产能力(元);

D_0——类似已建矿山企业的年生产能力(吨/年);

J_0——类似已建矿山企业的固定资产投资(元);

n——投资指数,通常取 0.6~0.8;若用增加设备能力来增加企业年生产能力时,取 0.6~0.7;若用增加设备的数量来扩大企业生产能力时,取 0.8~1.0。

(3) 分项工程累加法:根据矿山建设的全部图纸、工程和设备清单及重要工作量,计算单项工程和设备项目的直接费用、各种间接费用,以及不可预见费用等,然后累加求和。

2. 流动资金

流动资金是垫支在劳动对象上的工资及其他支出等要素方面的资金,即矿山企业经营过程中作为周转用的资金,它在周转中表现为生产储备资金(包括原材料、低值易耗品、燃料等占用的资金)、未完工产品资金、成品资金、货币资金与结算资金(包括发出商品应收款额、银行存款、现金等)等占用形态。它的价值周转是一次全部转移到产品中去,并从产品销售收入中一次全部得到回收,它只经过一个生产周期就可以完成一次从垫支出去到全部收回的循环,其价值周转方式具有流动性,故称为流动资金。

流动资金额多采用以下几项扩大指标:

(1) 按流动资金占固定资产资金率计算,如有色金属矿山采选企业流动资金约占固定资产金额的 15%~20%,又如化学矿山定额流动资金约为固定资产金额的 10%~25%。

(2) 按流动资金占年经营费资金率计算,如黑色冶金矿山定额流动资金约占年经营费的 50%。

3. 固定资产贷款利息

矿山企业基建期间因不生产产品，无力偿还应支付的贷款利息，不得不另行借贷，以偿还基建期间所发生的利息，故又称资本化利息。

资金筹措包括资金筹集和资金运用，我国建设资金的来源主要靠国家内部积累，但在一定条件下，也可把国外借贷的资金作为补充来源。国内资金来源的渠道有财政拨款、银行贷款和企业自筹资金等，国外资金来源主要有政府贷款、出口信贷及补偿贸易和合资经营、国际金融市场及自由外汇等。

资金运用的合理性主要表现在对贷款数额的认真估算、年度用款计划和贷款占用时间等方面，在满足项目用款需要的前提下，要尽量削减贷款数量，合理安排年度用款计划，减少贷款占用时间。

（三）生产成本和折旧费

矿产品成本是反映矿山企业生产活动劳动消耗的综合性指标，是评价矿山企业经济效益不可缺少的因素。矿产品的成本除与矿山企业的生产经营水平有关外，还与矿床地质条件和开采技术条件以及矿山企业的技术经济参数有很大的关系。

矿山生产成本是指矿山企业为生产和销售矿产品而支付的一切费用。它包括已耗费的生产资料的价值，如原材料及辅助材料、燃料、动力费，工资及附加费，固定资产折旧费，销售矿产品的开支，如保管费、运输费、销售费等，上级公司的行政管理费等。矿产品生产成本的组成内容如图 3-5 所示。

- 生产成本（或销售成本）
  - 工厂成本
    - 经营成本
      - 车间成本
        - 辅助材料费
        - 燃料、动力费
        - 生产工人工资及附加费
        - 维修材料费
        - 车间管理费
      - 行政管理费
    - 折旧费（包括维简费、流动资金借款利息、地质勘查补偿费等）
  - 销售费

图 3-5　常用的矿产品成本组成内容

1. 生产成本估算

生产成本主要是根据过去的统计资料和经验预估确定的，常用的估算方法有以下两种。

(1) 扩大指标法：就是根据单位成本扩大指标或类似矿山的实际单位成本直接选取，要尽量选取与被评价矿床的地质特征、矿山生产能力、开采方法、开拓方式、采矿方法、选矿加工工艺、装备水平等相类似的矿山。

矿产品种类不同，成本估算也不同。

① 原矿成本的估算，可按下式计算：

$$S_1 = e(1+\eta)+d \tag{3-14}$$

式中：S_1——露天采矿成本（元/吨）；

e——矿岩生产经营成本（元/吨）；当采用机车运输时，取值范围是 1～1.2 元/吨；采用汽车运输时，取值范围是 1.3～1.4 元/吨；

η——剥采比（吨/吨）；

d——维简费（元/吨）；按规定取值，铁矿石为 2.35 元/吨，有色金属矿石为 4.50 元/吨。

如果按照不同的剥采比（在 0.5～4 范围内），可参照以下经验公式计算露天采矿成本。

当生产规模较大，或为山坡露天时，

铁矿山 $S_1=3.55+1.2\eta$

有色金属矿山 $S_1=5.7+1.2\eta$

当生产规模较小，或为深凹露天时，

铁矿山 $S_1=3.75+1.4\eta$

有色金属矿山 $S_1=5.9+1.4\eta$

坑内采矿成本的影响因素较多，一般采用扩大指标法估算，方法同前。

② 精矿成本的估算：当采矿成本与选矿加工费用确定以后，可按照下式计算精矿的成本。

$$S_j=(S_m+S_d)q \tag{3-15}$$

式中：S_j——精矿成本（元/吨）；

S_m——采矿成本（元/吨）；

S_d——一吨矿石选矿加工费用（元/吨）；

q——选矿比，即生产一吨精矿所需要的矿石量，它是入选原矿量与选出精矿量的比值。

选矿加工费用可按矿石性质、加工方法及生产规模等，以相应地质勘查阶段的选矿试验结果为依据逐项计算，如条件不具备，可采用扩大指标。

(2) 分项成本累加法：该法是按照成本构成逐项进行估算，然后累加求和。采矿成本通常包括辅助材料费、燃料及动力费、生产工人工资及工资附加费、大修理费及维修费、折旧费或维简费、行政(企业)管理费、地质勘查工作补偿费等。

2. 折旧费

为了更新原有的固定资产，必须采取某种方式，将原有的固定资产的价值，在其使用期间转作生产成本，从产品的收入中及时提取并积累起来，以保证生产的顺利进行。这种为了更换生产性资产留出的准备资金就叫折旧费。由此可见，折旧的经济意义表现在，从生产费用角度看，折旧费是一项生产费用，要正确地计入产品的成本中；从资金回收角度看，折旧费又是一项资金回收收入，即从固定资产转变为流动资金的回收收入，要据之提存折旧资金，保证固定资产的再生产。

采取什么折旧方法计算折旧费，关系到产品成本和企业盈利的计算，常用的折旧方法有以下3种，其中前两种方法比较简单且未考虑资金时间价值。

(1) 直线折旧法：直线折旧法是在固定资产的有效寿命期限内，逐年平均分摊固定资产总额减去残值后的余额。其计算公式如下：

$$DE=\frac{B-L}{N} \tag{3-16}$$

式中：DE——年折旧费；

B——固定资产原值；

L——固定资产在 N 年有效寿命期末估计的残值；

N——固定资产的有效寿命期。

(2) 单位产量折旧法：其计算公式如下：

$$DE=\frac{J}{D_T}D \tag{3-17}$$

式中：DE——年折旧费；

J——固定资产投资额；

D_T——历年总产量；

D——年产量。

(3) 连本付息折旧法：如果偿还基建投资的折旧费需要连本付息，而且每年偿还的数额是相等的话，则可采用以下公式计算折旧费。

$$DE=J\,\frac{i(1+i)^{T}}{(1+i)^{T}-1} \tag{3-18}$$

式中：DE——年折旧费；

J——固定资产投资额；

i——贷款年利率；

T——偿还贷款年限。

目前，我国基建投资已经改为银行贷款，要求将来连本付息偿还贷款，因此采用连本付息折旧公式，具有现实意义。这个公式就是国外常用的设备折旧费计算公式，J 可视为设备投资，DE 为每年应偿付的折旧费。使用这个公式的优点是可以引起对设备积压的重视，因为积压时间越长，折旧费用越高。

(四) 利率和贴现率

1. 利率(或称为利息率)

它是在一定时期内所付利息额与所借的资金额(即本金)的比值，付息周期通常以年为单位。在国外，利率的高低首先取决于社会平均利润率，并随之而波动，利率一般略低于社会平均利润率。其次，利率受金融市场上借贷资本供求状况的影响，供大于求，则利率下降；求大于供，则利率上升。此外，物价稳定的程度、借出资金承担风险的大小以及政治动向等，都会使利率上下浮动。在我国，利率是国家重要的宏观调控手段，利率的高低主要由国家根据国内外的经济、政治形势，以及借贷资金的供求关系，由国家统一规定。

2. 贴现率

它是一定时期的贴现利息与期票票面金额的比率。贴现率通常由利率、社会劳动生产率的增长率和通货膨胀率 3 个分量所组成。贴现率与前两者成正相关关系，与通货膨胀率成负相关关系。一般情况下，社会劳动生产率的增长率总是大于通货膨胀率，因此，贴现率往往要高于利率。在西方国家，贴现率的取值主要取决于投资的社会平均利润，它反映了企业管理水平，以及积累与分配的关系，一般取值 15%。在我国，贴现率是根据国民经济平均增长速度而确定的，它是劳动生产率增长的百分数(相当于年利润增值百分数)。目前我国贷款利率较低，劳动生产率增长的百分数和企业经营利润总的说来也不算高，通货膨胀率还存在，在这种情况下不宜订得太高，以免使矿山企业造成亏损过大，而又不得不进行开发的被动局面，故贴现率取值一般在 8%～12%左右比较合适。

(五) 税费

目前国家对矿山企业征收的税种，除了国家和地方通用税种，如企业所得税、增值税和土地使用税等以外，矿业专门税费还有矿产资源税、矿产资源补偿费、矿业权使用费和矿业权价款等。现将主要税种的计算公式分别列下：

1. 增值税

按《中华人民共和国增值税暂行条例》规定，在中华人民共和国境内销售货物或者提供加工、修理、修配劳务以及进口货物的单位和个人，为增值税的纳税义务人。

目前，法规规定中外合作油(气)田开采的原油、天然气，按实物征收增值税，税率为 5%。在计征增值税时，不抵扣进项税额。固体矿产品(包括煤、金属、非金属采选矿产品)增值税率为 13%。石油、天然气、井盐的增值税率仍为 17%。黄金、白银暂不征收。

$$应纳增值税额=当期销项税额-当期进项税额$$
$$=当期销售额\times税率-当期买价\times扣除率 \quad (3-19)$$

2. 企业所得税

它是按企业年度销售利润征收的一种税，其计算公式为：

$$所得税额=应纳税所得额\times税率$$
$$=(销售收入-成本-产品税-单项留利-准许扣还的贷款)\times税率 \quad (3-20)$$

式中："单项留利"包括治理"三废"产品盈利净额，提前还清基本建设借款应留给企业的利润，其他经国务院或财政部批准专项留用的利润。

"准许扣还的贷款"是指国家安排的基本建设拨改贷项目投产后实现的利润，用于归还基建贷款的部分，企业用专项贷款项目投产后，用新增利润归还专项贷款的部分，以及分给联营单位的利润。

对于大中型国营企业，采用33%税率计算税金；对于小型企业所得税额，按下式计算：

$$所得税额=应纳税所得额\times税率-速算扣除额 \quad (3-21)$$

小型企业适用八级超额累进税率，其税率和速算扣除额见有关文件。

3. 资源税

征收资源税的目的是为了调节收入和合理利用我国的矿产资源。石油、天然气和煤炭资源税是最早开始征收的税种，目前已经覆盖所有矿种，它是按应税产品实际产量(销售)定额征收。其税目和税额参见《中华人民共和国资源税暂行条例》(1993 年 12 月 25 日发布的国务院 139 号文件)。

4. 资源补偿费

应按照矿产品销售收入的一定比例计证，企业缴纳的矿产资源补偿费列入管理费用。其计算公式如下：

$$矿产资源补偿费金额=矿产品销售收入\times补偿费率\times开采回采率系数 \quad (3-22)$$

5. 矿业权使用费及矿业权价款

其缴纳标准和办法参见国务院 1998 年 2 月 12 日发布的《矿产资源勘查区块登记管理办法》、《矿产资源开采登记管理办法》和《探矿权、采矿权转让管理办法》。

有关我国税费制度及其特点请参阅本教材第六章第七节内容。

(六) 工业指标

工业指标是指在当前技术经济条件下，矿床达到利用所规定的综合标准，也是矿山企业对矿产质量和开采条件所提出的要求。它能保证合理地圈定矿体，计算储量，正确进行可行性研究和经济评价，促进矿产资源的合理利用以及确定最优的矿床开采方案，从而取得最大的经济效益。

工业指标通常包括边界品位、最低工业品位、最低可采厚度、夹石剔除厚度、含矿系数和米百分率等。这些参数的变化，往往会影响矿床经济评价的结果：如品位指标的变化，会导致矿体厚度、矿石平均品位和储量的改变，进而影响到开采方法、生产规模和矿床开发利用的经济效果，所以品位指标确定得是否正确，既关系到矿产资源的合理利用，又关系到矿床开发利用的经济价值和经济效益。故在进行矿床技术经济评价时，务必选择好合理的品位指标。

关于各种工业指标的确定方法是地质技术经济研究的重要内容，已在其他有关教科书中详细加以介绍，这里限于篇幅就不再赘言了。

（七）采矿技术经济指标（参数）

采矿常用的技术经济指标（参数）有以下几种。

1. 采矿量（Q）

采矿量是指已完成最后生产过程，从采场掌子面爆破下来的，包括不能分采而连带崩落的围岩在内的矿石量。

2. 采出矿石量（Q'）

采出矿石量是指自掌子面爆破下来，并运出坑口的原矿数量。地下开采的采出矿石量包括采矿量和其他采出的矿石量。

3. 采矿损失率（K_l）和回采率（K_m）

采矿损失率是指在采矿过程中损失矿石量（或金属量）占该采场或采区内矿石储量（或金属储量）的百分比。

$$采矿损失率(K_l)=\frac{Q(矿石储量)-Q'(采出矿石量)}{Q(矿石储量)}=\frac{Q_l(损失矿石量)}{Q} \quad (3-23)$$

$$采矿回采率(K_m)=1-K_l=\frac{Q'(采出矿石量)}{Q(矿石储量)} \quad (3-24)$$

4. 采矿贫化率（K_f）

矿石在开采过程中，由于废石的混入，致使矿石品位降低，其降低程度以百分数表示，即为采矿贫化率。

$$采矿贫化率(K_f)=\frac{Q_f(采下废石量)}{Q'(采出矿石量)} \quad (3-25)$$

在采矿过程中，如果地质测量人员可以进入采场内工作，可采用采场测量和地质编录，通过直接作图，利用上式求出采矿贫化率。如无法进入采场工作，可利用采样化验的品位，按下式计算求出采矿贫化率，即采下矿石下降的品位（贫化后）与原矿石储量（贫化前）品位之比。

$$K_f=\frac{C-C'}{C}=(1-\frac{C'}{C}) \quad (3-26)$$

式中：C——矿石储量品位；

C'——采出矿石品位。

当围岩含矿化时，

$$K_f=\frac{C-C'}{C-C_w} \quad (3-27)$$

式中：C_w——围岩品位。

5. 采矿品位

采矿品位是指采下矿石中所含金属量的百分比。采下矿石量中的金属量，应根据各个采场采样化验的原矿品位用平均法计算。

6. 采出矿石品位（C'）

采出矿石品位是指采出矿石中所含的金属量的百分比。可用下式计算：

$$C'=C(1-K_f) \quad (3-28)$$

当围岩含矿化时，则

$$C'=C-K_f(C-C_w)=C(1-K_f)+K_fC_w \quad (3-29)$$

以上几种采矿技术经济指标，根据矿床开采技术条件的不同，可以有各种不同的计算方法，这里介绍的仅仅是常用的一般方法。

（八）选矿技术经济指标（参数）

1. 原矿品位（C_m）

原矿品位即入选矿石品位，也就是采出矿石品位。它与矿石储量品位（C）的关系是：

$$C_m=C(1-K_f) \quad (3-30)$$

式中：C_m——反映原矿质量的指标。

2. 精矿品位（C_d）

它是反映精矿产品质量的指标，为了冶炼和销售，国家对精矿质量提出要求，几种常见精矿的国家规定的产品质量标准（最低数）如表 3-3 所示。

表 3-3 我国几种常见的精矿产品质量标准

名　称	本元素含量（%）	杂　质　允　许　含　量
铜精矿	>12	<Pb，8%；<Zn，10%
铅精矿	>40	<Cu，3%；<Zn，9%
锌精矿	>40	<Cu，2%；<Pb，3%；<Fe，16%
钨精矿	>65（WO_3）	<Sn，0.4%；As，0.2%；S，0.8%
锡精矿	>55	<As，0.5%；Bi，0.15%；Sb，0.4%；Fe，9%
钼精矿	>45	<SiO_2，6%；As，0.25%；Sn，0.15%；P，0.15%；Cu，1.5%；Pb，1.5%
铋精矿	>15	<Pb，6%；SiO_2，5%；WO_3，4%
朱砂	96（HgS）	<Ce，0.4%
硫精矿	>30	<As，3.0%；F，3.0%

一般精矿产品质量符合上表要求的，才能称为合格精矿。精矿品位越高越好，当然价格也高；但提高精矿品位，选矿回收率往往会下降，因而影响矿产资源的合理利用。

3. 尾矿品位（C_w）

它是废弃矿石中的品位，是反映选矿过程中有用组分损失情况的指标。

4. 选矿比（q）

选矿比是指处理原矿量与获得精矿量的比例，亦即获得单位精矿所需的原矿量，它是反映矿石质量的指标，通常用倍数表示。

5. 富集比（α）

富集比是指原矿通过选矿后，有用组分富集到精矿中的比例，它是评价矿石选矿性能和作业优质的指标，一般来说富集比越大，表示矿石易选和选矿作业效率高，可用如下公式表示：

$$\alpha=C_d(\text{精矿品位})/C_m(\text{原矿品位}) \quad (3-31)$$

6. 选矿产出率（即选矿产率）（δ）

它指采出矿石量通过选矿处理后，获得精矿数量的百分率，也就是精矿量与采出矿石量之比（或选矿比 q 的倒数）。

$$\delta\left(\frac{\text{精矿量}}{\text{采出矿石量}}\right)=\frac{C_m \cdot K_d}{C_d} \quad (3-32)$$

式中：K_d——选矿回收率；

其他代号与前公式相同。

7. 选矿回收率(K_d)

它指精矿中金属质量与采下(入选)矿石中金属质量之比,它反映选矿过程中金属的回收程度。故实际选矿回收率

$$K_d=\frac{\text{精矿中金属质量}}{\text{采出矿石中金属的质量}}=\frac{\text{精矿量}\times\text{精矿品位}}{\text{原矿量}\times\text{原矿品位} \tag{3-33}$$

或由前式得出理论回收率

$$K_d=\frac{C_d\cdot\delta}{C_m}\times 100\%$$

或

$$K_d=\frac{C_d(C_m-C_w)}{C_m(C_d-C_w)}\times 100\% \tag{3-34}$$

式中:C_m——采下(入选)矿石品位(%);

C_d——精矿品位(%);

C_w——尾矿品位(%)。

若 $K_d=100\%$,则说明分子分母相等,$C_w=0$,这种情况实际不可能。若 $K_d<100\%$,则说明 $C_w>0$。

理论回收率是用来检验实际回收率的精确程度、技术管理水平高低、评价试验报告质量等的指标。

(九) 生产规模和产品方案

1. 生产规模(D)

它是决定矿山整体建设规模和生产面貌的重要因素。

生产规模确定得正确与否,直接影响到矿山的建设和生产及其经济效益,因此,确定生产规模必须进行深入细致的调查研究,广泛收集资料,进行技术经济比较,使确定的生产规模既能满足国家对该矿山建设的要求,又符合矿床客观地质条件与矿产资源的规模大小。目前,对大型矿山生产规模的确定,有的主张“由小到大”,分期建设,这样基建投资小,时间短,达产时间早,可以提前为国家创造财富;有的则主张根据矿床地质条件,确定合理的建设规模,矿山一次建成,虽然投资较大,建设时间较长,投产较慢,但总的收益大,又可避免边生产边基建的复杂局面。总之,矿山生产规模的确定受多种因素的制约,因此,必须通过不同建设方案的生产规模加以比较,方能选择出综合效益最佳的生产规模。

确定生产规模的方法很多,概括起来有以下几种:

(1) 根据国家对矿山建设要求确定生产规模;

(2) 根据年采掘下降速度确定地下采矿的生产规模;

(3) 根据矿山工程延深速度确定露天采矿的生产规模;

(4) 根据合理的生产服务年限确定生产规模;

(5) 根据经济效益最佳确定生产规模。

以上五种确定生产规模的方法,可参阅有关教科书。

矿山建设生产规模的确定是一项重要的工作,一般用几种方法相互验证,并且多用方案比较法确定。今后,随着科学技术的发展,矿山生产规模的确定也在不断发展,但必须考虑满足国家需要,具有矿床开采技术上的可能性和经济上的合理性,符合矿床地质条件和充分利用矿产资源等原则。

露天矿只要生产设备已经确定,效率定额一般是能够达到的,而大多数地下矿则比较困难。

2. 产品方案

矿山建设生产的产品方案，对有色金属一般多为矿床所含的主要有用组分的精矿产品，例如，铜矿生产的是铜精矿产品，但有时因矿石选矿性能复杂，可生产混合精矿，所以说有色金属矿山的产品方案，是何种金属矿床就生产何种组分的精矿产品。有时由于某些矿床的矿石性质复杂，受选矿条件的限制，或者为了收回伴生元素也有只生产中间产品的，然后送往精选厂再加工处理生产精矿产品，在这种情况下的产品方案就是生产中间产品了。

三、矿床技术经济评价的方法和指标

矿床技术经济评价可分为企业经济评价和国民经济评价。企业经济评价的目的是企业财务收益最大，而国民经济评价的目的是要求取得最大的国家利益。我们在进行矿床勘查项目的取舍和矿山建设投资决策时，除了取决于国民经济评价，亦即使项目评价更加有效地服务于国家未来的经济、政治和社会目标外，同时，也应使企业获得应有的效益。

（一）企业经济评价的方法和指标

企业经济评价（或称财务评价）是从企业的角度出发，在现行矿产品价格或市场价格和财经政策的基础上，对矿床勘查项目未来开发利用的经济效益，在财务上进行评价，实际上就是对企业进行盈利性分析，因此计算出来的经济效益是微观的、近期的和局部的。

企业经济评价的方法可分为静态评价法和动态评价法两种。

1. 静态评价方法和指标

静态评价方法是在矿山整个服务周期内不考虑时间因素对资金价值的影响，计算可能获得经济效益的一种评价方法，故又称为不计时评价法。该法计算简便，多用于中小型矿床或大型矿床的概略技术经济评价。静态评价法常用下述指标。

（1）总利润额：所谓总利润额就是总收入（矿产品价格×产量）或总提取价值，扣除生产总成本和税金（总收入×税率）之后的余额。可用如下公式表示：

总利润额＝总收入（或总提取价值）－总成本－税金

＝（矿产品价格×产量）－（经营成本＋基建投资额）－（总收入×税率） (3-35)

① 如果产品是原矿，总利润额按下式计算（暂不计税金）：

$$P=P_p\cdot Q'=[Z_p-(S_e+S_m)]Q\cdot\frac{K_m}{1-K_f} \tag{3-36}$$

式中：P——整个矿床采出矿量的总利润额（元）；

P_p——一吨矿石的利润（元）；

Q'——矿床的采出矿量（吨）；

Z_p——一吨矿石的价格（元）；

S_e——一吨矿石应偿还的地质勘查费（元）；

S_m——一吨矿石的开采成本（元）；

Q——矿床的地质储量（吨）；

K_m——采矿回采率（%）；

K_f——采矿贫化率（%）。

② 如果产品是精矿粉，总利润额按下式计算（暂不计税金）：

$$P=\left[Z_d\frac{C\cdot K_d(1-K_f)}{C_d}-(S_e+S_m+S_d)\right]\cdot Q\frac{K_m}{1-K_f} \tag{3-37}$$

式中：C——矿石储量的平均品位（%）；

Z_d——一吨精矿粉的价格(元)；

K_d——选矿回收率(%)；

C_d——精矿粉的平均品位(%)；

S_d——一吨矿石的选矿成本(元)。

③ 如果产品是金属，总利润额按下式计算(暂不计税金)：

$$P=\left[Z_s\frac{C\cdot K_d\cdot K_s(1-K_f)}{C_s}-(S_e+S_m+S_d+S_s)\right]\cdot Q\frac{K_m}{1-K_f} \tag{3-38}$$

式中：Z_s——一吨金属的价格(元)；

S_s——一吨矿石的冶炼成本(元)；

K_s——冶炼回收率(%)；

C_s——冶炼金属的含量(%)。

如果 $P>0$，则说明一吨矿石的提取价值大于一吨矿石的勘查、开采和加工成本，开采该矿床有利可图。反之，若 $P<0$，说明开采该矿床要亏损。

(3-36)、(3-37)、(3-38)式即为计算矿床总利润的主要公式。从公式可见，矿床的总利润主要与矿床储量平均品位(C)、储量(Q)、开采费用(S)有关。矿床储量平均品位(C)和储量(Q)是矿床品位指标的函数；开采费用(S)是矿山企业生产能力(D)的函数。因此，为了获得矿床开发利润的最大值，必须确定矿床最佳品位指标和矿山最佳生产能力(D_0)。

在矿山生产寿命期间，当各年的总收入(或总提取价值)、总成本不相等时，且征收营业税、资源税等，整个矿床的总利润可按表 3-4 计算。

表 3-4　总利润表

序号	年份 / 项目	矿山生产期间								合计
		1	2	3	4	5	6	7	…n	
(1)	产品收入									
(2)	总成本									
(3)	营业税金									
(4)	利润额 (1)-(2)-(3)									
(5)	资源税等									
(6)	营业外支出等									
(7)	总利润额 (4)-(5)-(6)									

(2) 投资利润率：投资利润率系指矿山企业年净利润额与矿床勘查和矿山建设总投资额之比值，它表示单位投资所创造的利润，是衡量投资利润水平的主要指标之一，计算公式如下。

$$PR=\frac{P_r}{J}\times 100\% \tag{3-39}$$

式中：PR——投资利润率；

P_r——矿山企业年净利润(元)；

J——矿床勘查和矿山建设投资总额(元)。

(3) 静态投资收益率：在国外，除净利润外，把留给企业的折旧费也作为收益，故静态投资收益率按下式计算：

$$RR=\frac{R_r+DE}{J}\times 100\% \tag{3-40}$$

式中：RR——静态投资收益率；

DE——年基本折旧费（留给企业的部分）。

(4) 静态投资回收期：静态投资回收期亦称投资返本期，它是静态投资收益率的倒数，它表示每年的净收入能偿还全部原始投资所需的年限，即

$$T'=\frac{1}{RR}=\frac{J}{P_r+DE} \tag{3-41}$$

式中：T'——投资回收期(a)。

投资回收期概念明确，计算简单，它主要考虑的是项目的偿还能力。对于预测未来以采取对策，并从资金周转的角度来研究问题是有用的。

由于这类方法不反映资金的时间价值，没有考虑投资回收期以后的收益，没有衡量拟建项目的收益率，所以对项目优选来说，不是可靠的依据，可作为一种辅助指标。

由于目前企业基建投资和流动资金贷款都要计算利息，根据企业贷款的具体情况和财务条件，按矿山建设和生产年份顺序进行投入-产出分析，测算各年资金盈余或短缺，计算各年平均投资收益率和基建投资的投资回收期，以便进行偿还能力分析，于是提出了财务平衡表法（或称分析表法），如表 3-5。

表 3-5 企业财务分析表

项目	合计	建设年份	生产年份
		1 2 3…p	1 2 3 4 5…n
一、资金流入			
(一) 建设资金			
1. 地质勘查费			
2. 基建贷款			
3. 资本化利息			
小计			
(二) 流动资金			
二、计算利润			
(一) 产品销售收入			
(二) 产品经营成本			
(三) 各种销售税金			
(四) 实现利润			
(五) 建设资金利息			
(六) 流动资金利息			
(七) 净利润			
三、偿还贷款			
(一) 偿还贷款			
(二) 结欠建设资金贷款			
(三) 结欠流动资金贷款			
(四) 年末结欠贷款			
四、上交利税			
(一) 上交所得税			
(二) 调节税			
五、企业留利（盈余资金）			

2. 动态评价方法和指标

动态经济评价是静态经济评价的发展。动态经济评价中引进了“资金的时间价值原理”，即评价时考虑了时间因素对资金价值的影响，故动态评价法又称为计时评价法。动态评价法可使不同时间的费用及其产生的经济效益具有可比基础。

（1）总现值法(PV 法)：该法的实质是把矿山企业各年的开采期望利润 A，逐一贴现成投产之日或某一规定时间的现值，然后将各年现值累计相加获得总现值。应用这种方法时，一般是按矿山开采每年获得的实际(或实现)利润，而不是按净利润来贴现计算。所以总现值应包括企业建设投资贴现利润和储量价值贴现利润两部分。其现金流量如图 3－6 所示。

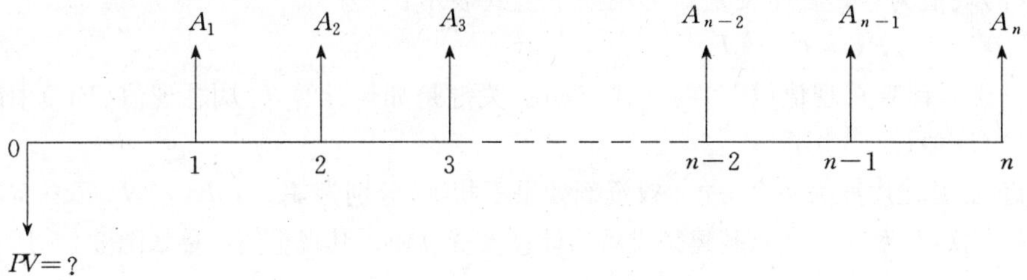

图 3－6　等额多次支付，已知 A 求 PV 的现金流量图

计算总现值的公式如下：

$$PV = PV_1+PV_2+PV_3+\cdots+PV_n = \frac{A_1}{(1+r)^1}+\frac{A_2}{(1+r)^2}+\frac{A_3}{(1+r)^3}+\cdots+\frac{A_n}{(1+r)^n} \tag{3-42}$$

式中：PV——总现值(或总利润现值)；

PV_1，PV_2，PV_3，…，PV_n——分别为矿山企业第 1,2,3,…,n 年的利润现值；

A_1，A_2，A_3，…，A_n——分别为矿山企业第 1,2,3,…,n 年的分年开采期望利润；

r——贴现率。

上式可简化为：

$$PV = \sum_{t=1}^{n} A_t \cdot \frac{1}{(1+r)^t} \tag{3-43}$$

式中：A_t——矿山企业第 t 年的开采期望利润；

t——开采年份，$t=1,2,3,\cdots,n$。

矿山企业的利润一般按年度计算，如果开采过程中，每年获得的利润为一常量，即每年获得的利润额相等($A_1=A_2=A_3=\cdots=A_n=A$)，则可用等比数列前 n 项式求和的公式，推导出以下总现值的计算公式：

$$PV=A\left[\frac{(1+r)^n-1}{r(1+r)^n}\right] \tag{3-44}$$

该式即为谟尔基勒公式。式中$\left[\frac{(1+r)^n-1}{r(1+r)^n}\right]$叫做等额多次支付现值系数，其值可查复利表求得。

（2）净现值法(NPV 法)：净现值法是目前西方国家广泛采用的一种动态经济评价的方法。

矿床开采所得的总收入在扣除国家税金和生产费用之后的实际利润，原则上应按储量的货币价值和矿山企业原始投资额的比例，分别属于储量所有者和矿山企业经营者所有，在他们之间应按相同的利润率分配。

可见，矿山开采所得的实际利润应等于储量价值的利润与企业建设投资所得的利润之和，其关系式表示如下：

实际利润额＝矿床储量价值利润额＋基本建设投资及其利润额

移项得：

矿床储量价值利润额＝实际利润额－基本建设投资及其利润额

然后按统一的贴现率分别折算到某一基准时间，则得：

矿床储量价值利润的现值＝实际利润的现值－基本建设投资的现值

式中：矿床储量价值的现值就是矿床的净现值（NPV）。实际利润的现值就是总现值（PV）。基本建设投资的现值为 J。上述关系式可用如下公式表示：

$$NPV=PV-J \tag{3-45}$$

（3－39）式为计算总现值（PV）的公式。现在，关键是如何计算 J？从总现值（PV）中减去 J，就可以求出净现值（NPV）了。

设矿山企业基建周期为 p 年，每年投资额如果不相等，分别为 J_{p-1}，J_{p-2}，J_{p-3}，…，J_2，J_1，J_0，且为年末贷款，利率为 i，试求基建完成后的计息投资总额。其现金值流量如图 3－7 所示。

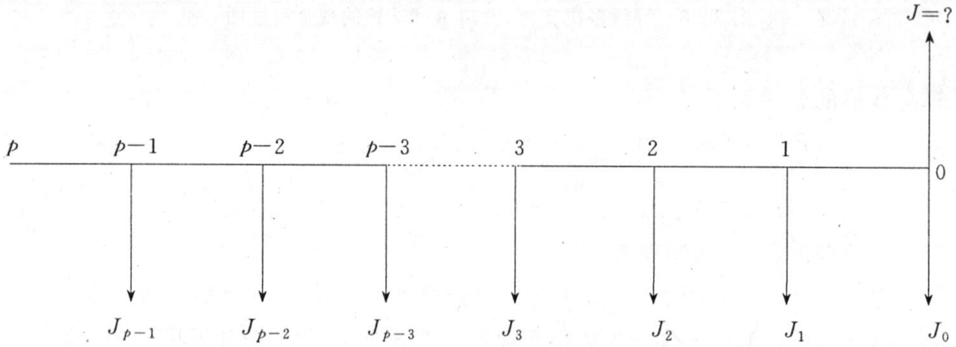

图 3－7　等额多次支付，已知 J_t 求 J 的现金流量图

$$J=J_{p-1}(1+i)^{p-1}+J_{p-2}(1+i)^{p-2}+\cdots+J_2(1+i)^2+J_1(1+i)^1+J_0(1+i)^0$$

可简化为：

$$J=\sum_{t=0}^{p-1}J_t(1+i)^t \tag{3-46}$$

式中：J_t——第 t 年的投资额；

t——投资年份，$t=p-1,p-2,\cdots,2,1,0$；

p——矿山基建周期；

i——年利率。

在进行经济评价时，对基建投资的具体分配尚不清楚，通常假定每年投资额相等，即 $J_0=J_1=J_2=\cdots=J_{p-1}=J_t$ 且为每年年末投资，即

$$\begin{aligned}J&=J_t(1+i)^{p-1}+J_t(1+i)^{p-2}+\cdots+J_t(1+i)^1+J_t(1+i)^0\\&=J_t[(1+i)^{p-1}+(1+i)^{p-2}+\cdots+(1+i)^1+1]\end{aligned}$$

式中$[(1+i)^{p-1},(1+i)^{p-2},\cdots,(1+i)^1,1]$为等比级数，其公比为$(1+i)$。根据等比级数求和公式，它等于$\dfrac{1-(1+i)^p}{1-(1+i)}$，化简后为$\dfrac{(1+i)^p-1}{i}$，所以

$$J=J_t\left[\frac{(1+i)^p-1}{i}\right] \tag{3-47}$$

式中$\left[\frac{(1+i)^p-1}{i}\right]$叫做等额多次支付复利系数。其数值可以从相应的复利表中查得。

由上可见，如果评价矿床预期的净现值大于零，说明该矿床通过开发后能取得大于基准收益率的良好经济效益，即有超额利润，证明评价矿床在经济上是可取的。若有两个评价矿床供投资决策，则应选择净现值大的为较优方案，应优先转入进一步勘查工作或矿山开发。

（3）净现值比法（NPVR 法）：净现值比是净现值与全部投资额现值和的比值，其含义是单位投资的现值所“创造”的净现值收益，即

$$NPVR=\frac{NPV}{J} \tag{3-48}$$

式中：$NPVR$——净现值比；

NPV——净现值（为正或负）；

J——投资的现值和。

净现值比大，说明单位投资现值取得的净现值大，经济效益好；反之，则表示经济效益差。若净现值比为负数，则表示投资项目的经济效益不好。

由于净现值比没有一个衡量尺度，故在矿山经济评价中多作为不同矿床的比较和方案选优时的指标。

（4）内部收益率法（IRR 法）：所谓内部收益率法就是求出这样一个收益率，它使矿床评价期内逐年现金流入现值之和等于逐年现金流出的现值之和，即累计净现值等于零时的收益率。其现金流量如图 3-8。

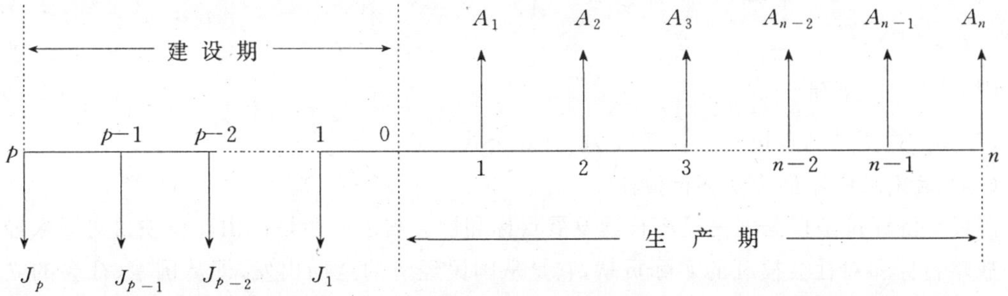

图 3-8 现金流量图

生产期的现金流入现值＝建设期投资现金流出的现值，即

$$\begin{aligned}&A_1\frac{1}{(1+r)^1}+A_2\frac{1}{(1+r)^2}+\cdots+A_n\frac{1}{(1+r)^n}\\&=J_1(1+i)^1+J_2(1+i)^2+\cdots+J_p(1+i)^p\end{aligned} \tag{3-49}$$

式中：$A_1, A_2, \cdots, A_n$——矿山企业生产期逐年现金流入；

$J_1, J_2, \cdots, J_p$——矿山企业建设期逐年现金流出；

p——矿山企业建设周期；

n——矿山企业生产周期；

i——贷款利息率；

r——所要求的投资收益率。

当 A, J, i, n 及 p 等已知时，则可求出 r，即为内部收益率。在实际工作中，内部收益率

(IRR)可用计算机或专用小型计算器计算，也可用内插法计算。内插法求解$r(IRR)$时，必须先进行试算，即选定r_1和r_2两个贴现率代入上式的左端，分别计算净现值，一个使$NPV(r_1)$为正值，另一个使$NPV(r_2)$为负值，说明内部收益率在这两个贴现率之间，再用内插法求出r。

内部收益率是矿床技术经济评价的一个重要指标。计算出投资收益率后，应将其和基准收益率相比较。大于基准收益率者，经济效益好，是可取的。否则，经济效益不好，是不可取的。

(5) 动态投资回收期法：动态投资回收期是在考虑投资利息的情况下，回收全部投资所需的时间。假设原始投资为J，投产后的年收益为A，年利率为i，投资回收期为T，其计算公式可由资金回收公式导出。

在(3-49)公式中，假设每年偿还的资金额J_t，即为矿山投产后的年收益A，则

$$A=J\left[\frac{i(1+i)^T}{(1+i)^T-1}\right] \tag{3-50}$$

经移项整理得：

$$A\cdot[(1+i)^T-1]=J\cdot i(1+i)^T$$

$$(1+i)^T=\frac{1}{1-\frac{J\cdot i}{A}}$$

两边取对数得：

$$\lg(1+i)^T=\lg\frac{1}{(1-\frac{J\cdot i}{A})}$$

$$T\cdot\lg(1+i)=\lg1-\lg(1-\frac{J\cdot i}{A})$$

故

$$T\cdot\lg(1+i)=-\lg(1-\frac{J\cdot i}{A})$$

则

$$T=\frac{-\lg(1-\frac{J\cdot i}{A})}{\lg(1+i)} \tag{3-51}$$

(3-51)式便是动态投资回收期(T)的计算公式。

（二）国民经济评价的方法和指标

国民经济评价是根据国民经济长远发展目标和社会需求来衡量矿山建设项目对国家经济发展战略目标和对社会福利的实际贡献，它是从国民经济的全局出发，即从国家、社会的立场出发来考察和研究投资给国民经济做出的贡献大小，并根据对社会的贡献大小对项目进行评价和取舍。国民经济评价既考虑其直接效益，又兼顾其产生的间接效益或相关效益，不仅要计算本部门的经济效益，还要计算相关部门和使用部门的经济效益。国民经济评价是宏观的、长远的和全局的经济评价，也就是对建设项目投资进行国家盈利性分析。

在进行矿床技术经济评价时，特别是大中型项目，为了满足不同层次的要求，不仅要进行企业经济评价，而且还要进行国民经济评价，做到既要重视微观经济效益，又要兼顾宏观经济效益。

全面的国民经济评价是当前西方国家普遍采用，我国正在探索研究的一种评价方法。它同企业经济评价一样，以投资项目本身作为评价对象，只是站在更高的层次，从国民经济的角度出发，利用调整价格、调整汇率等修正过的经济参数计算国民经济的全部指标或一部分指标。

由于现行市场价格受财政、经济、社会和行政政策等某些因素的影响，不能反映其真正的社会费用，所以在国民经济评价时，要对价格进行适当调整，调整后的价格称为调整价格。国外也有用影子价格的。但是国内现行产品价格存在不少不合理的因素，要对所有产品和投入品的

价格都进行调整还是比较困难的，通常只调整对经济评价影响较大、明显不合理的价格，价格调整应以相应产品的国际市场实际价格为基础。

全面的国民经济评价以国家净收益和国民收入净增值为基础，通常采用如图 3－9 所示的评价指标。

国民经济评价
- 主要指标——国民收入净增值、国家收益率等
- 辅助指标
  - 就业效果
  - 分配效果
  - 净外汇效果
  - 国际竞争能力
- 其他社会效果——如文化、技术发展、环境保护等

图 3－9　国民经济评价指标

全面的国民经济评价也有静态评价方法和动态评价方法之分。

1. 国民收入净增值(VA)

从国家角度衡量投资项目对国民经济的贡献就是国家净收益加工资。其表达式为：

$$\sum_{t=0}^{n} VA_t = \sum_{t=0}^{n} P_t + \sum_{t=0}^{n} W_t \tag{3-52}$$

式中：VA_t——第 t 年国民收入净增值；

P_t——第 t 年国家净收益；

W_t——第 t 年的工资额，包括工资及附加费；

t——评价期的年份，$t=0,1,2,3,\cdots,n$。

国家净收益(P)是用调整价格和调整汇率计算的矿山企业服务年限内的产出与投入之差。国家净收益(或称社会效益)，包括税金、净利润和国内贷款利息等。其表达式为：

$$\sum_{t=0}^{n} P_t = \sum_{t=0}^{n} [PO_t - (MI_t + J_t + W_t + RP_t)] \tag{3-53}$$

式中：P_t——第 t 年国家净收益(元)；

PO_t——第 t 年的社会全部产出价值(即社会总产值)(元)；

MI_t——第 t 年(不包括折旧流动资金利息、工资和职工福利基金)的投入价值(元)；

J_t——第 t 年的投资(包括建设期贷款利息)(元)；

W_t——第 t 年的工资额(元)；

RP_t——第 t 年流入国外的资金(包括贷款利息、国外股本及利息、外籍人员工资等)(元)；

t——评价期内年份，$t=0,1,2,3,\cdots,n$。

(3－52)式可写成：

$$\sum_{t=0}^{n} VA_t = \sum_{t=0}^{n} [PO_t - (MI_t + J_t + RP_t)] \tag{3-54}$$

该式即按生产法计算国民收入净增值的一般表达式。

2. 国家收益率(或称社会收益率)

国家收益率是按调整价格和调整汇率计算的国家净收益(社会盈余)的现值和等于零时的贴现率，即

$$\sum_{t=0}^{n}[PO_t-(MI_t+J_t+W_t+RP_t)]\frac{1}{(1+r)^t}=0 \tag{3-55}$$

时的贴现率 r。

式中符号同(3-53)式。

3. 就业效果

就业效果系指单位投资所创造的就业机会，一般用每万元投资带来的就业人数来表示，其表达式为：

$$就业效果=\frac{项目增加的职工人数}{总投资}(人数/万元) \tag{3-56}$$

在劳动力资源充足的前提下，应尽可能的以单位投资带来的较高的就业机会为佳。就业效果好的，说明通过矿床的开发，对就业的贡献大，属于劳动密集型矿山；就业效果差的，说明通过矿床的开发，对就业的贡献不大，属于资金密集型矿山。就业效果对于人口众多的我国来说，无疑是个较重要的评价指标。

4. 分配效果

分配效果是指社会、企业和职工所得的收益在国民收入净增值中所占的比率，用百分数表示，主要包括以下几个部分：

$$职工收入分配效果=\frac{工资收入+福利费}{项目国民收入年净增值} \tag{3-57}$$

$$企业(或部门)收入分配效果=\frac{净利润+股息+租金+附加福利费}{项目国民收入年净增值} \tag{3-58}$$

$$国家(包括地区)收入分配效果=\frac{税金+利息+保险费+租金}{项目国民收入年净增值} \tag{3-59}$$

$$不参加分配的增值=\frac{扩建基金+设备基金+社会福利基金}{项目国民收入年净增值} \tag{3-60}$$

上述4种分配效果指标的总和应等于1。

5. 净外汇效果

净外汇效果指标对涉外项目来说是一个很重要的指标，当评价项目与外资、外贸有关，矿产品可供出口或可减少进口量时，就要计算净外汇效果，在目前我国外汇比较紧张的情况下，这个指标的重要性更是不言而喻的。净外汇效果是指外汇流入与流出的差额的现值，即净外汇流量的现值。外汇流入包括出口产品的销售收入，可以取代进口所节约的外汇价值、外汇贷款和国家股本等。外汇流出包括购买国外设备、材料、专利权等外汇支出，以及支付外籍人员的工资、偿付国外贷款的本金和利息、股本与红利等。净外汇效果的数学表达式为：

$$P(FE)=\sum_{t=0}^{n}(FI_t-FO_t)a_t \tag{3-61}$$

式中：$P(EF)$——净外汇效果，即项目寿命期间净外汇流量的现值；

FI_t——第 t 年的外汇流入，$t=0,1,2,\cdots,n$；

FO_t——第 t 年的外汇流出，$t=0,1,2,\cdots,n$；

a_t——第 t 年对应社会贴现率的贴现系数。

6. 换汇率和创汇率

换汇率是指出口产品的年矿山完全成本(人民币)同换回外汇(美元)的比例，也就是说用100元人民币的矿产品可以换回多少美元的外汇，可用下式表示：

$$换汇率=\frac{年外汇销售收入(美元)}{年矿山完全成本(元)}\times100\% \tag{3-62}$$

式中：年外汇销售收入＝出口产品销售价格(离岸价格)×出口产品年销售量

年矿山完全成本(年销售成本)＝年矿山生产成本＋年销售费用＋年管理费用

创汇率可按下式计算：

$$创汇率=\frac{年外汇销售收入}{原进口支付外汇额}\times 100\% \tag{3-63}$$

式中：原进口支付外汇额＝原进口产品价格(到岸价格)×原进口产品数量

7. 国际竞争能力

国际竞争能力是分析矿床开发之后，矿产品在国际市场上有无竞争能力，进而判断能否出口的一种辅助指标。它是出口产品的净外汇收入现值与该出口产品的国内资源投入现值之比。其表达式如下：

$$IC=\frac{\sum_{t=0}^{n}(FI_t-FO_t)a_t}{\sum_{t=0}^{n}DR_t\cdot a_t} \tag{3-64}$$

式中：IC——国际竞争能力指标；

FI_t——第 t 年出口产品的外汇流入；

FO_t——第 t 年为出口产品所摊付的外汇流出；

DR_t——第 t 年为出口产品所用的国内资源投入值；

a_t——第 t 年对应社会贴现率的贴现系数。

式中：国内资源投入值＝国内国家投资＋国内物料投入费用＋国内工资总额

国际竞争能力指标是衡量产品能否出口和国际竞争能力大小的标准。如果 $IC>1$，说明产品可以出口，IC 越大，说明竞争能力越强，竞争能力强就意味着该项产品在国际市场上即使适当降价，也能保持一定的利润，能承受较大的风险。如果 $IC<1$，说明产品不能出口，IC 越小，竞争能力就越弱。

8. 其他社会效果

其他社会效果是指矿床的勘查和开发过程中，对国家和地方的文化、技术、环境及经济发展的贡献。例如，对发展我国科学技术，培养人才，改变社会面貌，改善工业布局，人口结构的影响；对社会基础结构包括交通运输、给水供电、住宅及公共设施等的影响；对环境条件与生态平衡的影响。凡是能用数值表示的都要做定量分析。无法用数值表示的则应做定性分析。

四、不确定性分析

(一) 必要性

不确定性分析是研究技术方案中不确定因素(参数)，对经济效益影响程度而进行的一种经济分析方法。

在矿床技术经济评价中，由于评价所依据的大部分数据，例如，产品销售价格、产量、成本和投资等都是预测和估算的数字，都具有不确定性，加之影响矿床经济评价的某些地质资料和数据，例如矿产储量和矿石品位等，大都是根据抽样观察的结果推断确定的，使得矿山建设项目不确定性的程度比其他工程项目更高。这些因素的不确定性，将使评价结果也不可避免地存在不确定性，使矿床开发决策具有较大的潜在风险，容易造成决策上的失误。为了尽量查明和减少不确定性因素对评价的影响，使评价结果更好地为决策服务，就必须进行不确定性分析。

（二）分类

不确定性分析通常包括盈亏平衡点分析和敏感性分析。

1．盈亏平衡点分析

盈亏平衡点是企业盈亏的分界点，在盈亏平衡点上，企业的收入与支出相等。众所周知，影响盈利大小的直接因素主要有3个，即单位产品销售价格、成本和产品数量。盈亏平衡点分析就是通过改变售价、成本和产品数量等因素，引起盈亏平衡点移动的方法来分析其不确定性。采用这种方法可以确定企业在某一生产能力水平时的盈利情况。当它们的关系均为线性关系时，叫线性盈亏平衡点分析。

2．敏感性分析

影响矿床经济效益指标的不确定因素很多，而且每个因素的影响程度不尽相同，有的使经济效益降低，有的则使经济效益提高。所谓敏感性分析就是研究对经济评价起作用的各个因素，在它们发生变化的时候，对矿山开发经济效益的影响如何，也就是研究反映矿床经济效益的指标（例如投资收益率、投资返本期或净现值等），随其影响因素（例如储量、品位、售价、成本和投资等）的不同给定值而变化的规律。敏感性的强弱，是指经济效益指标对其影响因素的敏感程度大小。如果某种影响因素不太大的变化，却使经济效益指标发生较大的变化，则说明该指标对这种因素敏感性强，灵敏度大。因此，敏感性分析也称敏感度分析或灵敏度分析。

敏感性分析是矿床经济评价中常用的一种研究不确定性的方法。通过敏感性分析，可以掌握每个因素的变化与经济效益的关系，了解相互变化的规律和数量关系，找出影响矿床经济价值和经济效益的有利因素和不利因素，以及影响矿山开发经济生命力的最关键因素，从而为决策者和经营者提供科学依据。

五、综合评价

（一）企业经济评价与国民经济评价的关系

由于我国矿床技术经济评价的原则是既要最大限度地满足国民经济的发展和人民群众物质文化生活的需要，又要考虑矿山企业有利可得。所以，对于任何一个矿床技术经济评价项目，尤其是大中型项目都必须进行企业经济评价和国民经济评价。只有在企业经济评价和国民经济评价的基础上，才能对矿山建设投资做出正确的决策。那种只讲企业（微观）经济效益，不讲国民（宏观）经济效益，或者是只讲国民经济效益，不讲企业经济效益的作法都是不正确的。因为不讲国民经济效益，就不能保证整个国民经济体系的最优效果的实现，不利于国家和全体人民的利益；不讲企业经济效益，就不能调动广大企业职工的积极性，不但企业的经济效益实现不了，而且国民经济效益的实现也将是一句空话。

正常情况下，企业经济效益和国民经济效益是统一的，即企业经济效益好（或不好），国民经济效益也好（或不好）。但是，也会出现企业经济效益和国民经济效益发生矛盾的情况。比如有的项目，企业经济评价认为不可行，而国民经济评价认为可行，像国内急缺矿产的评价，就可能出现这种情况。尽管某些急缺矿产的地质条件、开采和加工技术条件不太理想，会影响矿山企业的经济效益，甚至亏损，是不可取的；但从国民经济全局出发，是我国的急需矿产，应该做出肯定的评价。这时就要采取必要的措施，如改变有关补贴和税收政策，或调整价格等，使企业经济评价也可行。从而最后对其作出肯定的评价。相反，有的项目，企业经济评价认为可行，而国民经济认为不可行，这时应立即停止勘查工作，待环境变化后再重新评价。

（二）综合评价方法

综合评价是在企业经济评价和国民经济评价的基础上，从技术、经济、政治、社会、国防、环保、资源等各个方面对评价对象进行全面系统的综合分析和论证，从而做出最后决策。

在评价若干个项目时，如果其中有一个项目，不论是国民经济评价，还是企业经济评价各项指标都好，承担的风险也小，毫无疑问这个项目应优先投入开发建设。但是，在更多的情况下，往往遇到各项指标不平衡的情况，即有的指标好，有的指标不好；或者评价若干个项目时，有的项目某些指标很好，有的项目却是另外一些指标很好，此时必须对各项指标，特别是影响评价结论的主要指标进行综合分析、综合论证，以便做出正确结论。

进一步阅读的书目

1. 马克思，恩格斯. 马克思恩格斯全集. 北京：人民出版社，1992，Vol. 1，No. 23～26.
2. 贾芝锡. 矿产资源经济学. 北京：地震出版社，1992.
3. 陈龙桂，李万亨. 广西区域矿产资源经济综合评价研究. 地球科学，1990，Vol. 15，No. 4.
4. 李万亨，杨昌明. 矿床技术经济评价的理论和方法. 武汉：中国地质大学出版社，1989.

思　考　题

1. 在实际工作中如何界定矿产资源勘查劳动过程？
2. 为什么矿产资源价值核算就是获得个别矿床使用价值的实际劳动耗费，同现有的同样多的社会矿产资源使用价值中已经形成的价值量之比？
3. 区域矿产资源经济评价与矿床技术经济评价，在原理和方法方面有何异同点？
4. 不同矿床技术经济评价方法和指标的优缺点和适用条件是什么？

第四章

建设项目可行性研究

提　要

1. 建设项目可行性研究为项目决策部门对项目投资的最终决策提供科学依据和作为开展下一步工作的基础。

2. 建设项目可行性研究是实现项目投资决策科学化，提高投资经济效益的有效手段。

3. 矿山建设项目可行性研究的阶段划分和各阶段的目的、要求与工业建设可行性研究的对比关系。

4. 矿山建设项目可行性研究各阶段的研究内容由浅入深，研究工作量、工作时间和费用逐渐增加。

5. 矿山开发环境影响评价是矿山建设项目立项及矿山制定环境保护措施及对策的依据。

6. 矿山开发环境影响评价工作一般包括系统准备、系统分析、系统设计与运算、系统评价和系统调控5个阶段。

第一节　建设项目可行性研究概述

一、建设项目可行性研究的概念

可行性研究(Feasibility study)是运用现代科学技术成果，对一个建设项目在投资决策前进行技术经济论证的一门综合性学科。它是保证建设项目用最少的投资耗费取得最佳的经济效果的科学手段，也是实现建设项目在技术上先进、经济上合理和建设上可行的科学方法。因此，在投资决策前，要对与建设项目有关的社会、经济和技术等各方面情况进行深入细致的调查研究；对各种可能拟定的建设方案和技术方案进行认真的技术经济分析和比较论证；并对项目建成后的经济效益进行科学的预测和评价。由此确定该项目是否投资和如何投资，或是就此终止不投资，还是继续投资使之进入项目开发建设的下一阶段等结论性意见，为项目决策部门提供科学依据和作为开展下一步工作的基础。

可行性研究工作最早起始于20世纪30年代的美国，当时是为开发田纳西河流域的投资决策所做的一项大型综合性研究。但可行性研究的迅速发展和完善则是第二次世界大战以后的事。特别是在60年代以后，随着世界科学技术进步和经济管理科学的迅猛发展，使可行性研究得以不断充实、完善和迅速发展，并已逐步发展成为一门具有完整内容、独特工作程序和方法的综合性应用学科。它的应用范围逐渐扩大，从研究开发和建设工程项目渗透到研究工业、农业的生产管理和对自然与社会的改造等问题。可行性研究已在世界各国的各个领域内得到广泛采用。联合国工业发展组织(简称UNIDO)分别在1978年和1991年编写了《工业可行性研究编制手册》(Manual for the Preparation of Industrial Feasibility Studies)第一版和最新修订及增补版等著作，为推动可行性研究工作创造了条件。

建设项目可行性研究通常可以用来：

(1) 作为建设项目投资决策、编制和审批设计任务书的依据。

(2) 作为筹措资金和向银行申请贷款的依据。

(3) 作为与建设项目有关部门签定合同和协议的依据。

(4) 作为建设项目开展初步设计的依据。

(5) 作为编制新技术、新设备研制计划的依据。

(6) 作为拟建项目补充勘探、补充工业试验及其他工作的依据。

(7) 作为大型、专用设备订货的依据。

(8) 作为引进技术、引进设备等与外商谈判和签约的依据。

(9) 作为安排基本建设计划和开展各项建设前期工作的依据。

(10) 作为环保部门审查项目对环境影响的依据。

二、我国开展建设项目可行性研究的经历

运用可行性研究对建设项目进行技术经济论证，是实现项目投资决策科学化，减少和避免投资失误，提高投资经济效益的有效手段。这是被世界各国实践证明了的成功经验，也是被我国 50 年来经济建设的经验和教训所证明的。

在我国 50 年来的经济建设实践中，大量事实证明，不按基本建设程序办事，建设前不做可行性研究，不仅导致了投资效果差，而且有的甚至造成了重大损失。如有的项目仓促兴建，结果建成后没有资源，生产能力得不到合理利用和发挥；有的项目工艺不过关，产品不定型，建成后不能投产；有的项目因原材料、燃料、动力、运输条件不落实，建成后不能正常生产；有的项目技术落后，消耗过大，产品没有销路，建成后不久，甚至尚未投产就需进行技术改造；有的项目重复建设，重复引进，以小挤大；有的项目因污染问题不能解决，建成后不能投产。这些教训告诉我们，投资决策前如果不认真搞好可行性研究，不经过科学的技术经济论证，即使在设计和施工上作出了很大努力，也难以弥补决策失误所造成的损失。

投资决策前必须做可行性研究。首先，任何拟建项目，客观上总是存在多种可供选择的方案，单凭主观判断或简单选择是难以正确抉择的。因为项目建设的要求是多种多样的。比如，技术上希望要尽可能先进和适用，而且要求安全、可靠、耐用、易修；经济上则希望投资少、见效快、经济效益高；政策上要求符合国家的政策法规；社会效果方面则希望改善劳动条件，增加就业机会，减少环境污染，保护和促进生态平衡；国防上要求符合战备要求等。面对如此纷繁复杂的要求，如果只片面强调任何单方面的要求，均有可能造成决策失误。因此，在投资决策前，通过认真进行可行性研究，综合权衡各方面的利弊得失，并主要按照经济效益作为衡量标准来选择投资方案，就能有效地避免投资失误。其实，要提高投资效益，客观上要求在众多的备选方案中选择最佳投资方案，这样也要求在投资决策前进行可行性研究。这包括选择最有利的投资方向和生产建设环境，选择最佳建设方案，缩短建设周期等。所有这些都要求在深入进行调查研究的基础上，经过全面系统地分析比较，才能从众多的可行方案中选择最佳方案。

自 1979 年开始，我国政府和各工业部门在总结经济建设中的经验教训的基础上，学习和引进国外的可行性研究，并应用于工业项目的建设前期的技术经济分析。1981 年国家计划发展委员会正式下文，明确规定"把可行性研究作为建设前期工作中一个重要技术经济论证阶

段，纳入基本建设程序”；1983年又下达了《关于建设项目进行可行性研究的试行管理办法》，进一步明确了可行性研究的编制程序、内容和评审方法，把可行性研究作为编制和审批项目设计任务书的基础和依据；1987年国家计划发展委员会颁布了《关于建设项目经济评价工作的暂行规定》；并于1987年和1993年，由国家计划发展委员会先后发布试行了《建设项目经济评价方法与参数》，要求各个投资主体、各种投资来源、各种投资方式兴办的大中型基建项目，限额以上技术改造项目，均按此方法和相应的评价参数进行经济评价。如果评价内容和质量达不到规定要求，负责评估和各级审批、设计、施工、投资各部门均不得受理。因此，无论是代表国家投资决策的计划经济部门，还是建设银行、工商银行和投资银行以及投资公司、工程咨询公司、官办民办企业社会集团、私人投资者都应熟悉、掌握和运用可行性研究，并对建设项目进行认真的技术经济分析论证和经济评价后再进行投资决策。

三、建设项目可行性研究的依据和要求

1. 建设项目可行性研究的依据

建设可行性研究是以市场为出发点，以资金、资源投入为基础，以经济评价为结果，它的评价和论证是以大量的数据资料为基础，对各种调查研究材料进行综合地分析、比较而得出的。因此，进行可行性研究时，广泛收集各种有关的基础资料是工作的前提和条件。进行可行性研究的主要依据通常有以下几方面：

(1) 国家经济发展的长远规划、经济建设的方针和政策。

(2) 项目建议书和委托单位的设想要求。

(3) 对于大中型骨干建设项目，必须具有国家批准的文件报告、国土开发整治规划、区域规划、工业基地规划等。

(4) 可靠的自然、地理、气象、地质、经济、社会等基础原始资料，都是为厂址选择、工程设计、技术经济分析所不可缺少的基本数据。

(5) 有关工程技术经济方面的规范、标准、定额等指标，以及国家正式颁发的技术法规和技术标准，都是考察项目技术方案的基本依据。

(6) 国家颁布的有关项目评价的通用参数和参考指标等，如基准收益率、社会贴现率、工资和价格等等。

2. 建设项目可行性研究的要求

(1) 建设项目可行性研究应具有科学性和严肃性：可行性研究是一项政策性、技术性和经济性很强的综合研究工作。为保证它的科学性、客观性和严肃性，必须坚持实事求是，在调查研究的基础上，进行方案分析和比较，按客观实际情况进行论证评价，防止主观臆断和行政干预，切忌事先定调子、划框框，为“可行”而“研究”，作为争投资、争“项目”、列计划的“通行证”，使可行性研究流于形式，当成一种“目的”和“工具”。可行性研究是一种科学方法，为保证可行性研究的质量，编制单位应保持独立性和公正性的客观立场。

(2) 可行性研究的深度应达到标准要求：虽然不同行业和不同项目的可行性研究内容和深度各有侧重和区别，但其基本内容要完整，文件要齐全，研究深度应达到国家规定的标准，按照国家计划发展委员会颁发的《关于建设项目进行可行性研究的试行管理办法》和《建设项目经济评价方法与参数》等的要求进行编制。这样才能保证质量，以满足项日投资决策的要求和起到编制设计任务书依据的作用。

(3) 编制可行性研究的承担单位应具备条件：可行性研究的内容涉及面广，收集资料量

大，内容深度要求高，它又是起决策作用的基本文件。因此，为保证质量要求，承担编制任务的单位应是具有丰富实际经验、雄厚技术力量，又有一定装备和技术手段等条件的专门单位。

（4）可行性研究的经费来源：按照1982年国家计划发展委员会《关于编制前期工作计划的通知》规定："各项前期工作所需经费，勘察设计和科研单位承担的任务所需经费，有事业费和科研经费来源的，从事业费和科研经费中开支，没有经费来源，实行取费的单位按规定收取费用。"可行性研究的费用标准应由各部门、各地区根据不同行业、不同规模和工程内容繁简程度，按工作量具体制定不同的收费标准。

（5）可行性研究报告的审批：可行性研究报告编制完成后，由建设投资部门正式上报进行审批。按照国家规定，大中型建设项目的可行研究报告，由各主管部门负责预审，报国家计划发展委员会审批，或由国家计划发展委员会委托有关单位审批；重大项目和特殊项目的可行性研究报告，由国家计划发展委员会会同有关部门预审，报国务院审批；小型项目的可行性研究报告，按隶属关系由各主管部门审批。可行性研究报告应有编制单位的行政、技术、经济负责人的签字，并对其报告的质量负责；可行性研究的预审主持单位，对预审结论负责；可行性研究的审批单位，对审批意见负责。

四、建设项目周期和可行性研究工作程序

（一）建设项目周期

根据联合国工业发展组织的总结，一个工业投资项目的发展从最初的意向开始到正式投产构成项目周期。项目周期包括3个时期，即投资前期、投资时期和生产时期，每个时期又可分为若干阶段（见图4-1）。

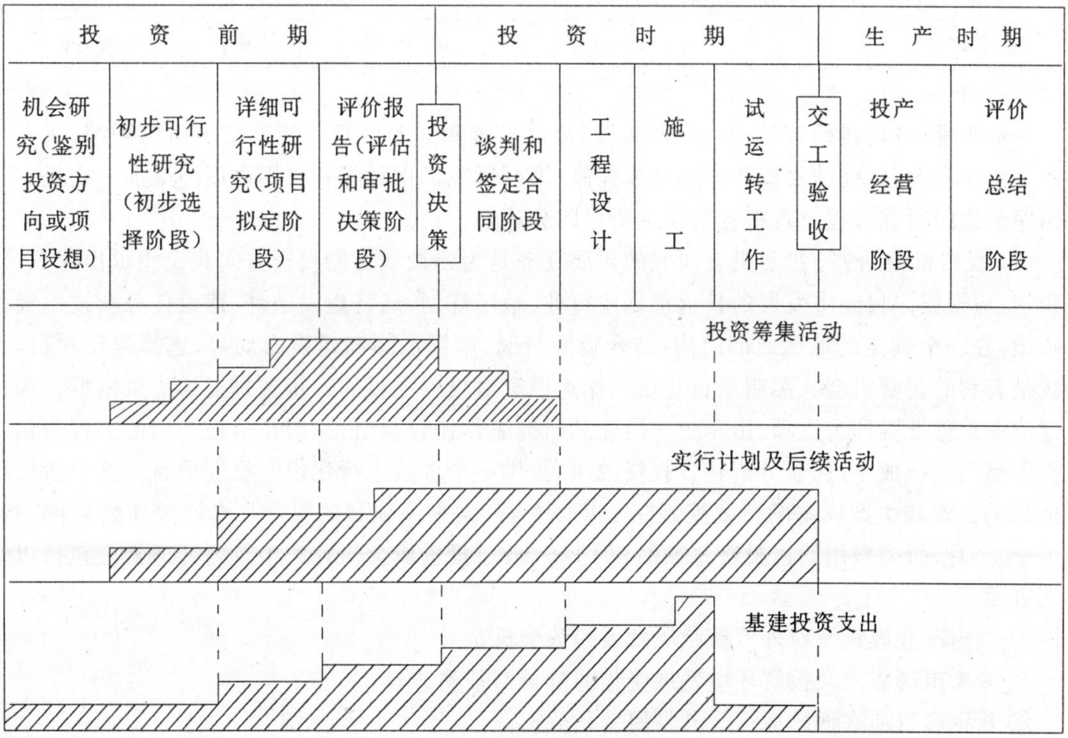

图4-1　工程项目进展周期和阶段示意图

（据联合国工业发展组织《工业可行性研究编制手册》，1978）

1. 投资前期(或称建设前期)

主要是开拓投资项目,并对项目进行规划、研究和做出投资决策的时期。可行性研究是建设前期工作的重要内容,建设前期的工作是建设时期和生产时期的基础,它对于投资项目的经济效益和项目对国民经济所产生的影响,起着决定性的作用,可以说是决定项目投资命运的关键时期。

建设前期的工作,就是建设项目投资决策的全过程,我国规定这个时期的工作主要包括:项目建议书、可行性研究、设计任务书和项目投资评估决策等4个阶段。这与联合国工业发展组织可行性研究的4个阶段(即机会研究、初步可行性研究、详细可行性研究、项目评价和决策)工作的内容是基本一致的。

由于基础资料占有的程度和研究深度与可靠程度不同,建设前期的各个研究工作阶段的研究性质、工作目标、工作要求及作用、工作时间与费用各不相同,如表4-1所示。

表4-1 可行性研究的阶段划分及其要求

研究阶段	机会研究	初步可行性研究	详细可行性研究	评估和决策
研究性质	项目设想	项目初步选择	项目拟定准备	项目评估
研究工作目的				
研究工作要求及作用				
估算精度	±30%	±20%	±10%	±10%
研究费用占总投资的百分比(%)	0.1~1.0	0.25~1.5	大项目0.8~1.0 小项目1.0~3.0	
需要时间(月)	1~3	4~6	8~12或更长	1~3或更长

一般来说,各阶段研究的内容由浅入深,项目投资和成本估算的精度要求由粗到细,研究工作量由小到大,研究的目标和作用逐步提高,因而研究工作时间和费用也逐渐增加。它是一个循序渐进的研究过程。现将各阶段主要目的分述如下:

(1) 投资机会研究。投资机会研究的主要任务是为建设项目的投资方向和设想提出建议。在我国,应根据国民经济发展的长远规划或行业、地区规划、经济建设条件、建设任务和技术经济政策,在一个确定的地区或部门内,结合资源情况、市场预测和建设布局等,选择建设项目,寻找最有利的投资机会。编制项目建议书作为国家对投资项目的初步选择提供决策依据。项目建议书获得批准即为立项。由于这一阶段的研究工作比较粗略,一般是根据类似的工程来估算投资额与生产成本,初步分析建设投资效果,提供一个可能进行建设的投资项目。这个阶段所估算的投资和生产成本的精度控制在±30%左右,大中型项目的投资机会研究所需时间约在1~3个月,所需费用约占投资总额的0.1%~1%。投资机会研究的主要内容通常应包括以下几方面:

① 国内产业政策及对外贸易状况发展趋势分析。

② 未来市场需求及投资环境发展变化的分析与预测。

③ 投资项目所在地的概况及其发展变化分析。

④ 拟建项目所需的主要生产要素来源的调查研究。

⑤ 拟建项目所需投资、成本估算。

⑥ 投资效益估算。

(2) 初步可行性研究。初步可行性研究就是关于投资机会研究和详细可行性研究之间的一个研究阶段。只靠投资机会研究往往难以确定项目的取舍，而进行详细可行性研究则是件既费钱又费时的事，所以，在进行详细可行性研究之前，往往先进行初步可行性研究。这一阶段的主要工作目的是：

① 分析投资机会研究的结论，并在占有详细资料的基础上做出初步投资估算。

② 确定对某些关键性问题需要进行专题的辅助研究，如市场需求预测、原料辅助材料和燃料、动力等供应和价格预测研究等。

③ 鉴定项目的选择依据和标准，确定项目的初步可行性。

初步可行性研究对项目建设投资和生产成本估算的精确度约为±20%，所需时间一般为4～6个月，所需费用约占投资总额的0.25%～1.5%。

(3) 详细可行性研究。详细可行性研究简称可行性研究。这是建设项目投资决策的基础，为项目决策提供技术、经济、社会等方面的评价依据。这一阶段是进行详细深入的技术经济分析论证阶段，其主要目的是：

① 深入研究有关产品方案、资源供应、厂址选择、工艺技术、工程实施进度、投资筹措等各种可能选择的技术方案，进行深入的技术经济分析和比选工作，并推荐一个以上可行的投资建设方案。

② 对投资总体建设方案进行企业财务效益和国民经济效益的分析与评价。

③ 确定项目投资的最终可行性和选择依据和标准。

这一阶段对基建投资和生产成本估算的精度应在±10%以内，所需时间为8～12个月；所需费用，中小型项目约占总投资的1.0%～3%，大型项目约占总投资的0.8%～1.0%。

(4) 辅助研究或专题研究。一般不构成一个独立阶段，而是作为初步或详细可行性研究的先决条件，或通过辅助研究或专题研究支持这两项研究，特别在大型项目中更是如此。包括拟建项目产品市场研究、原材料和各种投入物保证程度研究及技术供应可靠性研究、运输条件研究、环境影响评估研究、规模经济研究、设备选择研究等。

(5) 项目评估和决策。项目评估是投资决策部门组织或授权于建设银行、投资银行、工程咨询公司或有关专家，代表国家对上报的建设项目可行性研究报告进行全面的审核和再评价阶段。项目评估是在可行性研究报告的基础上进行的，其内容包括：

① 全面审核可行性研究报告中反映的各种情况是否属实。

② 分析项目可行性研究中各项指标计算是否都正确。

③ 从企业、国家和社会等方面综合分析和判断工程项目的经济效益和社会效果。

④ 分析和判断项目可行性研究的可靠性、真实性和客观性，对项目作出取舍的最终投资决策，最后写出项目评估报告。

2. 投资时期(或称建设时期)

投资时期主要指项目实施与监督阶段。项目经评审并批准后即进入实施阶段，直到竣工投产为止。其内容包括建立项目执行管理机构、进行项目招标投标、签定各种合同、组织设计施工及试车运转工作。在本阶段中，必须对项目的成本、时间和质量进行严密监督和有效控制，保证一切活动都要按预定的计划和目标进行。

3. 生产时期

生产时期包括项目投产与经营和项目评价总结两个阶段。项目经过试车运转达到设计生产能力并通过验收交付使用后，即进入投产与经营阶段。企业经过一段时间的生产经营后，应评估项目的实际成就是否达到了预先设计和期望目标，并进行总结评价，编写出项目“后评价”报告，作为企业投资者改进今后项目规划设计和投资管理工作参考。

从图 4－1 可以看出，投资前期的费用是很小的，但投资前期的工作对项目的寿命期却是至关重要的。在整个项目周期中，工程设计费用高于投资前期费用，施工费用高于工程设计费用，而生产经营费用又会比施工费用高很多。总之，从项目投资前期开始，至项目结束报废，费用呈急剧上升趋势。因而，项目设计施工时期关键问题是时间，因为这个时期建设的基本原则与主要技术经济决策已经确定，随后就要开始投入大量资金，所以不允许有任何滞缓，应压缩设计施工期，全力以赴，早投产，早发挥投资效果。但在投资前期情况却完全不同，占第一位的不是时间，而是准备工作的质量，这个时期本身的费用虽然不多，但工作质量会影响到项目今后能否节约投资和生产费用，因为重大决策都是在这个时期（包括可行性研究阶段）做出的，所以抓紧投资前期和设计阶段的管理和质量工作非常重要。

（二）建设项目可行研究的工作程序

以上介绍了整个建设项目的周期，现将投资前期中可行性研究阶段工作程序介绍于后。可行性研究工作程序可分为如下 5 个步骤（见图 4－2）。

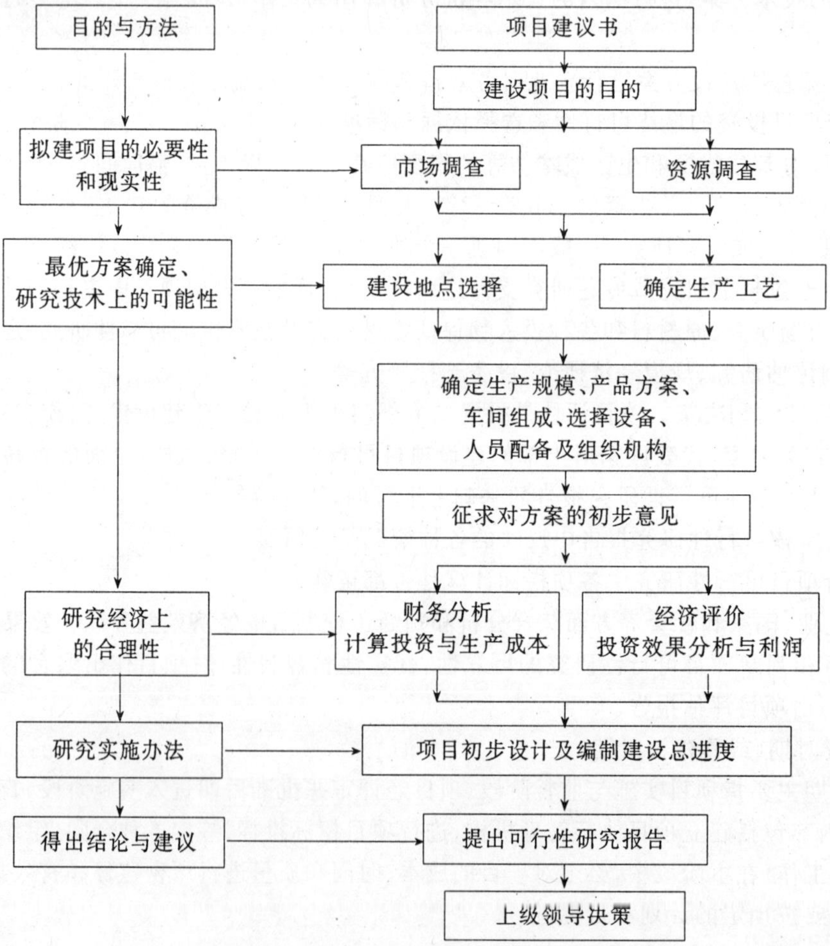

图 4－2　可行性研究的工作程序框图

1. 筹划准备

在项目建议书批准后，建设单位（主管部门或企业）即可委托基本工程咨询公司对拟建项目进行可行性研究，双方签定合同协议，明确规定可行性研究的工作范围、目标意图、工作进度安排、费用支付方法及协作方式等内容；而承担单位在接受委托时，需获科研项目建议书和有关项目背景及指示文件，摸清委托者的目标、意见和要求，明确研究内容，制定工作计划，同时收集与项目有关的基础资料、基本参数、指标、规范、标准等。

2. 调查研究

这一阶段主要通过实际调查和技术经济研究，进一步明确拟建项目的必要性和现实性。调查研究主要从市场调查和资源调查两方面进行。市场调查要查明和预测社会对产品需求量、价格和竞争能力，以便确定项目产品方案和生产规模；资源调查包括原材料、能源、厂址、工艺技术、社会、经济的调查。为选定建设地点、生产工艺、技术方案、设备选型、组织机构和定员等提供确定的技术经济分析资料。

3. 方案选择和优化

根据项目建议书要求，结合市场和资源调查，在收集到一定的基础资料和基准数据的基础上，建立几种可供选择的技术方案和建设方案，进行多次反复的方案论证比较，会同委托部门明确选择方案的重大原则问题和优选标准，从若干方案中选择推荐最佳方案，研究论证项目在技术上的可行性，进一步确定产品方案、生产规模、工艺流程、设备选型、车间组成、组织机构和人员配备等建设方案。

4. 财务分析和经济评价

在前阶段研究论证了项目建设的必要性和可能性，以及技术方案的可能性之后，对所选择确定的最佳建设总体方案进行了详细的财务预测、财务效益分析和国民经济评价。从测算项目建设投资、生产成本和销售利润入手，进行项目盈利性分析（计算投资利润率和贷款偿还能力等）、费用效益分析和敏感性分析，研究论证项目在经济上的合理性和盈利性，进一步提出资金筹集建议和制定项目实施总进度计划。

5. 编制可行性研究报告

对建设项目进行了认真的技术经济分析论证后，证明项目建设的必要性、技术上可行性和经济上的合理性，即可编制详尽的可行性研究报告，推荐一个以上的项目建设可行性方案和实施计划，提出结论性意见和重大措施建议，以供决策部门作为决策依据。

第二节　矿山建设项目可行性研究

一、矿山建设项目可行性研究的阶段划分

矿山建设项目可行性研究阶段是指矿山建设投资前期，亦即矿山基建投资决策前的各个工作阶段，我们经常把它们与矿产地质勘查工作的各个阶段等同起来。我国矿山建设前期的矿产地质勘查工作，一般划分为普查、详查、勘探3个阶段。为了合理开发利用矿产资源，全面完成矿产地质勘查工作各阶段的任务，避免矿产勘查和矿山建设投资失误，提高矿产开发的社会、经济效益，各个阶段在对矿床进行地质评价的基础上，同时还要根据矿床开发的技术和经济条件，进行矿床技术经济评价。矿床技术经济评价即相当于矿山建设可行性研究，故有人曾称之为“地质勘探可行性研究”。3个地质勘查阶段均需进行相应的矿床技术经济评价，即普查

阶段进行的概略矿床技术经济评价，详查阶段进行的初步矿床技术经济评价和勘探阶段进行的详细矿床技术经济评价。它们大致可与工程建设项目可行性研究的机会研究、初步可行性研究和详细可行性研究阶段相对比，但由于我国在管理体制上的特殊性，在全国储量委员会、国家计划发展委员会、国家经济贸易委员会联合颁发的储发[1987]136号文件中明确规定：详细矿床技术经济评价工作一般是由矿产勘查单位负责完成，它与由工业部门负责完成的“矿山建设可行性研究”还不等同，它主要是为“矿山建设可行性研究”和确定设计任务书提供依据。也就是详细矿床技术经济评价完成之后，还要以此为依据，进行矿山建设详细可行性研究。显然文件中所说的矿山建设可行性研究，实际就是工程项目投资前期的详细可行性研究阶段。此外，在整个矿山建设可行性研究阶段划分中，当然也应该包括最后的评估和决策阶段，详见图4-3。

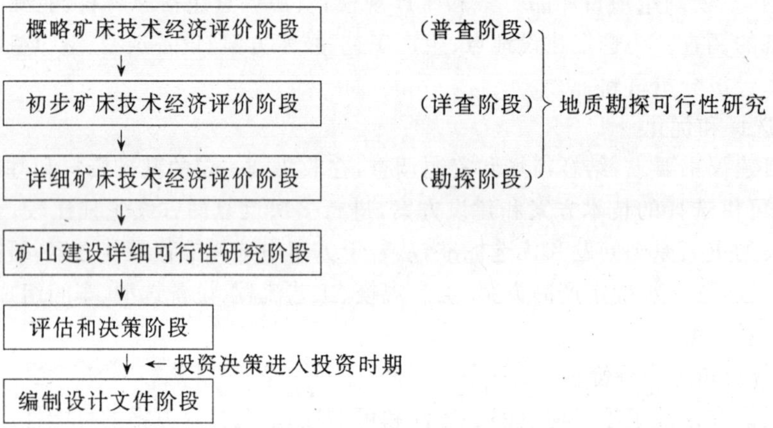

图4-3　我国矿山建设可行性研究阶段划分示意图

二、矿山建设项目可行性研究各阶段的目的和要求

矿山建设项目的不同阶段具有不同的目的和要求。

1. 普查阶段(或概略矿床技术经济评价阶段)

其目的在于判定已找到矿床具有工业意义的可行性。这种评价一般花费不多，在未来开发中，即使有一定的经济效益，但由于工作程度低和不确定因素较多，许多参数是靠推测和假设求得的，所以也是不可靠的、不落实的。

2. 详查阶段(或初步矿床技术经济评价阶段)

矿床经济详查以后，对矿量和矿床开采技术、矿石选冶试验等方面，取得了比较可靠的资料(其中有些资料如选矿、销售等还是假设的)，以此为基础，进行矿床开发经济效益的初步评价。

3. 勘探阶段(或详细矿床技术经济评价阶段)

矿床经过勘探以后，在详细分析矿产资源形势、市场条件、产品方向与前景，并根据矿山总体规划的具体要求，以及未来矿山设计、建设与生产经营的具体条件的基础上，结合矿床具体技术、经济条件，采用符合矿区实际情况的参数和标准，计算矿床未来开发的经济效益，并进行详细综合评价。

4. 详细可行性研究阶段

通过对矿山建设项目进行技术经济分析和多方案优选，提出结论性意见，作为投资决策的基础和依据。在详细可行性研究报告中，首先必须明确表明是否能够满足投资者的经济要求。

其次可以作为向银行贷款的依据。最后，还要为该项工程是否上马做出确定性结论，以便作为进一步工程设计和施工图的基础。

5. 评估和决策阶段

对最终可行性研究报告进行评估和全面审核，分析判断项目社会和经济效益以及可靠性和真实性，提交项目评估报告，对项目投资做出最终决策。

矿山建设前期各研究阶段的研究工作性质、研究工作目的、研究工作要求和研究工作内容等见表4-2。

表4-2　矿山建设项目可行性研究阶段划分及研究工作性质、目的、要求和内容一览表

矿产勘查阶段	普　查	详　查	勘　探		
研究阶段	概略矿床技术经济评价	初步矿床技术经济评价	详细矿床技术经济评价	矿山建设详细可行性研究	评估和决策
研究工作性质	项目设想	项目初步选择	项目进一步选择	项目准备和拟定	项目评估
研究工作目的	判定已找到的矿床是否具有工业意义，是否值得进入详查工作，鉴别投资方向和目标，选择项目，寻找投资机会，提出项目投资建议	决策是否进入勘探工作并对项目进行初步评价，做专题辅助研究，广泛分析筛选方案，鉴定项目的选择依据和标准，确定项目可行性研究	对矿体开发利用时拟建矿山投入-产出的总效益进行评价，为矿山建设可行性研究和确定设计任务书提供依据	对项目进行深入细致的技术经济论证，重点对项目进行财务效益和经济效益分析，多方案选优，提出结论性意见，确定投资可行性和选择依据及标准	综合分析各种效益，对可行性研究报告进行评估和全面审核，分析判断项目可行性的可靠性和真实性，对项目做出最终决策
研究工作要求	对矿床未来的可行性及其对国民经济建设的意义做出定性概略评价，编制项目建议书，为初步选择项目提供依据，批准后列入建设前期工作计划	对矿床未来工业开发价值进行初步的综合评价，为今后可否进行勘探工作提出建议，编制初步可行性报告，判定有无必要进行下一步详细可行性研究，作为国家对投资项目的初步决策	对矿床未来工业开发价值进行进一步的综合评价，为矿床的合理开发利用和建设方案提出意见和建议，编制进一步可行性报告，并判明建设项目的生命力	编制可行性研究报告，作为项目投资决策的基础和重要依据	提出项目评估报告，为投资决策者提供最后决策依据，决定项目取舍和选择最佳投资方案
研究工作内容	由于本阶段勘查工作程度低，不确定因素较多，因此只能在收集分析该矿产资源总的形势和供需状况的基础上，以本阶段相适应的矿产开采及矿石加工选冶资料，以及未来矿山建设的一般技术经济条件做设想性的定性概略评价	在收集分析该矿产资源形势，国内外供需现状与发展，国家对该矿产开发政策和中长期规划等资料的基础上，以本阶段工作程度相适应的矿产开采和矿石加工选冶实验资料，考虑矿床开采的内外部条件，并以矿山扩大指标为基础进行矿床开发的企业经济效益评价，必要时增做国民经济效益评价以及初步综合评价	在详细分析所收集的该矿产资源形势、市场条件、产品方向与前景的基础上，结合矿床总体技术经济条件，计算矿产工业开发的企业经济效益，必要时增算国民经济效益，对矿山未来开发经济效益有明显的影响因素要进行详细分析并进行详细综合评价	着重对各种可能的技术方案和投资总体建设方案进行技术经济分析和多方案比选，确定一个最佳方案，或者提出一个不可行的意见，或者调整各种参数，提出可行方案，得出最后结论	全面审核可行性研究报告中反映的情况是否属实，各种指标计算是否正确，分析和判断其社会和经济效益，以及可靠性、真实性、客观性，对项目取舍、最终投资做出决策，写评估报告

三、矿山建设项目可行性研究的基本内容

可行性研究的内容会因拟建项目的性质和规模大小不同而各有侧重，但其基本内容是类似的或大致相同的。根据国家规定，一般矿山建设项目的可行性研究应包括以下几个方面的基本内容。

1. 总论

综述项目概况，可行性研究的主要结论和存在的问题与建议，阐明对推荐方案过去的争论问题和不同意见的观点，对项目的主要技术经济指标列表说明，包括项目的背景、投资环境、项目投资的必要性和经济意义、项目投资对国民经济的作用和重要性；提出项目调查研究的主要依据、工作范围和要求，项目的历史发展概况，项目建议书及有关审批文件。

2. 矿产品的市场供需预测和拟建规模

调查国内外市场近期需求情况，以及国内现有矿山企业生产能力的估计、销售预测、价格分析、产品竞争能力、进入国际市场的前景、矿山建设项目的生产规模、选择产品方案和发展方向的技术经济比较。

3. 矿产资源、辅助材料、燃料和公用设施情况

经过全国矿产资源储量委员会正式批准的矿产储量、保有储量和质量，开采利用情况，技术经济状况和发展趋势；所需燃料、辅助材料的种类、数量、质量及其来源和供应的可能性；所需动力（水、电、气）、公用设施的数量、供应方式和供应条件、外部协作条件以及签定协议和合同的情况。

4. 建设条件

包括矿区的自然条件和社会条件。如地理位置、气象、水文、地形条件、地震、洪水等情况和社会经济现状，交通运输及水、电、气、热的现状和发展趋势，以及矿区面积、占地范围、总体布置方案、建设条件、地价、拆迁和其他工程费用情况。

5. 采矿、选矿生产技术条件

矿床的开采方式和方法（包括矿床开采方法、矿床开拓方式、采矿方法）必须和运输、通风、排水、供水、供电等系统结合起来，才能形成一个完整的开采系统。包括基建工程量和主要设备、主要技术经济指标的比较论证。根据服务年限内生产计划的安排，计算每年采出的矿石量和质量（品位），以及首采地区的选择、论证。根据矿石选矿试验结果，确定矿石的选矿加工处理方法和工艺流程及其应用于工业生产的可能性，主要选矿设备处理的矿石量及精矿的产量和质量（品位），以及各种选矿指标是否达到先进水平的论证。包括生产辅助设施和生活福利设施，如道路、运输、动力、供水、燃料与通讯、厂房、办公室、职工住宅以及各种建筑物和设备。通过矿山建设总平面图，把采矿、选矿工业场地，废石和尾矿堆积场地，矿山内部和外部运输方式，供水、供电、尾矿输送等线路布置，生产辅助和生活福利设施场地布置等表示出来。

此外，还应进行项目工程设计方案研究，如总图和交通运输设计多方案优选，厂内外主体工程和生产辅助工程的方案比较论证，采用技术和工艺方案的选择论证，主要设备选型方案和工艺比较论证等。

6. 环境保护与劳动安全

包括矿区环境现状调查，“三废”（废水、废气、废渣）的种类、成分和数量，对环境影响的预测；治理方案的选择和回收利用情况；对环境影响的预评价；劳动保护与安全卫生；矿区规划、防震、防洪、防灾、防空、防水、文物保护等要求以及应采取的相应措施方案。

7. 生产组织、劳动定员和人员培训

包括矿山企业生产管理体制、机构设置方案的选择论证，技术人员和管理人员的素质和数量要求，劳动定员的配备方案，人员培训的规划和费用估算。

8. 建设工期预计

实施计划和进度要求，建设前期工作安排，根据矿山设计、设备制造、工程施工、安装、试生产所需时间与进度要求和指定的建设工期，选择整个建设项目的实施方案和总进度，并用网络图来表述最佳实施计划方案的选择。

9. 权利、所有权的法律事项

包括矿产资源所有权和探矿权、采矿权、地租或矿区使用费，矿山地产、地面权（如土地、水源和道路使用权等）的取得，施工和生产的开业执照和许可证，雇用本地和国外职工的规定，税金、货币兑换与财政事务的法律特点，公司的组成和企业合伙人之间的协议等等。

10. 财政与税金事项

包括企业组织形式（如有限公司、合股公司或合伙公司），资金筹措和偿付债务的条款，外汇兑换和再转兑外汇权，税制（单一的还是多重的），折旧年限与税率，对采矿权的特许税金及其交涉程序，可分配利润的批准和分摊。

11. 投资估算与资金筹措

包括各项基建费用、流动资金和项目总投资的估算，项目资金来源和筹措方式与贷款计划，企业生产成本估算。

12. 经济效益和社会效益的分析与评价

包括项目财务评价、国民经济评价和不确定性分析。叙述项目给地区或部门经济发展带来的效果，根据具体情况，抓住特点进行深入分析。比如，对环境保护和生态平衡的影响，对提高地区或部门科技水平的影响，对提供就业机会的影响，对资源利用的远景发展的影响，对提高人民物质文化生活及社会福利和社会进步的影响等。财务和国民经济评价方法和指标，可参阅前章矿床技术经济评价部分。

13. 评价结论

包括矿山建设方案的综合分析评价与方案选择。运用各种数据，从技术、经济、社会、财务等各方面论述项目的可行性，推荐最佳方案，提出决策参考，指出项目存在的问题、结论性意见和改进建议。

综上所述，项目可行性研究的内容可概括为三大部分，首先是产品的市场调查和供需预测研究，这是项目成立的重要依据，因为产品方案和建设规模及企业的经济效益很大程度上都是根据市场供需预测来确定的，所以市场调查和供需预测是项目可行性研究的前提，其主要任务是说明项目建设的必要性。第二是技术方案和建设条件，包括资源、技术、设备和生产组织等，这是可行性研究的技术基础，它决定了建设项目在技术上的可行性。第三是经济效益和社会效益的分析和评价，这是决定项目投资决策的关键，它是项目可行性研究的核心部分，要说明项目的经济上的合理性。总之，可行性研究就是从这三大方面对建设项目进行优化研究，为项目投资决策提供科学依据（见图 4－4）。

上述是新建项目可行性研究的主要内容，对于改造扩建项目的可行性研究，还应增加对原有固定资产的利用和企业现有概况的说明。可行性研究的内容应随建设项目的性质、任务不同而改变。对于小型项目或经济、技术条件不太复杂、协作关系比较简单的，初步可行性研究与详细可行性研究可以合并为一个阶段。对于合资项目应根据《中外合资经营项目经济评价方法》要求编制可行性研究报告。

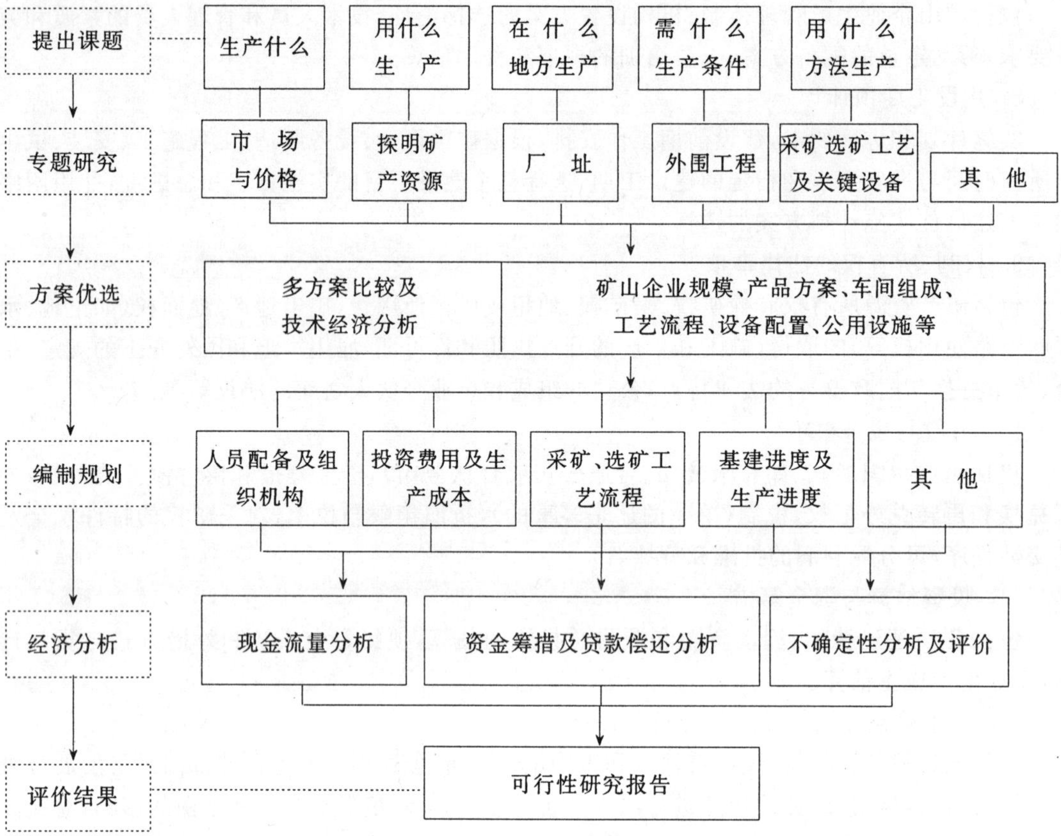

图 4-4　矿山建设项目可行性研究内容示意图

四、矿山建设项目可行性研究报告目录格式(新建项目)

初步建议如下：

第一章　总论　包括项目及其承办关系、研究工作依据、项目概况、结论与建议。

第二章　项目背景和发展概况　包括项目提出的背景、投资环境、建设的必要性、项目发展概况。

第三章　市场需求预测与建设规模　包括市场调查、市场预测、产品方案与建设规模。

第四章　建设条件　包括矿产资源条件、矿区自然条件和社会条件。

第五章　采选技术方案　包括项目组成、采选技术方案、总平面布置、公用与辅助工程、生活福利设施等。

第六章　环境保护与劳动安全　包括环境保护的可行性研究、主要污染源与污染物、综合利用与治理方案、环境影响评价、劳动保护与安全。

第七章　矿山企业组织与劳动定员　包括企业组织、人员配备与培训。

第八章　建设实施进度计划　包括实施时期的各项工作、实施进度表。

第九章　投资估算与资金筹措　包括固定资产总投资估算、流动资金估算、资金筹措。

第十章　经济效益与社会效益评价　包括生产成本与销售收入、财务效益分析、国民经济评价、不确定性分析、社会效益评价、综合评价结论。

第十一章　结论与建议。

一般说来，除上述大纲的内容外，通常在报告的封面和扉页，要有项目名称、项目承办单位及主要负责人、项目可行性研究的主要技术负责人和经济评价负责人名单等内容。在报告的正文后面，通常列有附表、附图及其他有关附件。如主要设备表，劳动组织定员估算表，各有关专业附图和附表，可行性研究委托书及有关的合同、协议、矿区地质勘探报告审批文件、各种试验报告或摘要、重要调查报告或摘要等。

五、案例分析

矿山建设项目详细可行性研究经济评价

——某新建铁矿山可行性研究经济评价*

一、概述

某铁矿为新建大型采选联合企业，其采矿为露天开采。矿石地质储量为1.5亿吨，平均含铁品位34.45%。金属矿物主要为磁铁矿，其次是假象赤铁矿和少量褐铁矿等。

露天采矿场内的矿石量为1.34亿吨，岩石量为2.2亿吨，平均剥采比为1.63吨/吨，开采年限为40年。

本矿属于高山露天矿，采用平峒溜井开拓。采场的矿石用汽车运至溜井上口卸车，经溜井至下部，然后粗破碎，再经设置在平峒里的胶带运输机运至选矿厂。

选矿厂位于露天采场的东部。根据铁矿石特性，选矿采用的工艺为磁选方法，工艺流程为三段破碎、三段球磨、磁选。

二、基本数据

（一）生产规模及产品方案

根据矿山赋存条件及其经济规模，矿山设计规模为年开采铁矿石400万吨。选矿与矿山相配套，依据选矿试验，选矿的铁精矿产率为39.5%。据此，选矿设计规模为年产含铁67%的铁精矿158万吨。

项目的最终产品是铁精矿，铁矿石属项目的中间产品。

（二）项目进度安排

项目建设期为4年，第5年投产。第5年至第7年为投产期，第8年到第24年为达到设计能力158万吨的生产期。年生产负荷见表1。

表1　项目逐年生产负荷表

项目＼年份	1～4	5	6	7	8～24
生产负荷(%)	0	29.85	56.43	81.44	100
精矿量(万吨)		47.16	89.16	128.68	158

（三）资金筹措

项目的固定资产投资为27 036万元，为了计算方便，假设全部为银行贷款，年利率为3.6%。

* 节选自《建设项目经济评价方法与参数》一书中的案例(一)。鞍山黑色冶金矿山设计研究院艾彦方等，1987，中国计划出版社。

根据矿山特点，生产期间的采矿运输距离不断变化，运输设备也要相应增加，由此而增加的投资已包括在上述固定资产投资中。

项目的流动资金按计算年(剥采比最大的第 15 年)经营成本的 35%计算，流动资金占用总额为 2 019.56 万元。其中 70%由工商银行贷款，年利率为 7.92%；其余 30%由所属的钢铁厂自筹，财务评价中不再考虑这部分自筹流动资金的利息。

投资使用计划见表 2。

表 2 投资使用计划表 单位：万元

年份 \ 项目		固定资产投资			流动资金增加额	合计
		采矿	选矿	合计		
(1)		(2)	(3)	(4)	(5)	(6)
建设期	1	2 385.94		2 385.94		2 385.94
	2	3 579.45		3 579.45		3 579.45
	3	3 579.45	9 135	12 714.45		12 714.45
	4	1 148.1	6 090	7 238.1		7 238.1
投产期	5	163		163	1 273.95	1 436.95
	6	11.79		11.79	282.51	294.3
	7	259.41		259.41	265.83	525.24
达产期	8				197.27	197.27
	9～17	683.86		683.86		683.86
	18～24					
合计		11 811	15 225	27 036	2 019.56	29 055.56

(四) 职工定员及工资

采矿及选矿均为三班制连续生产，全年工作 330 天。按此考虑，项目职工定员为 3 080 人，其中生产工人 2 527 人，管理及服务人员 553 人。工资及提取的职工福利基金按平均每人每月 100 元计算。

三、财务评价

(一) 税金

产品税率 3%。城市维护建设税为产品税的 5%。教育费附加为产品税的 1%。所得税率为 55%。

(二) 产品成本

由于各年的剥岩量及运距不同，各年的产品成本均有变化。矿石开采部分根据国家规定，按产量提取维简费，故成本中所列基本折旧仅按选矿固定资产及其建设期利息提取。项目生产期定为 20 年，基本折旧率为 5%，净残值为零。

$$年基本折旧费=\frac{固定资产投资\times固定资产形成率+建设期利息-净残值}{折旧年限}$$

$$=\frac{15\ 225\times 85\%+1\ 471.45}{20}=720.64(\text{万元})$$

维简费按每吨原矿石提取5.7元，精矿产率为39.5%，折合每吨精矿提取维简费为14.43元。

项目计算年的产品成本为56.21元/吨，经营成本为36.52元/吨。

(三) 产品价格

项目最终产品是铁精矿，含铁品位67%，设该品位铁精矿的国内价格为76.00元/吨。

(四) 销售利润

根据第二步利改税规定，铁矿的资源税暂不征收。本项目也不发生技术转让费和营业外支出。产品利润总额计算见表3。

表3　利润表　　单位：万元

序号	项目 \ 年份	投产期			达成设计能力生产期	合计
		5	6	7	8～24	
	生产负荷(%)	29.85	56.43	81.44	100	
(1)	产品销售收入	3 584.39	6 776.11	9 779.32	12 008	224 275.82
(2)	总成本	5 111.66	6 540.55	7 885.06	8 662.70～9 346.70	171 247.17
	其中：维简费	680.52	1 286.58	1 856.85	2 279.94	42 582.93
	基本折旧	720.64	720.64	720.64	720.64	14 412.8
	流动资金利息	70.63	86.29	101.03	111.96	2 091.1
(3)	销售税金	113.99	215.47	310.98	381.85	7 131.89
	其中：产品税	107.53	203.28	293.38	360.24	6 728.27
	城市维护建设税	5.38	10.16	14.67	18.01	336.38
	教育费附加	1.08	2.03	2.93	3.6	67.24
(4)	技术转让费					
(5)	销售利润	−1 641.26	20.09	1 583.28	2 963.45～2 279.45	45 896.76
(6)	资源税					
(7)	营业外净支出					
(8)	利润总额	−1 641.26	20.09	1 583.28	2 963.45～2 279.45	45 896.76

(五) 财务现金流量表计算

全部投资现金流量表是把投资(包括流动资金)视为自有，不考虑利息计算的。财务现金流量计算见附表1。表中所列经营成本是从生产成本中扣除折旧、维简费和流动资金利息得出的。

从表中可以看出：

$$\text{全部投资回收期}=11+\frac{4\ 411.77}{4\ 636.96}=11.95(\text{年})$$

财务内部收益率=10.23%

(六) 财务平衡表计算

财务平衡表是以项目将会出现的具体财务条件为基点，预测项目在计算期内各年的资金盈余及短缺情况，考查固定资产投资借款的清偿能力。财务平衡表的计算见附表2。

附表 1　财务现金流量计算表

单位：万元

序号	项　目	建设期				投产期			达到设计能力生产期			
		1	2	3	4	5	6	7	8	9	10	11
	生产负荷(%)					29.85	56.43	81.44	100	100	100	100
(一)	现金流入											
	1. 产品销售收入					3 584.39	6 776.11	9 779.32	12 008	12 008	12 008	12 008
	2. 回收固定资产余值											
	3. 回收流动资金											
	流入小计					3 584.39	6 776.11	9 779.32	12 008	12 008	12 008	12 008
(二)	现金流出											
	1. 固定资产投资	2 385.94	3 579.45	12 714.45	7 328.10	163.00	11.79	259.41		178.60	36.86	119.90
	2. 流动资金					1 273.95	282.51	265.83	197.27			
	3. 经营成本					3 639.87	4 447.04	5 206.54	5 550.16	5 570.16	5 578.16	5 598.16
	4. 销售税金					113.99	215.47	310.98	381.85	381.85	381.85	381.85
	5. 更新改造资金					238.20	341.23	438.17	1 275.25	1 275.25	1 275.25	1 275.25
	流出小计	2 385.94	3 579.45	12 714.45	7 328.10	5 429.01	5 298.04	6 480.93	7 404.53	7 405.86	7 272.12	7 375.16
(三)	净现金流量	−2 385.94	−3 579.45	−12 714.45	−7 238.10	−1 844.62	1 478.07	3 298.39	4 603.47	4 602.14	4 735.88	4 632.84
(四)	累计净现金流量	−2 385.94	−5 965.39	−18 679.84	−25 917.94	−27 762.56	−26 284.49	−22 986.10	−18 382.63	−13 780.49	−9 044.61	−4 411.77
(五)	内部收益率计算											
	折现系数(i_s=8%)	0.926	0.857	0.794	0.735	0.681	0.630	0.583	0.540	0.500	0.463	0.429
	净现值	−2 209.29	−3 607.59	−10 095.27	−5 320.00	−1 256.19	931.18	1 922.96	2 485.87	2 301.07	2 192.71	1 987.49
	折现系数(i_s=12%)	0.893	0.797	0.712	0.636	0.567	0.507	0.452	0.404	0.361	0.322	0.287
	净现值	−2 130.64	−2 852.82	−9 052.69	−4 603.43	−1 045.90	749.38	1 490.87	1 859.80	1 661.37	1 524.95	1 329.63

续附表 1

序号	项目	达到设计能力生产期													
		12	13	14	15	16	17	18	19	20	21	22	23	24	合计
	生产负荷(%)	100	100	100	100	100	100	100	100	100	100	100	100	100	
(一)	现金流入														
	1. 产品销售收入	12 008	12 008	12 008	12 008	12 008	12 008	12 008	12 008	12 008	12 008	12 008	12 008	12 008	224 275.82
	2. 回收固定资产余值														
	3. 回收流动资金													2 019.56	2 019.56
	流入小计	12 008	12 008	12 008	12 008	12 008	12 008	12 008	12 008	12 008	12 008	12 008	12 008	14 027.56	226 295.38
(二)	现金流出														
	1. 固定资产投资	99.78	70.70	28.80	65.43	38.44	45.35								27 036.00
	2. 流动资金														2 019.56
	3. 经营成本	5 614.16	5 658.16	5 762.16	5 770.16	5 726.16	5 742.16	5 722.16	5 738.16	6 098.16	6 058.16	6 178.16	6 198.16	6 234.16	112 090.17
	4. 销售税金	381.85	381.85	381.85	381.85	381.85	381.85	381.85	381.85	381.85	381.85	381.85	381.85	381.85	7 131.89
	5. 更新改造资金	1 275.25	1 275.25	1 275.25	1 275.25	1 937.95	1 937.95	1 937.95	1 937.95	1 937.95	1 937.95	1 937.95	1 937.95	1 937.95	28 661.15
	流出小计	7 371.04	7 385.96	7 448.06	7 492.69	8 084.40	8 107.31	8 041.96	8 057.96	8 417.96	8 377.96	8 497.96	8 517.96	8 553.96	176 938.77
(三)	净现金流量	4 636.96	4 622.04	4 559.94	4 515.31	3 923.60	3 900.69	3 966.04	3 950.04	3 590.04	3 630.04	3 510.04	3 490.04	5 473.6	49 356.61
(四)	累计净现金流量	225.19	4 847.23	9 407.17	13 922.48	17 846.08	21 746.77	25 712.81	29 662.85	33 252.89	36 882.93	40 392.97	43 883.01	49 356.61	
(五)	内部收益率计算														
	折现系数(i_s=8%)	0.397	0.368	0.340	0.315	0.292	0.270	0.250	0.232	0.215	0.199	0.184	0.170	0.158	
	净现值	1 840.87	1 700.91	1 550.38	1 422.32	1 145.59	1 053.19	991.51	916.41	771.86	722.38	645.85	593.31	864.83	4 092.45
	折现系数(i_s=12%)	0.257	0.229	0.205	0.183	0.163	0.146	0.130	0.116	0.104	0.093	0.083	0.074	0.066	
	净现值	1 191.70	1 058.45	934.79	826.30	639.55	569.50	515.59	458.20	373.36	337.59	291.33	258.26	361.26	−3 253.60

$$财务内部收益率=8\%+\frac{4\ 092.45}{4\ 092.45+3\ 253.60}\times 4\%=10.23\%$$

附表 2 财务平衡表

单位:万元

序号	项目	建设期				投产期			达到设计能力生产期				
		1	2	3	4	5	6	7	8	9	10	11	12
	生产负荷(%)					29.85	56.43	81.44	100	100	100	100	100
(一)	资金来源												
	1. 利润总额					−1 641.26	20.09	1 583.28	2 963.45	2 943.45	2 935.45	2 915.45	2 899.45
	2. 折旧及更新费					1 401.16	2 007.22	2 577.49	3 000.58	3 000.58	3 000.58	3 000.58	3 000.58
	其中:用于归还贷款的折旧更新					952.79	1 364.91	1 752.69	1 275.25	1 275.25	1 275.25	1 275.25	1 275.25
	3. 固定资产投资借款	2 428.89	3 731.32	13 165.08	8 064.10	163	11.79	259.41		178.60	36.86	119.90	99.78
	4. 流动资金借款					891.77	197.76	186.08	138.09				
	5. 企业自有流动资金					382.18	84.75	79.75	59.18				
	6. 回收自有流动资金												
	7. 短期贷款借款					1 778.42							
	来源小计	2 428.89	3 731.32	13 165.08	8 064.10	2 975.27	2 321.61	4 686.01	6 161.3	6 122.63	5 972.89	6 035.93	5 999.81
(二)	资金运用												
	1. 固定资产投资	2 385.94	3 579.45	12 714.45	7 238.10	163	11.79	259.41		178.60	36.86	119.90	99.78
	2. 流动资金					1 273.75	282.51	265.83	197.27				
	3. 更新改造资金					238.20	341.23	438.17	1 275.25	1 275.25	1 275.25	1 275.25	1 275.25
	4. 还款期间企业留利					101	101	101	101	101	101	101	101
	5. 企业留用的折旧												
	6. 能源交通基金					210.17	301.08	386.63	450.08	450.08	450.08	450.08	450.08
	7. 固定资产投资借款利息偿还	42.95	151.87	450.63	826.00	988.95	992.10	969.72	907.40	794.74	679.09	558.80	435.92
	8. 固定资产投资本金偿还							549.21	3 230.30	3 322.96	3 430.61	3 530.9	3 637.78
	9. 短期贷款利息偿还					152.80	76.72						
	10. 短期贷款本金偿还					139.10	1 639.32						
	11. 所得税												
	12. 盈余资金												
	运用小计	2 428.29	3 731.32	13 165.08	8 064.10	2 975.27	2 321.61	4 686.01	6 161.3	6 122.63	5 972.89	6 035.93	5 999.81

续附表 2

序号	项目	达到设计能力生产期												
		13	14	15	16	17	18	19	20	21	22	23	24	合计
	生产负荷(%)	100	100	100	100	100	100	100	100	100	100	100	100	
(一)	资金来源													
	1. 利润总额	2 855.45	2 751.45	2 743.45	2 787.45	2 771.45	2 791.45	2 775.45	2 415.45	2 455.45	2 335.45	2 315.45	2 279.45	45 896.76
	2. 折旧及更新费	3 000.58	3 000.58	3 000.58	3 000.58	3 000.58	3 000.58	3 000.58	3 000.58	3 000.58	3 000.58	3 000.58	3 000.58	56 995.73
	其中:用于归还贷款的折旧更新	1 275.25	1 275.25	1 275.25										14 272.39
	3. 固定资产投资借款	70.70	28.80	65.43	38.44	45.35								28 507.45
	4. 流动资金借款													1 413.70
	5. 企业自有流动资金													605.86
	6. 回收自有流动资金												605.86	605.86
	7. 短期贷款借款													1 778.42
	来源小计	5 926.73	5 780.83	5 809.46	5 826.47	5 817.38	5 792.03	5 776.03	5 416.03	5 456.03	5 336.03	5 316.03	5 885.89	135 803.78
(二)	资金运用													
	1. 固定资产投资	70.70	28.80	65.43	38.44	45.35								27 036.00
	2. 流动资金													2 019.56
	3. 更新改造资金	1 275.25	1 275.25	1 275.25	1 937.95	1 937.95	1 937.95	1 937.95	1 937.95	1 937.95	1 937.95	1 937.95	1 937.95	28 661.15
	4. 还款期间企业留利	101	101	101										1 111.00
	5. 企业留用的折旧				612.55	612.55	612.55	612.55	612.55	612.55	612.55	612.55	612.55	5 512.95
	6. 能源交通基金	450.08	450.08	450.08	450.08	450.08	450.08	450.08	450.08	450.08	450.08	450.08	450.08	8 549.24
	7. 固定资产投资借款利息偿还	308.81	178.51	58.57	1.87	1.51	0.82							8 348.26
	8. 固定资产投资本金偿还	3 720.89	3 747.19	3 188.39	65.43	38.44	45.35							28 507.45
	9. 短期贷款利息偿还													229.52
	10. 短期贷款本金偿还													1 778.42
	11. 所得税				1 496.08	1 502.33	1 509.90	1 526.50	1 328.50	1 350.50	1 284.50	1 273.50	1 586.92	12 858.73
	12. 盈余资金			670.74	1 224.07	1 229.17	1 235.38	1 248.95	1 086.95	1 104.95	1 050.95	1 041.95	1 298.39	11 191.50
	运用小计	5 926.73	5 780.83	5 809.46	5 826.47	5 817.38	5 792.03	5 776.03	5 416.03	5 456.03	5 336.03	5 316.03	5 885.89	135 803.78

$$借款偿还期=\frac{58.57+3\ 188.39}{58.57+3\ 188.39+670.74}=14.83(年)$$

注:黑色冶金矿山的维简费,一般不用于偿还贷款,本案例是按还款计算的

能源交通建设基金，从折旧和维简费中各提取15%。

还款期间企业留利按规定为：

企业基金占工资总额的5%；

奖励基金占标准工资的11%；

新产品试制基金占利润的2%。

按此规定，还款期间企业留利平均为101万元。

在投产的初期，由于支出大于收入，需从银行借用短期贷款，年利率为9.36%。

财务平衡计算见附表2。

由表中可以看出：

(1) 固定资产投资借款偿还期为14.83年(包括建设期4年在内)。固定资产投资借款一直发生到第17年。但从表中可知，第15年的盈余资金已足以还清全部固定资产投资借款。第15年以后发生的固定资产投资借款，分别用下一年的利润偿还。

(2) 项目在其计算期内除上交所得税12 858.73万元外，还可获得盈余资金11 191.50万元。

(七) 辅助指标计算

1. 投资利润率

$$投资利润率=\frac{年平均利润总额}{总投资}\times 100\%$$
$$=\frac{2\,294.84}{27\,036+1\,471.45+2\,019.56}\times 100\%$$
$$=7.52\%$$

总投资＝固定资产投资＋建设期利息＋流动资金

2. 投资利税率

$$投资利税率=\frac{年平均利税总额}{总投资}\times 100\%$$
$$=\frac{2\,294.84+356.60}{27\,036+1\,471.45+2\,019.56}\times 100\%$$
$$=8.69\%$$

3. 外汇净现值

本项目产品系直接替代国外进口矿，含铁品位62%的国外粉矿到岸价为25.74美元/吨，每吨本项目产品(含铁品位67%)可代替国外进口矿(含铁品位62%)1.08吨。按此计算，在项目计算期内共可节约外汇净现值27 919.71万美元。计算见表4。

表4　节约外汇净现值计算表

项目＼年份	1～4	5	6	7	8～24	合计
代替进口矿石量(万吨)		50.93	96.29	138.97	170.64	3 187.07
外汇节约额(万美元)		1 310.94	2 478.50	3 577.09	4 392.27	82 035.12
折现系数(i_s=8%)		0.680 6	0.630 2	0.583 5	5.322 6	
净现值(万美元)		892.23	1 561.95	2 087.23	23 378.30	27 919.71

注：表中8%为中国银行外汇贷款平均利率

（八）不确定性分析

1．敏感性分析

在产品价格、可变成本、固定资产投资和产品产量等因素增、减10%的情况下，所引起的财务内部收益率的变化见表5及图1。

表5　主要经济因素变动下的财务内部收益率

项　　目	变动幅度（%）	内部收益率（%）
产　品　价　格	－10	6.98
	＋10	13.22
可　变　成　本	－10	11.35
	＋10	8.76
固定资产投资	－10	11.22
	＋10	9.11
产　品　产　量	－10	8.98
	＋10	11.21
基　本　方　案		10.23

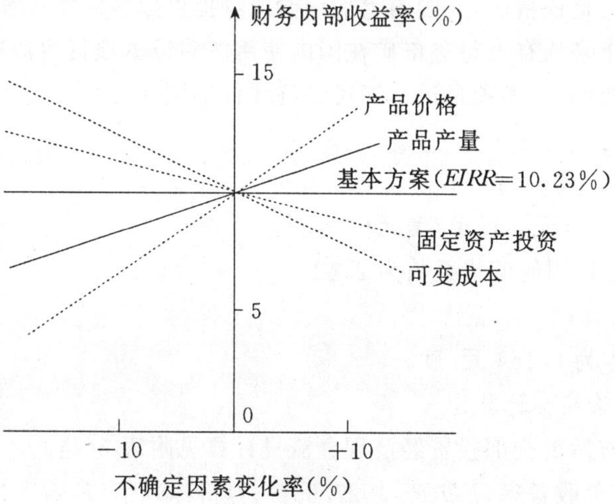

图1　财务敏感性分析图

2．盈亏平衡分析

$$
\begin{aligned}
\text{生产能力利用率}(BEP) &= \frac{\text{固定总成本}}{\text{销售收入}-\text{可变总成本}-\text{销售税金}}\times 100\% \\
&= \frac{3\,564.48}{12\,008-5\,316.7-381.85}\times 100\% \\
&= 56.49\%
\end{aligned}
$$

图2为盈亏平衡图。

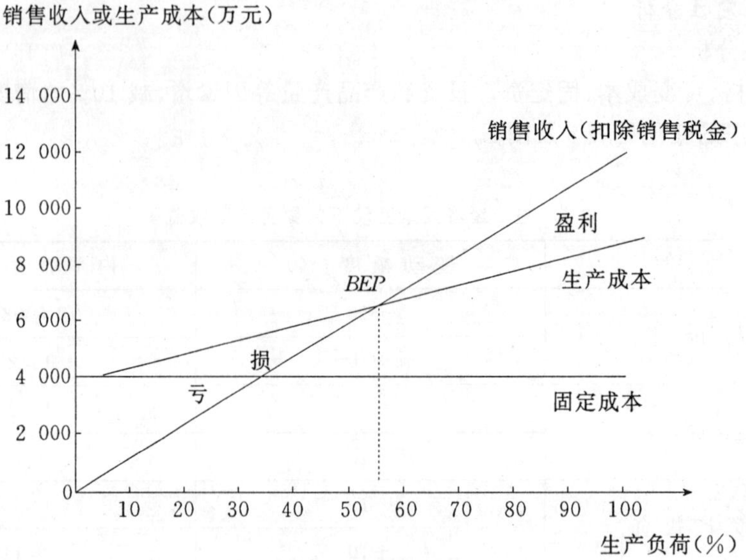

图2 盈亏平衡图

图中 *BEP* 为盈亏平衡点

四、国民经济评价

本项目的最终产品是铁精矿,为国内增加钢铁产量提供原料。我国铁矿山开采条件差,品位低,且供不应求,几年来均有大量进口矿在国内使用。建设本项目可以减少所属钢铁厂从国外进口矿石的数量。故此,对本项目进行国民经济评价鉴别在经济上是否合理是非常必要的。

(一) 计算参数

(1) 社会折现率 i_s 为 10%;

(2) 影子汇率为 4.00 元人民币/美元;

(3) 国内铁路货运费用的调价系数为 2.42;

(4) 贸易费率为 6%;

(5) 电的分解成本为 0.154 元/度。

(二) 国民经济评价指标计算

对费用及效益调整后的全部投资经济现金流量计算见附表 3(略)。

计算得出,经济内部收益率(*EIRR*)为 27.66%;经济净现值(*ENPV*)为 52 513.49 万元。

(三) 敏感性分析

产品价格、可变成本、产品产量和固定资产投资各经济因素在增、减 10%的情况下,所引起的内部收益率的变化见表 6 及图 3。

五、评价结论

从财务评价可以看出,财务内部收益率为 10.23%。贷款偿还期 14.83 年(包括建设期 4 年)显得过长,其经济效果一般。但是该项目产品系直接代替进口,可以节约外汇,在项目计算期内,共可节约外汇现值 27 919.71 万美元(按 8%折算)。

表 6　主要经济因素变动情况下的内部收益率

项　　目	变动幅度（%）	内部收益率（%）
产品价格	－10	24.43
	＋10	30.96
可变成本	－10	28.62
	＋10	26.55
产品产量	－10	25.95
	＋10	29.54
固定资产投资	－10	29.69
	＋10	26.16
基本方案		27.66

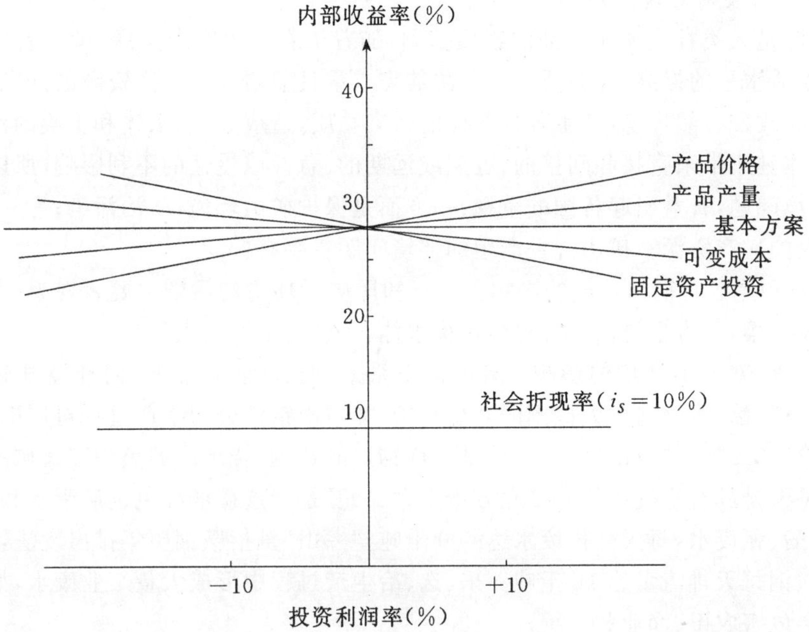

图 3　敏感性分析图

在国民经济评价中，通过对效益及主要费用调整，计算出的经济内部收益率为 27.66%，按社会折现率 10%计算的经济净现值为 52 513.49 万元，计算的节约外汇现值为 22 125.47 万美元。由此看来，其社会效益是好的。

在经济敏感性分析中，产品价格、产量、可变成本和固定资产投资在±10%的变动范围内，其经济内部收益率均在 25%以上，远高于社会折现率。故此，这种因素在一定范围内变动都不会影响项目在经济上的可行性。

综上所述，虽然财务评价经济效果一般，但国民经济评价的效果是好的，尤其是可以节约国家外汇，见表 7。故此认为，项目在经济上是可行的。对于财务上的一些问题如贷款偿还期过长等，建议采取优惠措施加以调整，以使项目本身具有财务生存能力。

表 7 经济外汇流量表

项目 \ 年份	1～4	5	6	7	8～24	合计
代替进口矿石量(万吨)		50.93	96.29	138.97	170.64	3 187.07
外汇节约额(万美元)		1 310.94	2 478.50	3 577.09	4 392.27	82 035.12
折现系数(i_s=10%)		0.620 9	0.564 5	0.513 2	4.115 1	
净现值(万美元)		813.96	1 399.11	1 837.76	18 074.64	22 125.47

第三节 矿山开发环境影响评价

一、矿山开发环境影响评价的重要性

(一) 矿山开发对环境的影响

矿产资源是人类社会文明必需的物质基础，随着工农业生产的发展，世界人口剧增，人类精神、物质生活水平的提高，社会对矿产资源的需求量日益增大。矿产资源的开发过程不可避免地要破坏和改变自然环境，产生各种各样的污染物质，造成大气、水体和土壤的污染，并给生态环境和人体健康带来直接和间接的、近期或远期的、急性或慢性的不利影响。所以，开发矿业所产生的环境问题，日益引起各国的重视：一方面是保护矿山环境，防治污染；另一方面是合理开发利用，保护矿产资源。矿山开发产生的环境问题主要有：

(1) 废石和尾矿对矿山环境的影响。废石和尾矿对环境的污染主要表现为：占用土地，损害景观；破坏土壤，危害生物；淤塞河道，污染水体，飞扬粉尘污染大气。

(2)“三废”对矿山环境的影响。有的矿山系采、选、冶联合企业，向环境排放大量的“三废”，如不注意防治，将会造成大范围的环境污染。如鞍山钢铁公司生产过程对周围环境污染可概括为“三龙”、“二蛇”、“一山”。“三龙”是指炼钢厂的黄烟、烧结厂的黑烟和镁矿的白烟，三者合为一体，每天排放有毒气体约 0.2 立方千米；“二蛇”是指选矿场红色选矿废水和鞍钢厂区排出高浓度含酚、氰废水，每天外排废水达 600 千吨；“一山”是指鞍钢历年排出废渣，形成几亿吨大渣山，现鞍钢每天排渣量达 16 千吨。采、选、冶生产过程中形成大量工业废水，如不经处理，任意排放，会危害农田、渔业和土壤。

(3) 矿山开采特别是露天开采时对矿山大气污染甚为严重。如大型穿孔设备、挖掘设备、汽车运输产生大量粉尘；爆炸作业产生大量有毒、有害气体。上述污染物在深凹露坑内不易排出，以致粉尘和有毒气体结合形成剧毒粉尘，是加速导致矿工矽肺病的主要原因。

(4) 采矿工业中噪声污染甚为严重。噪声不仅妨碍听觉，导致职业性耳聋；掩蔽音响信号和事故前征兆，导致伤亡事故的发生；而且还引起神经系统、心血管系统、消化系统等疾病。

(5) 采掘工作破坏地面或山头植被，引起水土流失，破坏矿山地面景观；地下坑道的开掘或地表剥离破坏岩石应力平衡状态，在一定条件下会引起地表塌陷和边坡不稳定，造成环境的严重破坏和矿产资源的损失；特别是地表下沉和塌陷区引起地表水和地下水的水力连通，容易酿成淹没矿井的水灾事故。

(二) 矿山开发环境影响评价的重要性

(1) 矿山开发环境影响评价是矿山建设项目立项的依据之一，是矿山建设项目可行性研

究的重要内容。

我国《环境保护法》中规定，在进行新建、改建和扩建工程时，必须提出对环境影响的报告书，它是矿山建设项目立项的依据之一。编制环境影响报告书的目的是在项目设计任务书阶段或可行性研究阶段，对项目可能对环境造成的近期或远期影响、拟采取的防止措施进行评价；论证和选择技术上可行，经济、布局上合理，对环境的有害影响较小的最佳方案，为领导部门决策提供科学依据。

(2) 矿山开发环境影响评价是矿山制定环境保护措施及对策的依据。

通过建立矿区开发不同阶段"三废"产生变化的数学模型，可以进行矿区开发环境影响的动态变化预测。根据环境影响预测的结果，可以检验矿山建设项目的环境保护措施是否完善，如果原设计环保措施不能满足需要，应该提出进一步的环保措施要求。由于矿山开发对周围环境的影响是全面而深刻的，在某些情况下，可根据环境影响的预测结果，重新修改矿山开发设计方案。

二、矿山开发环境影响评价的主要内容

矿山开发环境影响评价是一项涉及学科多、综合性强的工作，不仅要研究矿山开发对自然环境的影响，也要研究矿山开发给社会和经济所带来的影响。因此，搞好这项工作要有多方面专业技术人员的协同工作，同时也要有各有关管理机关的配合和指导。

矿山开发环境影响评价的主要研究内容如图 4-5 所示，首先应该进行矿山周围环境背景值研究，然后进行环境质量现状评价。在弄清环境变化现状的基础上，针对矿山不同开发方案，开展环境质量变化预测，制定地方性环境标准，研究环境保护措施及其对策，对矿山开发的影响进行环境经济损益分析。最后根据上述研究，进行最优开发方案选择，使所选择的开发方案能达到预期的环境目标。

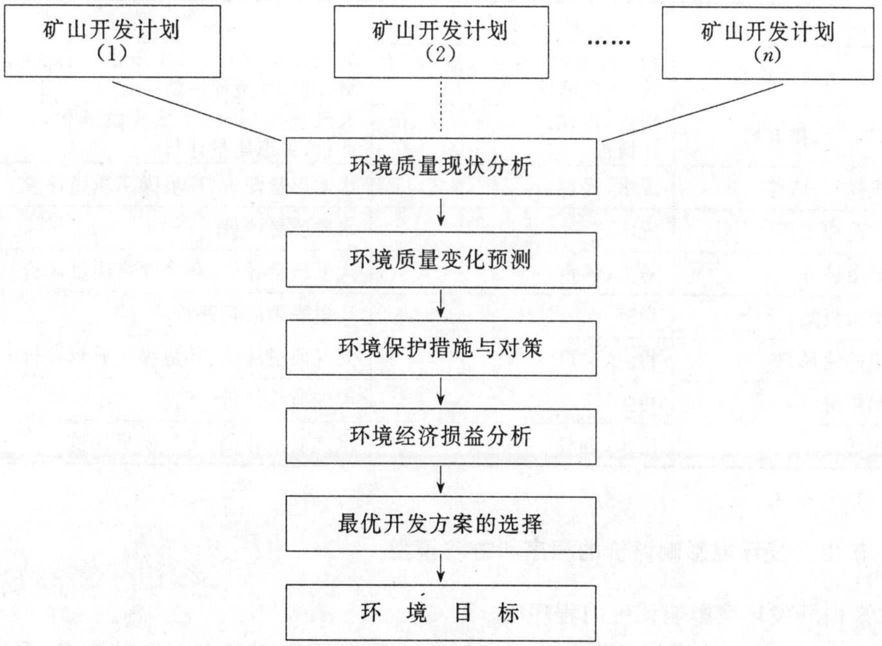

图 4-5　矿山开发环境影响评价的主要内容

矿山开发环境影响评价报告书内容一般包括：

(1) 总论。结合评价项目的特点阐述编制"环境影响报告书"的目的、编制依据、项目建议书的审批意见、评价大纲及其审批意见所采用标准、协作单位及分工等。

(2) 矿山建设项目概况。包括建设项目的名称、性质、地点、规模、产品方案和主要工艺方法；废水、废气、废渣、粉尘、放射性废物等种类、排放量和排放方式；废弃物回收利用、综合利用和污染物处理方案、措施和主要工艺原则；职工人数和生活区布局；占地面积和土地利用情况、发展规划等。

(3) 矿山建设项目周围地区的环境状况。包括建设项目的地理位置、周围地区地貌和地质情况、江河湖海和水文情况、气象情况；周围地区矿藏、森林、草原、水源和野生动物、野生植物等自然资源情况；周围地区的自然保护区、风景游览区、名胜古迹、温泉、疗养区以及重要文化设施情况；周围地区现有工矿企业的分布情况，周围地区的生活居住区分布情况和人口密度、地方病等情况；周围地区大气、水环境质量状况。

(4) 矿山建设项目对周围地区的环境影响。主要包括对周围地区的地质、水文、气象可能产生的影响；对周围地区自然资源可能产生的影响；对周围地区自然保护区、风景游览区、名胜古迹、疗养区等可能产生的影响；各种污染物最终排放量对周围大气、水、土壤的环境质量及居民生活区的影响范围和程度。

(5) 环境监测制度。包括监测布点原则、监测项目、监测机构的设置、人员、设备等。

(6) 环境影响的经济损益简要分析。

(7) 环境影响评价结论。分析矿山建设项目对周围环境的影响，对矿山建设项目的环境保护措施进行评述并对环境保护设计提出要求。

矿山环境影响评价项目见表 4-3。

表 4-3 矿山环境影响评价项目

项 目	可能产生的污染物	主要评价要素
采矿场及运输线路	粉尘、废水、噪声、破坏植被、地表陷落	大气质量评价、水质质量评价、生态质量评价、环境噪声质量评价
剥离物、排弃场	粉尘、淋滤废水、泥石流、破坏植被	大气质量评价、水质质量评价、泥石流评价、生态质量评价
机修厂、汽修厂	废水、噪声	水质质量评价、环境噪声质量评价
炸药加工厂	废水	水质质量评价
矿山破碎	粉尘、噪声	大气质量评价、环境噪声质量评价
空压机站	噪声	环境噪声质量评价
矿井通风机	粉尘、噪声	大气质量评价、环境噪声质量评价
锅炉房	粉尘	大气质量评价
生活区	废水、烟气	水质质量评价、大气质量评价

三、矿山开发环境影响评价的程序和方法模型

1. 矿山开发环境影响评价的程序

矿山开发环境影响评价工作是一项很复杂的系统工程，一般包括系统准备、系统分析、系统设计与计算、系统评价、系统调控 5 个阶段，如图 4-6 所示。

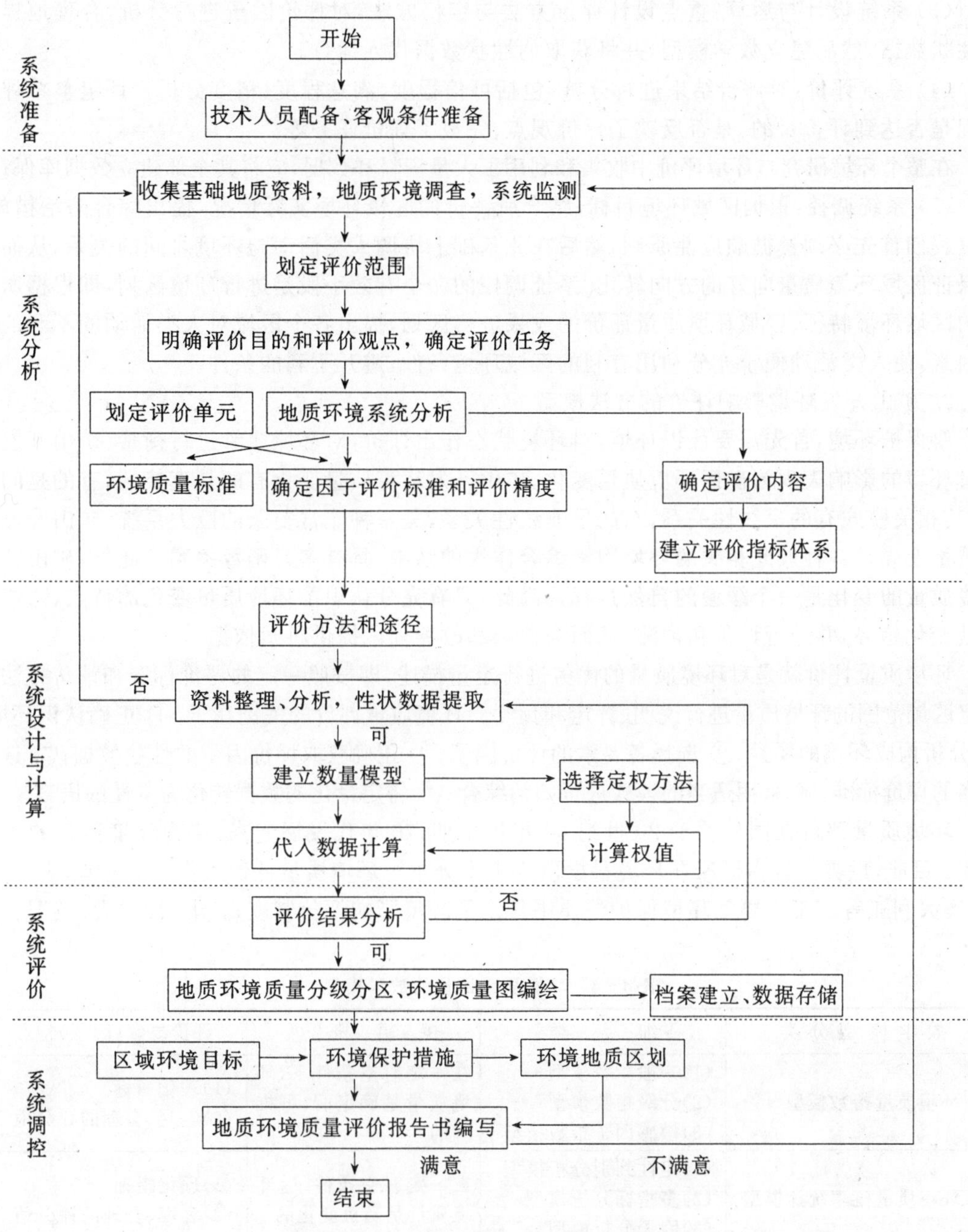

图 4-6　矿山开发环境影响评价工作程序图

(1) 系统准备:主要是技术人员的配备,基本设备和客观物质条件的准备,以及广泛收集已有的基础地区资料,进行区域环境质量调查,以及有关文献的查阅、工作计划的拟订等。

(2) 系统分析:主要内容是明确环境评价的范围、评价的目的和评价观点,确定评价任务。依据评价目的和评价观点,以及掌握的基础资料,初步选择评价因子和评价标准。通过环境质量系统分析,发现资料和有关性状数据不足时,应进一步收集和调查,另外,还要划分评价单元,选择评价方法,确定因子权重等,在此阶段应备选若干环境评价方案,从经济、环境和社会效益以及所需投入等方面进行比较,从中选择相对较佳方案作为评价的工作方案。

(3) 系统设计与运算:重点设计评价方法与定权方法,对评价因子进行分析,合理地提取其性状数据,然后建立数学模型,并将获取的性状数据代入运算。

(4) 系统评价:对评价结果进行分析,包括可信程度、满意程度、精度分析。评定整个评价过程是否达到评价目的,是否反映了评价观点、完成了评价任务等。

在整个环境研究与环境评价中收集和利用了大量资料和数据,应将其全部建立数据库保存。

(5) 系统调控:根据区域环境目标,结合所评价的区域环境实际情况,提出综合防治措施。这里我们首先必须遵循顺应性原则,然后在此基础上协调人类活动与环境之间的关系,从而达到保证区域环境质量向好的方向转化。系统调控的一个有效手段是进行环境区划,即根据所研究的区域环境特征、区域环境质量评价的成果进行区划,提出各个区域对人类活动的不利的环境因素,使人类活动便于充分利用有利的区域环境条件,避开不利的条件。

2. 矿山开发环境影响评价的方法模型

要保护环境,首先需要认识环境,对环境状态作出评价,对环境质量进行衡量。矿山开发活动对环境的影响表现为矿区环境质量变化。矿山开发环境质量变化有的是直接的,有的是间接的;其相关模式有的呈线性关系,有的呈非线性关系,是一种非常复杂的巨大系统。矿山开发环境质量变异是各种彼此相关的环境因素综合作用的结果,具有多元函数关系。此外,矿山开发环境质量的变化是一个缓慢的自然过程。因此,只有充分认识了环境质量变化的特点,才能了解其变化趋势,并进行评价和预测,从而为控制和改善环境提供科学依据。

环境质量评价就是对环境质量的优劣进行定量描述,即按照一定的评价标准和评价方法对一定区域范围的环境质量进行说明、评定和预测。环境质量评价的关键在于:① 正确认识环境;② 分析构成环境的要素;③ 选择各要素的评价因子;④ 正确获取评价因子的性状数据;⑤ 选择恰当的评价标准;⑥ 采用适当的模式进行归纳综合;⑦ 将定量化的数据转化为定性的语言。

环境质量评价在国外始于20世纪60年代中期,70年代发展起来,成为环境科学的重要分支。目前,世界上许多国家在环境科学研究中十分重视环境质量评价工作。如美国、法国、瑞典、澳大利亚等国都在国家环境保护法律中规定了环境影响评价制度,日本、加拿大、英国、德

表4-4 环境质量评价的数学模型

数学模型分类	细类	逻辑概念	评价要素(因子)特点
1. 环境质量指数模型	(1)一般指数模型 (2)分级指数模型 (3)敏感因子指数模型	在一定时空条件下,环境质量是确定的、可推理的	(1)理化指标 (2)客观、合理的评分值
2. 环境质量概率统计模型	(1)定性判别分析模型 (2)多指标分析模型 (3)因子分析模型	在一定时空条件下,环境质量是随机变化的	(1)理化指标 (2)客观、合理的评分值
3. 环境质量分级聚类模型	(1)积分聚类模型 (2)模糊聚类模型 (3)灰色聚类模型 (4)信息量聚类模型 (5)敏感因子聚类模型	环境质量等级的界线是非确定的,环境质量变化的界线是非确定性的	
4. 环境质量生物指标模型	(1)指示生物法 (2)生物指标法 (3)其他法	生物与它生存的环境是统一整体,具有一致性,生物对其生存环境质量变化非常敏感	(1)生物的生理反映指标 (2)环境中生物的种、群变化

国、新西兰等国已经建立了环境影响评价制度。我国的环境质量评价工作是70年代后才逐步发展起来的。近年来在评价指标系统、模式控制分析及评价理论探索方面均有较大发展。已经由初步尝试、广泛探索到全面发展,并已进入了环境影响评价阶段。自1997年我国环境保护法颁布以来,开发建设项目的环境质量影响评价在我国已经制度化。环境保护法中规定:"一切企业、事业单位的选址设计、改建、扩建时必须提交环境影响报告书,经环境保护部门和其他有关部门审查批准后,才能进行设计。"

就矿山建设项目而言,环境质量影响评价的数学模型大致可以分为4类:① 环境质量指数模型;② 环境质量概率统计模型;③ 环境质量分级聚类模型;④ 环境质量生物指标模型。这四类方法相互有所区别,但没有明确的界线,可以综合使用。它们的区别与联系见表4-4。

四、案例分析

(一) 江西某铜矿开发的环境影响评价

江西某铜矿是以铜为主,富含硫、铁、铅、锌、金及银等的综合性大型铜硫矿床,该矿山位于湿润多雨的亚热带地区,附近地貌属低山、丘陵地区。矿山夹于铅山河的支流桐木江及杨村河之间,矿山酸性水汇入交集河,注入桐木江。

该矿采用露天开采时改变了矿区的地形、地貌,破坏了当地植被,引起大量的水土流失,并在露天开采过程中,矿石氧化,经雨水淋蚀,采场及废石场酸性水增多,使排入交集河的金属污染物不断地增加,造成河流水质严重恶化。随着矿山的逐年开采,逐渐地污染铅山河及信江。在河流两岸凡利用河水灌溉的稻田,均发生了农田生态系统的金属污染。同时,在河流底泥中金属污染物累积,河流水生生态系统遭到破坏,造成某些河段鱼虾绝迹。

该矿开发的环境影响评价主要内容如图1所示,并对各种环境过程的规律进行了研究,从而预测了其今后的环境质量变化,把环境影响评价工作引向深入。该评价是在周密调查当地的环境现状,取得大量的环境监测资料后,对环境质量进行现状评价,抓住了重金属污染这个主要矛盾,将铜矿开发的环境影响分成4个子系统(如图2所示),即铜矿开发系统、水土流失系统、酸性水系统及金属污染物迁移系统。用系统分析的方法,揭示该矿区环境金属污染的规律,

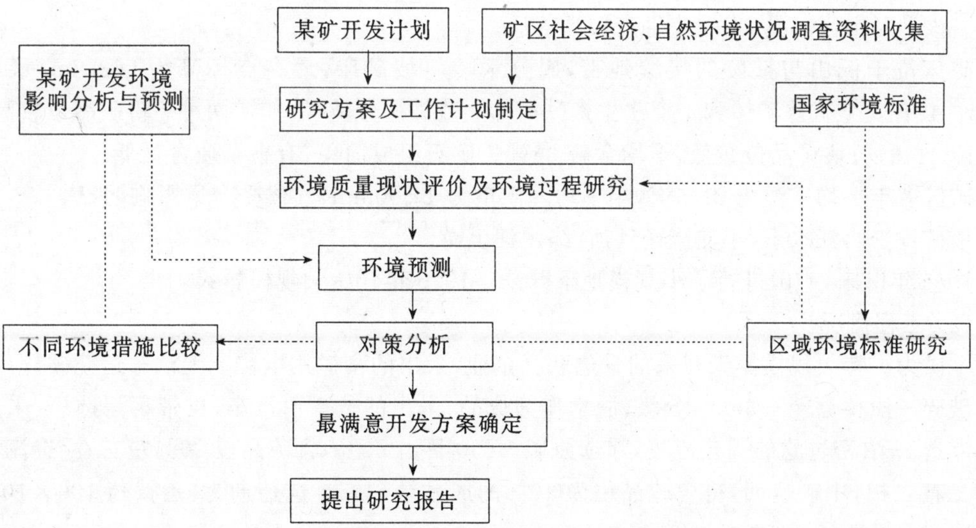

图1　江西某铜矿开发环境影响评价主要内容

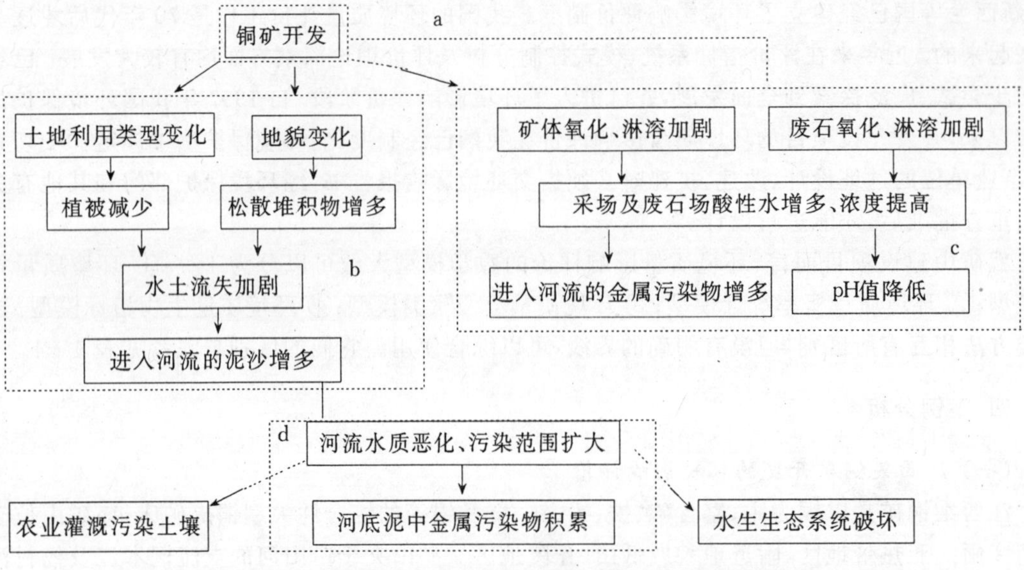

图 2　江西××铜矿开发对环境影响的模型系统

a—铜矿开发系统；b—水土流失系统；c—酸性水系统；d—金属污染物迁移累积系统

预测伴随铜矿不同开采阶段，可能造成的环境影响及其效应，提出相应的有效保护环境措施。根据当地环境条件特点，建立了适合于当地环境条件的酸性水金属浓度预测多元回归模型、河流金属迁移累积模型、土壤重金属污染与累积模型等，预测了铜矿开采后的水土流失状态、酸性排水中金属污染物的浓度变化、农田土壤中金属污染物迁移累积状况，开展了该铜矿开发的环境经济分析，并提出了矿山开发的环境保护措施及酸性水综合防治规划。

（二）某大型硫铁矿开发环境影响评价

1. 概况

(1) 环境现状。

该矿位于湿热多雨的南亚热带季风气候区，区内为中、低山和丘陵。矿区东南 4.5km 处为县城。该县属山区小县，工农业生产较为落后。

矿床位于低山与丘陵的接壤地带，属分水岭斜坡矿床，最高点标高为 562.7m，最低为 130m。共有 5 个硫铁矿体和 4 个次生褐铁矿体。硫铁矿分块矿、粉矿两种。粉矿品位较高，平均含硫 41.9%；块矿品位较低，平均含硫 36%。矿石组成简单，有害杂质含量低。

矿区多年平均气温为 21.5℃，年平均降雨量为 1 590mm，气候受台风影响明显。

该矿位于西江水系，小支流逢远河、绛水河上游。

1965 年以来，矿山进行了小规模地下开采。1976 年开始大规模露天剥离。

(2) 工程概况。

本矿为一特大规模露天开采的采选联合企业，采出的富矿用电铲装上汽车运至破碎厂，经三段破碎一段棒磨至－3mm，分级、脱水作为成品；采出的贫矿由汽车、皮带运至选厂，采用自磨—浮选 —浓密过滤的工艺流程，浮选原矿－200 目占 62%，含硫品位 20%左右，浮选流程为一粗二精二扫，中矿返回，得含硫品位为 40%的成品精矿。浮选药剂为：乙黄药 100×10^{-6}原矿，2# 油 19.8×10^{-6}原矿。

成品精矿小部分经 18km 窄轨铁路运至西边，再由水路外销，大部分由准轨铁路运出，全部散装。

产生污染的生产环节有露天采场，最终将形成长1 830m、宽820m的大坑。露天采场将共剥离13 432万米^{3}废土石弃于环境，将形成东安坑（面积48.8万米^2）、大台（面积102.9万米^2）两大废石堆。尾矿总量为2 000万吨，平均含硫2.79%，形成30万米^{2}的尾矿库。尾矿废水量为48.4万吨/年，其中包括尾矿水、精矿浓密机溢流水、富矿破碎厂浓密机溢流水。矿山年耗炸药量为1 500吨，爆破产生的炮烟含有毒气体CO为6.215吨/年。NO_x为3.32吨/年。汽车运输产生的CO为193.63吨/年，NO_x为204.27吨/年。此外，精矿堆栈、转运码头及运输沿途撒落等也将造成环境污染。

2. 硫铁矿开发对环境的影响

(1) 主要污染源变化的预测。

矿山开发将主要通过下面两种形式影响环境：一是大量剥离表土，破坏植被，引起水土流失（包括泥石流），造成泥沙（其中可能含硫）淤积河床，淹埋农田；二是硫化物氧化，遇水形成含重金属离子的酸性废水，危害环境。这两种形式之间又有着密切联系：裸露的含硫矿物在降水作用下被冲刷流失，同时产生酸性废水。

露天采场和废石场是产生泥石流（水土流失）和酸性废水的主要污染源。

该矿自1965年开始井下小规模生产，到×××万吨/年规模露天基建剥离，经过十多年经营，矿山面貌已大大改观，周围环境已发生深刻变化。根据5次现场调查资料以及计算的水量Q，用等标污染负荷"P"法，计算各污染源。

$$P=\sum_{i=1}^{n}P_i=\sum_{i=1}^{n}\frac{C_i}{C_{oi}}Q_i=KQ$$

式中：C_i——某污染源i污染组分5次实测平均值，单位为毫克/升；

C_{oi}——i污染组分"三废"排放标准，单位为毫克/升；

Q_i——含i污染组分的介质排放量，此处为流量，单位为米^3/天。

计算结果见表1，由此可知，含重金属离子的酸性废水是主要污染物，占84%；而来自废石场的占36.3%，是主要污染源。

表1 主要污染源现状评价表（等标污染负荷"P"法）

水质断面	水质参数（5次现状调查平均值）							
地点	pH	Cd（毫克/升）	Pb（毫克/升）	As（毫克/升）	$K=\frac{C_i}{C_{oi}}$	Q（米^3/天）计算的平均值	P	所占比例（%）
1	2	3	4	5	6	7	8	9
北采场	2.81	0.064	0.361	0.102	6.13	337	2 065	5.1
废石场	3.56	0.056	0.587	0.022	5.63	2 623	14 767	36.3
六都码头	2.70	0.464	1.255	0.190	10.10	2 161	214	0.5
主井口	2.82	0.028	0.301	0.032	6.12	1 200	7 344	18.0
青山硫铁矿	2.69	0.099	0.204	0.129	6.21	700	4 347	10.7
县铁矿选厂	5.55	0.022	3.73	0.009	7.67	767	5 423	13.3
矿区生活污水	BOD_5=750毫克/年				12.50	524.6	6 558	16.1

(2) 对环境的影响。

由于对矿山泥石流认识不足，开始时没有采取环境保护工程措施，于是1972年11月8日和1976年6月12日两次发生规模较大的矿山泥石流灾害，使山前高峰河以下，山后大台以下的逢远河，数万亩的农田受灾，赔款70万元。

矿山开发对土壤-农田生态系统的影响主要表现在：① 直接和间接占用土地；② 引起土壤侵蚀和水土流失；③ 使土壤酸化或造成重金属污染。

矿山到1982年底已征地9 905亩，其中农田1 736亩，旱地2 075亩，鱼塘100亩，山场5 994亩；以后还要征地3 913亩。这部分土地都被直接或间接用于矿山的建设，其中大部分土地资源是不能恢复的。如果土地产值农田按400元/亩，旱地200元/亩，山地50元/亩，鱼塘600元/亩计算，则这些土地每年的产值损失将达百万元以上，其代价也是相当可观的。为此，矿山有必要尽量减少土地(特别是农田)的占用量。

以往的矿山泥石流事故，已给农田生态环境造成较大程度的危害和影响，使局部地段的农田受到不同程度的酸化或重金属污染。近几年来，矿山在控制水土流失方面做了大量的工作，取得了显著的成效，基本上防止了大规模水土流失的发生。但由于矿山还在基建，矿区山前目前每年仍有2万米^{3}的废土石流失，山后每年有10万米^{3}左右的固体废物淤积于大台水库，使水库失去了原有发电和养鱼的功能，成了酸性水库。控制矿山的水土流失，是减少环境污染的关键。

为了预测、分析矿山排出的酸性水和重金属对农田生态环境可能产生的影响，就矿山排出的主要污染物进行水稻盆栽试验。结果表明，灌水中Fe、Mn的含量低于400×10^{-6}～600×10^{-6}时，对水稻生长无明显的影响。土壤中加Pb500×10^{-6}、As20×10^{-6}、Cd20×10^{-6}时，水稻生产与对照比较无明显差异，稻米中含量也不超标。但当灌水中Cd和As的浓度分别达0.1×10^{-6}和0.5×10^{-6}时，稻种累积含量接近或超过食品卫生标准。在土柱模拟污灌试验中得知，上述几种重金属在0～40cm的土层中的平均残留率均低于95%，其中As有淋失现象。土壤酸容量试验表明，当土壤pH值降至6.5时，土壤可容纳的酸量为1 500～28 500当量/亩。

根据试验和田间调查的结果，考虑当地的环境特点，分别确定了各种污染物的环境容量。假定当地环境容量的50%用于矿山，则允许矿山排放水污染物含量分别为：Fe 100×10^{-6}、Mn 5.0×10^{-6}、Pb 1.0×10^{-6}、As 0.2×10^{-6}、Cd 0.01×10^{-6}、pH值>5。

从当地的环境特点和矿山酸性水处理试验的结果来看，只要利用部分的环境酸容量，允许矿山酸性水采用一段中和处理是完全可能的。这样，不仅可以节省设备和基建投资费，而且每年可以节约近20万元的处理费，其经济效益是很可观的。

3. 结论与对策分析

通过上述分析计算，矿山开发后每年可获利0.65亿元，按45年计，共获利29.25亿元，可供544人就业，此外还可带动地方经济的发展。

付出的代价包括：

(1) 征用的13 818亩土地，折合0.72亿元；

(2) 泥石流损失按45年计，共0.07亿元；

(3) 酸性水仅以pH、Cd、Pb、As 4项排污费计，为0.21亿元；

(4) 达标后排放对环境的影响。

若进行单项治理，工程总投资为0.25亿元，则可免缴(2)、(3)两项费用，共计0.28亿元；但在矿山开采完毕闭矿以后若干年仍有污染物的排出。

若进行综合治理，包括减少排入环境的硫，这是从根本上消除矿山酸性废水的途径。其中又有两个方面：一是改进工艺流程，加强管理，减少采矿损失率，提高选矿回收率。现设计采矿损失率为5%，国外同类矿山为1%，可见大有潜力可挖。每降低1%损失率，硫可以减少损失8 513吨。二是合理利用表外矿石。可选性试验表明，1 510万吨品位为含硫10%的表外矿石，通过简单浮选可获得319.5万吨含硫38.1%的硫精矿，经济效益达2亿元。而环境效益则是显而易见的，若排入环境会对环境造成长期危害。研究还表明进一步降低边界品位，还有可以扩大表外矿石储量的可能性。

综合治理的另一个内容，是对已经揭露出来的含硫物质（包括采场边帮、废石场、尾矿库等）进行复土植被，一方面减少水土流失，河流、农田免被泥沙淤埋；另一方面使硫与空气隔绝，不产生酸性废水，消除对环境的危害，不但使土地生产力得到部分恢复，而且也美化了环境。

进一步阅读的书目

1. 李万亨，杨昌明编著. 矿床技术经济评价的理论与方法. 武汉：中国地质大学出版社，1989.
2. 国家计划发展委员会编. 建设项目经济评价方法与参数. 北京：中国计划出版社，1987.
3. 联合国工业发展组织. 工业可行性研究编制手册. 北京：化学工业出版社，1992.
4. 李万亨. 矿山建设项目可行性研究及经济评价. 北京：地质出版社，1998.
5. 陶树人编著. 技术经济学. 北京：经济管理出版社，1998.
6. 史捍民主编. 区域开发活动环境影响评价技术指南. 北京：化学工业出版社，1999.

思　考　题

1. 建设项目可行性研究的概念和作用是什么？
2. 矿山建设项目可行性研究的主要内容有哪些？
3. 矿山建设项目可行性研究的阶段及各阶段的目的和要求是什么？
4. 矿山开发产生的环境影响主要有哪些？
5. 矿山开发环境影响评价的程序是什么？
6. 矿山开发环境影响评价的数学模型有哪些？

第五章

矿产资源管理

提　要

1. 矿产资源管理是矿产资源主管部门在矿产资源积累、储备、消耗过程中,对矿产资源质和量的监督管理。

2. 矿产资源储量管理包括建立统一的矿产储量(资源)分类分级标准、矿产资源的审批管理、矿产储量登记统计管理等。

3. 矿产资源规划管理包括全国矿产资源规划的编制与组织实施两个基本环节。

4. 地质资料汇交管理是为适应"我国的矿产资源勘查成果档案资料实行统一管理"的要求而设定的。

5. 矿产资源管理政策研究与制定是通过矿产资源形势分析,编制并实施矿产资源规划,研究、制定并实施相应的矿产资源政策。

6. 地理信息系统是储存和处理与地理空间分布有关信息的集合。地理信息系统建立的方法主要有结构化分析与设计方法、原型化方法。

7. 矿产资源管理信息系统是在计算机硬件和软件支撑下的矿产资源空间数据的贮存、变换、派生、综合、分析和显示系统,它是地理信息系统的一种特殊类型。

第一节　矿产资源管理概述

一、矿产资源管理的概念和基本内容

(一) 矿产资源管理的概念与基本目标

矿产资源管理是矿产资源主管部门以矿产资源所有权管理者和国家行政管理者的身份,在矿产资源积累、储备、消耗过程中,对矿产资源质和量的监督管理。通过相关信息的分析,制定矿产资源政策,进行矿产资源规划等宏观调控措施,以保障矿产资源开发利用取得最佳经济效益、社会效益、资源效益和环境效益。其管理对象是矿产资源总量,包括矿产储量(资源量)。管理相对人是各类地质勘查单位、矿山企业和乡镇个体采矿者,涉及地质勘查的各个阶段和采矿生产的全过程。

矿产资源管理的基本目标包括两方面:

(1) 实现和维护国家对矿产资源的所有权。通过对矿产资源的统一规划,实现国家对矿产资源的处分权;以法律形式规定探矿权人、采矿权人必须依法履行登记储量、汇交地质资料义务等方式,体现国家作为矿产资源所有权人的意志。

(2) 确保矿产资源合理开发利用。通过矿产资源的规划管理实现矿产资源宏观配置;通过

矿产资源政策研究、制定与实施，对矿产资源勘查、开发活动进行宏观调控；通过矿产资源勘查、矿山生产过程中储量报告的审查批准来模清矿产资源家底，为国民经济和社会发展规划的制定提供决策依据，满足国家对矿产资源的需求，保障国民经济和社会的可持续发展。

（二）矿产资源管理的基本内容

矿产资源管理的基本内容可概括为如下5个方面：

(1) 矿产资源的储量管理。包括矿产储量评审认定管理、地质勘查规范的组织规定、矿床工业指标的审批下达与管理和矿产储量的登记统计等几项工作。

(2) 矿产资源管理政策研究制定。包括矿产资源的形势分析和矿产资源管理政策的研究制定。

(3) 矿产资源规划管理。包括矿产资源规划的编制和矿产资源经济区划工作。

(4) 地质资料汇交管理。包括统一管理地质资料汇交工作，负责汇交地质资料的整理与开发，提供社会使用；依法保护地质资料汇交义务人的合法权益。

(5) 矿产资源管理信息系统。包括矿产资源管理信息系统的概念、建设原则、开发现状、开发的可行性与方法，以及地理信息系统(GIS)在矿产资源管理中的应用、矿产资源管理中专家系统(ES)的开发。

二、我国矿产资源管理的历史和现状

自20世纪50年代初，我国矿产资源管理三项最基本的职责(储量审批、储量统计、资料汇交)就已明确，80年代开始步入依法管理轨道。

（一）矿产资源管理历史沿革

储量审批工作始于1953年。当时，国务院成立全国矿产储量鉴定委员会，主要是负责审查批准各种矿物原料的储量并编制勘探规范，后来更名为全国矿产储量委员会(以下简称“全国储委”)。1957年后，各省(区、市)也相继成立了储量委员会。“文革”期间，两级储量委员会停止工作。1979年开始，各地储量委员会陆续重建。1983年，恢复全国储量委员会。1987年，组建国家矿产储量管理局(以下简称“国储局”)。1988年，正式进入政府管理序列。1993年，八届人大一次会议决定国储局并入原地质矿产部。储量审批工作纳入了地质矿产行政管理范畴，并增加了矿床工业指标审批下达与管理职责。1996年初，国务院为加强我国的矿产资源管理，将全国储量委员会更名为全国矿产资源委员会。矿产储量审批工作仍是全国矿产资源委员会的职能之一。

储量统计与资料汇交管理始于1955年。当时，国务院明确地质部负责编制矿产储量表和统计全国的矿产储量，并于1957年成立全国地质资料局。“文革”期间，储量统计制度遭到破坏。1973年才得以恢复。矿产资源法公布后，明确了我国的地质勘查资料和各类矿产储量的统计资料实行统一的管理制度。1988年，经国务院批准发布了《全国地质资料汇交管理办法》(部令第1号)。1989年，原地质矿产部颁布了《全国地质资料汇交管理办法实施细则》(部令第5号)。1995年，制定了《矿产储量登记统计管理暂行办法》(部令第20号)，确立了矿产储量登记统计工作的四级管理体制。

矿产资源规划管理，是根据《矿产资源法实施细则》的规定于1994年设立的。为维护矿产资源的国家所有权，加强国家对矿产资源勘查、开发的宏观管理，国务院授权原地质矿产部负责全国矿产资源规划。1997年，第一轮全国矿产资源规划的编制工作已经完成并上报国务院审批。目前，正在准备有计划地组织开展全国性和区域性的矿产资源经济区划工作。

(二) 矿产资源管理现状评价

经过40多年的实践,我国的矿产资源管理工作,已经形成了一套比较完整的作法,在储量审批管理方面,制定了17条管理规章和52种技术规范;在矿产储量登记统计和地质资料汇交管理方面,也形成了相应的管理规章和操作规程。矿产资源管理信息系统的研究与建立逐步展开。

40多年来,虽然我国矿产资源管理工作取得了长足的发展,但是,我国现行矿产资源管理框架的主体部分是在计划经济体制下形成的,其管理体制和运作机制已明显不符合我国发展社会主义市场经济的要求,主要表现在如下几个方面:

(1) 由政府部门直接审批储量,已不再符合市场经济要求。在计划经济体制下,矿业投资主体是国家,为了保证国家投资的利益,避免矿业开发风险,所以,我国的矿产储量由政府直接审批。在市场经济条件下,国家不再是矿业的唯一投资者,矿业投资出现了多元化局面,如果仍由政府直接审批储量,政府就必然要介入到投资风险的承担和投资者的利益中去,显然这种作法已不合时宜了。从1999年7月开始,政府不再直接审批矿产资源储量,实施新的矿产资源储量管理制度。

(2) 我国现行的矿产资源管理方式与国际惯例存在很大差异,若不及时改革和调整,将会影响我国矿业进入国际矿业的统一大市场。

(3) 随着修改后的矿产资源法的实施和我国矿业经济体制改革的深入,矿业权市场和矿业资本市场的形成将是必然趋势,矿产资源管理工作如何与矿业权市场和矿业资本市场的发展与管理相衔接,是当前迫切需要研究的新问题。

(4) 地质资料汇交管理与矿业权管理相脱节。

(5) 矿产资源管理体制和管理内容已不能适应社会主义市场经济发展的要求。

为了适应我国社会主义市场经济发展要求,实施可持续发展战略,矿产资源管理工作必须要加大改革力度,加快改革步伐,紧密结合我国矿业权市场和矿业资本市场发展的新情况,调整管理方式和管理内容,尽快实现与国际惯例接轨,为充分利用国内外两种资源、两个市场创造条件。

第二节 矿产资源储量管理

矿产资源储量管理是矿产资源管理的基础,其内容包括建立统一的矿产资源储量分类分级标准、矿产资源的审批管理、矿产储量登记统计管理等。

一、矿产资源储量分类分级

矿产资源储量分类分级是定量评价矿产资源的基本准则,是进行矿产资源的有关计算、统计、评价、交易与管理的重要前提。因此,各国政府都十分关注研究符合本国政治、经济特点的矿产资源分类分级体系。

(一) 国外矿产资源储量分类分级基本情况

1. 国外固体矿产资源储量分类分级现状

国外固体矿产分类分级大致有两类:一个是以前苏联为代表的,属于技术型分类,为计划经济国家所使用;另一个是以美国为代表的,属于经济技术型分类,为市场经济国家普遍接受。

以美国为代表的矿产分类分级如图5-1所示。

该分类方案将矿产资源分成三类五级:依据经济可行性分为经济的、准边界经济的和次边界经济的;依据地质可靠程度分为确定的、推定的、推测的、假定的和假想的。

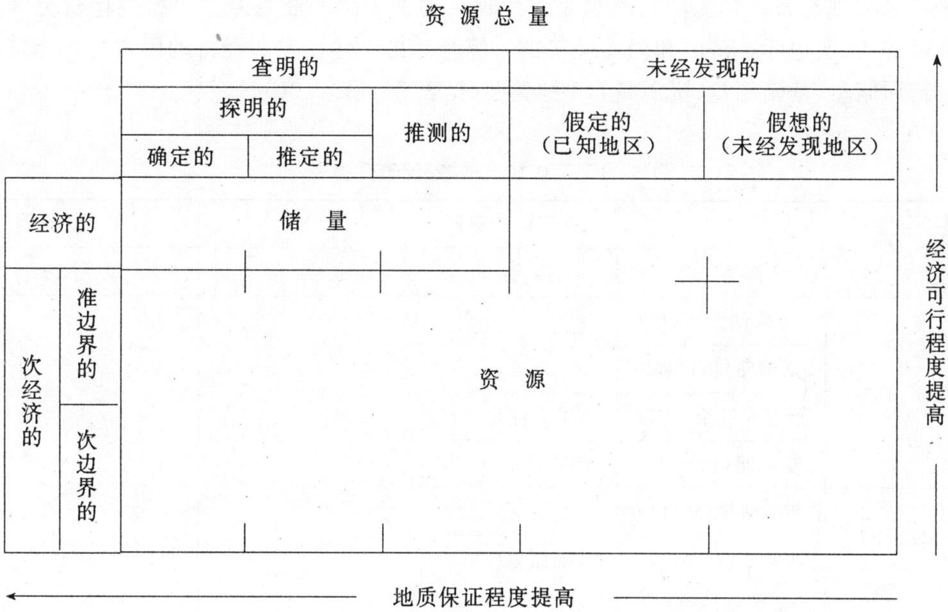

图5－1　修改过的内政部分类法

（据1976年地质调查所1450－A号通报，1976）

近些年来，随着各国经济的相互渗透和资源共享，探讨全球统一的矿产资源储量分类方案已引起联合国的重视和各国有关专家的关心，并在联合国欧洲经济委员会的组织下，于1997年2月17日提出了国际矿产资源储量分类框架。

联合国分类框架采用三维分类法，即根据经济可靠性（经济轴）、可行性评价（可行性轴）和地质研究程度（地质轴）将矿产资源储量分为10个类别。其中，经济可靠性分为经济的、潜在经济的和内蕴经济的；地质研究程度分为详细勘探、一般勘探、普查和踏勘；可行性评价分为可行性研究（或采矿报告）、预可行性研究。将地质研究视为可行性评价的初级阶段，在详细勘探基础上，经可行性研究或预可行性研究属于经济的，以及在一般勘探基础上经预可行性研究属于经济的，称其为储量，其他情形的均称为资源。

2. 国外石油、天然气资源储量分类现状

国外油气资源的分类，也可大致分为两个系统：一个是以美国、加拿大为代表的西方系统；一个是以俄罗斯等国家为代表的分类系统。西方系统在发展演化过程中，石油工程师学会（SPE）和世界石油大会（WPC）做了大量工作，于1994年6月在斯塔万格的世界石油大会上提出了有关原则的联合报告。其中的一组定义目前已成为石油工业中首选的一种储量分类方案。该方案将地质储量、开采储量并用，把油气资源分为探明的、概算的和可能的三大类。而俄罗斯等国家的油气资源分类，则基本上源于固体矿产所引用的术语和分类。

（二）我国矿产资源储量分类分级基本情况

我国矿产资源储量分类分级源自前苏联，属于技术型分类系统。新中国成立初期，主要参照前苏联1953年的规范。1959年后，开始制定自己的标准。

1999年12月，国家质量技术监督局批准、颁布了新的《固体矿产资源/储量分类国家标准》（GB/T17766—1999），它是依据矿产勘查阶段和可行性评价及其结果、地质可靠程度和经济意义，将固体矿产资源进行的分类。首先是通过地质评价分出了查明矿产资源和潜在矿产资源(属于尚未发现有条件预测的),然后是对发现后的查明矿产资源通过可行性评价分为经济的、边际经济的、次边际经济的和内蕴经济的。综合考虑上述技术和经济的因素将矿产资源分为三大类,即储量、基础储量、资源量,16 种类型(见表 5-1)。

表 5-1　固体矿产资源/储量分类表

分类类型 \ 地质可靠程度 \ 经济意义	查明矿产资源			潜在矿产资源
	探明的	控制的	推断的	预测的
经济的	可采储量(111)			
	基础储量(111b)			
	预可采储量(121)	预可采储量(122)		
	基础储量(121b)	基础储量(122b)		
边际经济的	基础储量(2M11)			
	基础储量(2M21)	基础储量(2M22)		
次边际经济的	资源量(2S11)			
	资源量(2S21)	资源量(2S22)		
内蕴经济的	资源量(331)	资源量(332)	资源量(333)	资源量(334)?

说明:表中所用编码(111—334),第 1 位数表示经济意义:1=经济的,2M=边际经济的,2S=次边际经济的,3=内蕴经济的,?=经济意义未定的;第 2 位数表示可行性评价阶段:1=可行性研究,2=预可行性研究,3=概略研究;第 3 位数表示地质可靠程度:1=探明的,2=控制的,3=预测的,b=未扣除设计、采矿损失的可采储量。

由于作为分类依据的地质评价阶段与地质可靠程度是对应的关系,即勘探对应的是探明的(余类推),而可行性评价的可行性研究及预可行性研究两阶段,都产生经济的、边际经济的、次边际经济的 3 种结果,只是有可靠程度的差异。由此,采用了三维形式地质轴、可行性轴、经济轴的框架图来表示(如图 5-2)。地质轴上的 4 种地质可靠程度和可行性轴上的 3 个阶段,除名称有所改变外,其内涵与联合国分类框架基本是一致的;经济轴则将联合国的三分改为四分,内涵也与联合国的框架基本一致。

二、矿产资源储量审批管理

(一) 国外矿产资源储量审批管理基本情况

国外矿产资源储量审批管理大致有两种模式。在实行计划经济体制的国家,如前苏联和罗马尼亚,与我国以前管理方式比较类似,储量报告由政府管理部门审查批准后交给采矿部门,由国家出资开发,出了问题也无从追究责任。但在市场经济国家,政府管理部门并不直接审批储量,储量报告的审批也有两种情况:一是当矿业公司上市或筹集资金时,由投资管理机构(主要指证券交易所和投资银行)组织审查;二是当矿业公司的矿业权进入二级市场,需要转让时,买方需聘请行会组织的专家进行审查。市场经济国家的政府管理部门为了摸清矿产资源家底,为编制国家发展战略和政府提供依据,按照政府制定的标准,将审批的储量和资源远景转换成统一的数据,进行统计发布。

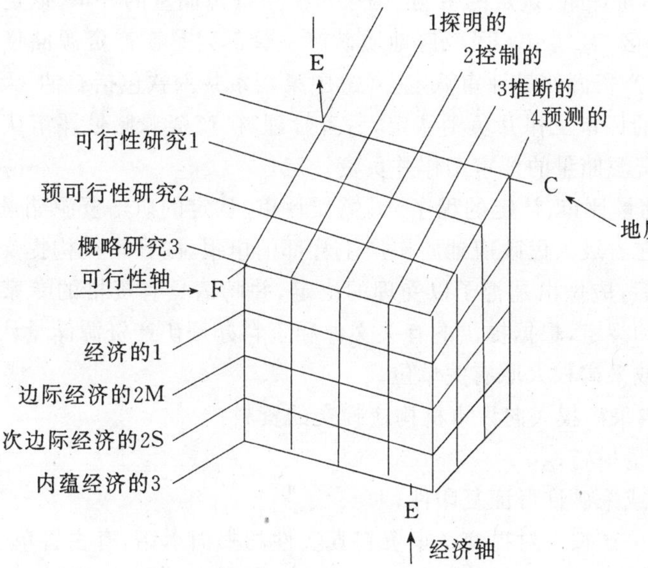

图 5－2　我国固体矿产资源储量分类框架图

证券交易所依据证券法和股票上市规则中的信息披露制度，不仅要求矿业公司提交储量报告，而且还要对储量报告进行较为严格的审查。证券交易所的审查，主要侧重于对编写报告的“称职人员”资格的审查，而对储量报告具体技术内容的审查不是也不可能面面俱到，以抽查、监控方式为主。如果对报告技术方面的内容和质量存有疑问，也组织审查，审查委员会成员主要是交易所自己雇佣的专家，有时也聘请一些行会组织和政府管理部门的代表参加。审查依据多数情况下是矿业行会组织制定的规范。投资银行对储量报告的审查一般要比证券交易所更为严格，因为银行不同于股本投资者，银行的贷款只能得到利息，其所承担的风险无从得到补偿，而股东投资者才是真正的高风险、高收益。投资银行对储量报告审查的基本作法与证券交易所类似。

实际上，在市场经济国家的储量审批管理过程中，“称职人员”的责任最为重大，因此，这类国家对“称职人员”的要求和管理都十分严格。通常在各国采矿冶金协会制定的矿产资源储量的报告规范中，对“称职人员”都有十分详尽的要求：一方面，要求“称职人员”具有相应的专业资格，是相关专业协会的成员，具有多年实际工作经验；另一方面，要求“称职人员”保持独立性、公正性。同时，在这些国家的公司法、证券法中，一般都有“称职人员”民事和刑事责任的规定；在行会组织的道德章程中，也有“称职人员”必须遵守道德规范方面的规定。

（二）我国矿产资源储量审批管理现状

矿产资源储量审批管理包括矿产储量的评审与认定、地质勘查规范的制定和矿床工业指标审批下达与管理等基本内容。

1．矿产资源储量的审批与认定

为了建立适应社会主义市场经济要求的矿产资源储量管理工作，根据国土资源部、国家计划发展委员会、国家经济贸易委员会、中国人民银行、中国证监会共同发布的《矿产资源储量评审认定办法》，我国将过去由政府机关统一审批储量报告的制度改革为由中介组织进行评审，再由政府机关认定的制度。政府机关主要是认定评审是否符合有关程序和规章制度，至于评审的正确程度，实行“谁评审，谁负责”的原则，政府不负担责任。

(1) 矿产资源储量评审、认定的机构。国家对矿产资源储量的评审、认定实行统一管理。国土资源部和省、自治区、直辖市人民政府地质矿产主管部门是矿产资源储量评审、认定的管理机关。前者管理《矿产资源储量评审认定办法》中第六条共六款包括石油、天然气、煤层气和放射性矿产资源储量的评审工作并负责认定,后者管理《矿产资源储量评审认定办法》第六条六款以外矿产的矿产资源储量的评审工作并负责认定。

(2) 矿产资源储量评审、认定的程序。凡需要评审、认定的矿产资源储量,探矿权人或采矿权人应向勘查区所在省级人民政府地质矿产主管部门申报,向评审机构提交各种资料。评审机构在收到送审报告后,应做出是否予以受理的决定,并聘请具有资格的专家,参照有关矿产资源储量的技术标准和规定,根据提供的有关文件和资料办理矿产资源储量认定手续,下达认定书并批复探矿权人或采矿权人原有关单位。

(3) 探矿权人或采矿权人向评审机构应提交的资料:

① 矿产资源储量报告;

② 勘查许可证或采矿许可证复印件;

③ 探矿权人或采矿权人对提交送审资料真实性的书面承诺,有主管单位的应同时提交主管单位的初审意见书;

④ 矿床开发的可行性评价工作的有关资料;

⑤ 矿产资源勘查合同以及矿区开发建设或水源地建设有关的其他文件;

⑥ 评审机构认为应当提交的与评审工作有关的其他资料。

(4) 矿产资源储量评审应当参照的技术标准和规定:

① 国家发布的矿产资源储量分类标准;

② 国家或有关部门发布的矿产资源储量技术标准,尚未发布矿产资源储量规范的矿种可参照相近矿种的矿产资源储量技术标准;

③ 国家和有关部门发布的与矿产资源勘查、矿山生产或水源地建设有关的技术操作规程和要求;

④ 国家发布的合理利用与有效保护矿产资源以及环境保护方面的规定。

(5) 办理矿产资源储量认定手续需提供的文件和资料:

① 经评审后的矿产资源储量报告及其他有关资料;

② 专家署名的评审意见;

③ 评审机构提供的评审意见书;

④ 与评审过程有关的其他材料。

2. 固体矿产地质勘探规范的修订工作

地质勘探规范既是矿产勘查作业应当遵循的作业规则,也是矿产资源储量评审机构评审的依据。我国自20世纪50年代以来,经国务院矿产储量审批机构组织制定的各类技术规范已有52种。这些规范的实施,对于规范我国的矿产资源勘查工作,确保我国的矿山和水源地建设具有可靠的矿产储量和地质资料依据,发挥了重要作用。

为了配合新的《固体矿产资源/储量分类国家标准》的实施,实现我国的矿产勘查工作和矿业开发与国际惯例接轨,计划3年内完成45种单矿种矿产地质勘查规范修订工作,国土资源部已组织有关专家进行了调研论证,准备在2000年底先完成固体矿产地质勘查规范修订可行性研究报告的立项和组织固体矿产勘查规范修订方案以及规范修订基本要求的制定工作。

3. 矿床工业指标的审批下达与管理

矿床工业指标是界定矿产资源的标准，是监督、权衡矿产资源是否合理利用的依据，是矿产资源勘查、开发过程中资源效益与经济效益协调统一的结果。由于我国矿产资源属于国家所有，所以政府历来都要介入矿床工业指标的管理。矿床工业指标审批下达的一般程序：首先由地质勘查单位提出建议，再经设计单位论证，然后由主管理部门推荐，最后是审批机构批准下达。

三、矿产储量登记统计管理

矿产储量登记统计管理是矿产资源管理的重要组成部分。通过矿产储量的登记和统计分析，一是可以全面掌握国家的矿产资源家底情况，实现矿产储量的动态管理；二是可以建立矿产资源的实物账户和价值账号，为矿产资源核算并纳入国民经济核算体系奠定基础；三是可以为国家和有关管理部门进行矿产资源利用的规划、计划、调控以及制定有关政策提供依据，为勘查开发利用矿产资源提供信息。依据现行规定，矿产储量登记统计管理由储量登记和储量统计两项基本内容组成，储量登记是储量统计的基础，储量统计是储量登记的延续。

（一）矿产储量登记管理

依据《矿产储量登记统计管理暂行办法》（部令第 20 号）（以下简称“储量登记办法”）的规定，矿产储量的登记是体现国家对矿产资源的所有权，实现国家对矿产资源管理的需要而设立的一项储量注册程序。这是国家对矿产资源资产的认定过程，也是探矿权人、采矿权人必须履行的一项法定义务。

1. 申报登记程序及有关要求

（1）地质勘查单位新探明矿产储量的登记。对于新探明的矿产储量，地质勘查单位在储量报告批准后 3 个月内向作业区所在地的省级储量登记统计管理机关申报登记。对于外商独资、中外合资、中外合作勘查项目，由申请勘查登记的一方（或合同约定的一方）申报；对于跨省级行政区域的项目，应到原发放勘查许可证的管理机关申报。申报登记时，须持有下列文件：本勘查项目的勘查许可证、矿产储量认定机构对本勘查项目探明储量的认定书、勘查探明矿产储量申请登记表。

（2）矿山企业占用矿产储量的登记。开办矿山企业应在主管部门对矿山建设项目批准后，领取采矿许可证前申报登记占用的矿产储量，并提供下列资料：经采矿登记管理机关划定的矿区范围、有关主管部门对矿山建设项目的批准文件、矿山企业占用矿产储量申请登记表。

（3）矿区范围、开采矿种或企业变更后占用矿产储量的登记。矿区范围、开采矿种或企业变更后，申请占用矿产储量登记时应提供下列文件：有关主管部门对矿区范围、开采矿种或企业变更的批准文件，采矿登记管理机关批准变更登记凭证，矿山企业占用矿产储量登记表。

（4）建设项目压覆矿产储量的登记。压覆矿产储量的建设项目，建设单位应在该项目批准后一个月内申报登记被压覆的矿产储量。国务院和国务院有关主管部门批准的建设项目，其压覆储量到全国储量管理机关申报登记；省级、市级和县级人民政府批准的建设项目，到当地质矿产产储量管理机关申报登记。申报登记时，须持有下列文件：地质矿产主管部门对压覆矿产的意见、建设项目的批准文件、建设项目压覆矿产储量申请登记表。

2. 申报登记人及其权利和义务

矿产储量申报登记人是指各地质勘查单位、矿山企业和压覆矿产储量的项目建设单位。

（1）申报登记人的权利。依法履行矿产储量登记和提供矿产储量统计资料的勘查、开采单位和建设单位，其合法权益受法律保护，勘查探明的矿产储量经过登记后，探矿权人依法享有优先取得该矿产资源的采矿权的权利；开办矿山企业占用的矿产储量经过登记后，作为采矿权人占用该矿产储量的依据；建设项目压覆的矿产储量经过登记后，地质矿产主管部门不再受理采矿者对该矿产资源的采矿申请。

(2) 申报登记人的义务。按照储量登记办法规定履行矿产储量登记手续；每年按《矿产储量表填报规定》要求，全面、准确、及时地填报基层矿产储量表；提供的年度矿产储量统计资料，不得虚报、瞒报、拒报、迟报，不得伪造、篡改。

(二) 矿产储量统计管理

我国矿产储量统计工作，始于20世纪50年代初期。1986年《矿产资源法》公布，规定“各类矿产储量统计资料，实行统一的管理制度，按照国务院规定汇交或填报”。从此，矿产储量统计工作走上了法制化轨道。矿产储量统计管理，在建立科学的并具有操作性的矿产资源储量登记统计管理办法和比较完善的四级政府管理体系等方面，包括一年一度的矿产储量表及相应储量通报的编制和有关数据库的管理。通过多年的探索和完善，我国的矿产储量表体系，已经成为国家唯一具有权威性的矿产资源综合信息统计资料。

1. 矿产储量表的基本内容

根据1986年6月16日国家统计局批准认可的矿产储量表格式，共由12栏组成，其基本内容有：矿区编号；矿区名称、位置及交通条件；矿石类型及质量指标；储量级别；保有储量、累计探明储量、尚难利用储量的数据信息；年度开采量、损失量及储量增减情况；报告名称和审批情况；开采利用情况；矿体规模和形态；水文地质条件和开采有利、不利条件；共伴生矿产的综合利用情况及选冶性能；其他需要说明的事项等。

2. 矿产储量表的编制管理

矿产储量经登记后，申报登记人应根据《矿产储量表填报规定》，每年依矿产储量变化情况如实填报基层矿产储量表，经本单位领导签署后，于次年1月底前报有关管理部门审查。经审查后的基层矿产储量表于2月15日前报所在地省级地质矿产主管部门汇总，并编制全省(区、市)矿产储量表，发送本省(区、市)人民政府各有关管理部门。同时，省(区、市)矿产储量表及其相应的分析资料，还应于每年3月底上报国务院地质矿产主管部门。国务院地质矿产主管部门根据各省(区、市)矿产储量表及其相应的分析资料编制全国矿产储量通报，报送国务院及其有关管理部门。

(三) 矿产储量数据库管理

自1986年开始，为了实现矿产储量表编制和相关统计工作管理的现代化，原地质矿产部开发研制了与矿产储量表配套的矿产储量数据库，并于1990年投入使用，从而实现了数据存取、更新、统计分析、报表生成、编辑排版打印等各项工作的计算机化，结束了长期以来依靠手工统计汇总和编表的历史，大大提高了数据收集、汇总和信息发布的效率。现行矿产储量数据库共分两级(全国和省级)、三库(金属、非金属和固体燃料矿产数据库)。到目前为止，全国矿产储量数据库共储存有151种矿产、2.5万个矿产地的全部储量数据及开发利用状况信息，每个矿产地共有200多个数据项。

第三节　矿产资源规划管理

矿产资源规划是国家对矿产资源处置权的体现。国家要对全国矿产资源作战略储备，并对鼓励开发、允许开发、限制开发和禁止开发的矿种和地区作出统筹规划。矿产资源规划管理包括全国矿产资源规划的编制与组织实施两个基本环节。

一、矿产资源规划的概念和目的

1. 矿产资源规划的法律依据

根据《矿产资源法》第七条的规定，“国家对矿产资源的勘查、开发实行统一规划，合理布局、综合勘查、合理开采和综合利用的方针”。在《矿产资源法实施细则》以及 1994 年国务院批准的原地质矿产部“三定”方案中，又进一步明确原地质矿产部负责组织编制全国的矿产资源规划。

2. 矿产资源规划的概念

矿产资源规划是国民经济与社会发展总体规划的一个组成部分，是指一个国家或地区，以协调社会经济发展，使资源得以优化配置、合理开发利用为宗旨，以资源的合理积累、储备、消耗及保护生态环境为主要内容，按照法定程序制定的，用于指导矿产资源勘查、开发规划编制以及矿产资源具体政策制定的综合性规划。

3. 矿产资源规划的目的

我国对矿产资源实行统一规划的目的：一是为了维护矿产资源国家所有权益，加强国家对矿产资源开发利用的客观调控，体现国家作为矿产资源所有者的意志，合理处置矿产资源；二是协调长远与当前、国内与国外、中央与地方、地方与地方之间对矿产资源的需求，促进矿产资源的优化配置与合理利用；三是节约利用有限的矿产资源，有效保护资源与环境，促进国民经济持续、快速、健康发展。

二、全国矿产资源规划的编制和实施

1997 年，原地质矿产部组织国务院有关主管部门和各省（区、市）人民政府编制的《1996～2010 年全国矿产资源规划》报告中，将全国矿产资源规划的主要内容分为两个方面：

（1）根据国民经济和社会发展对矿产资源的需求，依据我国矿产资源现状、潜力以及矿业发展和国内外矿产品市场的变化，提出了我国矿产资源勘查、开发发展战略及相应的方针政策，规划出需要由国家储备的矿种（或矿区）和一定时期鼓励开发的矿种、限制开发的矿种以及禁止开发的矿种或某矿种的某些矿产地。

（2）根据我国矿业发展状况，结合行业和地区经济发展的需要，对允许开发的矿产资源，合理划定了中央与省（区、市）人民政府规划以及国家储备矿产资源的具体范围，纳入本轮矿产资源规划分配的矿区共 4 954 个。其中，划归中央规划的 800 个，委托省（区、市）人民政府规划的 3 674 个，国家储备的 349 个，尚存 131 个矿区未作划定，需进一步协调解决。

全国矿产资源规划编制完成后，拟通过两种主要方式实施：一是监督指导矿产资源行业开发规划和地区开发规划的编制与实施。二是对于纳入全国矿产资源规划并划定了规划开发范围的矿产资源，逐个矿区制定《矿产资源规划意见书》，并通过监督落实《矿产资源规划意见书》的要求来确保全国规划目标的实现。《矿产资源规划意见书》的主要内容，包括矿区资源的开发利用方向、开发规模、资源回收、综合利用和资源保护、环境保护等方面的具体要求。

三、矿产资源规划管理的发展方向

我国现行的全国矿产资源规划，实际上是一种矿产资源的行政性分配规划，其基本内容已不能适应我国建立社会主义市场经济体制的要求，影响了市场机制在资源配置过程中基础性作用的发挥，必须予以调整。今后，规划工作将以保障国民经济持续发展对矿产资源的需求，促进资源、环境与社会、经济协调发展为根本目标，有计划、有步骤地开展矿产资源经济区划工作。

矿产资源经济区划是指根据我国生产力的总体布局，在查明矿产资源的地质条件和所处社会经济条件的基础上，从矿产资源和经济条件的实际情况出发，根据经济发展的需要，按照经济发展水平的地域差异等客观规律，以不同区间差异性和归纳区内共性的方法，把矿产资源和与其相关的社会经济条件在不同国土地域上，划分出不同类型矿产资源经济区的一项工作。其基本特点是：定性分析与定量分析相结合，以定量分析为主；采用定量化的区划指标，建立适宜的区划模型（包括图示模型和数学模型），科学、直观、准确地反映区划地区内资源条件和社会经济条件最本质的特点，以及区划地区之间的相关关系和主要参数。详见本书第二章。

通过矿产资源经济区划的研究，把区域资源条件与区域社会、经济条件紧密结合起来，采用实证分析与对比研究，使各要素在区际、区内得到合理关联与协作，促进资源的优化配置和产业的合理布局，从而实现国民经济与区域经济、资源环境和社会经济的协调发展。依据我国矿产资源区域分布特点以及矿业开发和地区经济发展水平的差异，矿产资源经济区划可分为：一级矿产资源经济区划（全国范围的综合性区划）、二级矿产资源经济区划（跨省级行政区的综合性区划）和三级矿产资源经济区划（专项经济区划）。

第四节 地质资料汇交管理

根据《矿产资源法》第 14 条的规定："我国的矿产资源勘查成果档案资料实行统一管理"，国家设立地质资料汇交管理制度的目的：一是为了维护矿产资源国家所有权益，地质资料作为矿产资源最详细的说明书，国家必须要对其进行统一管理，以实现国家管理矿产资源的需要；二是通过向社会提供借阅使用地质资料，更好地发挥它的经济效益和社会效益；三是通过对汇交资料的二次开发，为政府管理决策和企业经营决策提供信息和依据。因此，要按照"统一领导、分级管理、统一标准、资源共享"的方针，实施"地质资料管理工作法制化、馆藏机构标准化、地质资料数字化、社会服务网络化的地质资料管理系统工程"。

一、地质资料汇交管理机构

全国和省（区、市）地质资料馆是国家集中管理地质资料的事业机构，负责接收、收集、整理和保管汇交的地质资料，并提供借阅使用。全国地质资料馆负责接收、保管全国范围内重要的具有全局性意义的地质资料；省（区、市）地质资料馆负责接收、保管本行政区内应予汇交的所有地质资料。

二、地质资料的汇交范围

地质资料的汇交范围包括：

（1）区域地质调查资料，包括各种比例尺的区域地质调查报告及图件；

（2）矿产地质勘查资料，包括普查、详查、勘探以及矿山基建、生产勘探和闭坑地质报告；

（3）各类石油、天然气地质资料；

（4）各类海洋（含远洋）地质调查、矿产调查资料；

（5）各类水文地质、工程地质勘查资料；

（6）各类环境地质、灾害地质调查资料；

（7）地震地质资料；

(8) 地球物理、地球化学、遥感地质勘查资料；

(9) 地质科学研究成果及综合分析资料；

(10) 其他地质资料，包括天体地质、火山地质、极地地质、第四纪地质、新构造地质、冰川地质、黄土地质、冰土地质以及土壤、沼泽调查等地质资料。

三、地质资料汇交义务人及其权利

地质资料汇交义务人是指矿产资源的探矿权人、采矿权人以及其他从事地质工作的单位和个人。地质资料汇交义务人对其汇交的地质资料享有如下权利：占有、使用、转让和收益的权利；申请保护商业性秘密的权利；申请科技成果奖的权利；在其合法权益受到侵害时，可以向有关部门提出申诉，或者依法向人民法院起诉。

四、地质资料汇交的有关要求

1. 地质资料汇交期限要求

从评审验收合格之日起，区域地质调查，区域水文地质、工程地质调查，区域物探、化探、遥感地质调查和大中型矿区的勘探地质资料，须在2年内汇交，其他地质资料，须在1年内汇交。

2. 地质资料汇交份数要求

除小型水文地质、工程地质资料以及远洋地质、极地地质、天体地质的地质资料可汇交一式二份外，其他属于汇交范围的地质资料，一律要求汇交一式四份。

3. 地质资料汇交的受理机关

地质资料的汇交一律由工作区所在地的省级地质资料管理机关受理。要求汇交四份的项目，其中两份由受理机关转送全国地质资料馆。在远洋、极地从事地质工作的项目，其地质资料的汇交由全国地质资料馆负责受理。工作区跨省级行政区的，其地质资料应分别向工作区所涉及的省级地质资料管理机关汇交(一式两份)。

五、违反地质资料汇交管理法规的处罚

1. 不按规定汇交地质资料行为的处罚

根据资料汇交办法的有关规定，不按期汇交地质资料的，由资料管理机关提出警告、通报，并限期补交；无正当理由不按期补交的，可处以10 000元以下的罚款，并停止其借阅地质资料，直至补交为止。

2. 有关侵权行为的处罚

未经地质资料汇交权利人同意，擅自将其汇交的属于有偿使用范围的地质资料，用于非法转让或其他营利活动，属于侵权行为，应当依法承担相应的侵权责任。依据资料汇交办法的有关规定：对擅自将全国地质资料馆或者(区、市)地质资料处(馆)馆藏的或借阅复制的有偿使用范围的地质资料，用于非法转让或其他营利活动的单位或个人，地质资料管理机关除责令其交回资料外，应停止其借阅地质资料的权利1～3年，没收违法所得，并处以5 000元以下罚款。情节严重构成犯罪的，依法追究其刑事责任。

3. 管理机关工作人员违反有关规定的处罚

地质资料管理机关工作人员违反规定不按期或不按规定提供馆藏地质资料借阅使用的，或玩忽职守，造成地质资料损失的，应当给予责任人员行政处分。造成严重后果的，依法给予经济处罚，直至追究其刑事责任。

第五节　矿产资源管理政策研究和制定

矿产资源政策研究和制定是我国矿产资源管理的重要内容。通过矿产资源形势分析，编制并实施矿产资源规划，研究、制定并实施相应的矿产资源政策，为实施国家矿产资源供需的当前和长远目标进行宏观调控，为合理开发利用矿产资源，促进矿业持续健康发展提供政策依据。

一、矿产资源形势分析

(一) 矿产资源形势分析的概念与目的

矿产资源形势分析是指在相关统计资料和大量实际调查研究的基础上，对现时或未来一定时期内矿产资源供需形势的客观分析和科学预测，并提出矿产资源利用与配置等方面的政策建议。其目的：一是为国家编制矿产资源规划、确定矿产资源发展战略、制定矿产资源政策、实施对矿产资源开发利用的宏观调控提供依据；二是为矿山企业的微观经济决策提供综合信息资料。

(二) 矿产资源形势分析的主要类型

依据目标范围和预测期的不同，矿产资源形势分析大致有以下5种类型：

(1) 全球矿产资源形势分析：它是根据各国有关管理机构和国际相关组织提供的统计信息，对全球矿产资源储备形势以及矿产品生产、消费、贸易和价格等情况予以分析，并对市场贸易前景、未来供需形势以及世界矿业发展趋势等进行相应预测，目的是为国家实施利用两种资源、两个市场战略提供决策依据。

(2) 全国和省级行政区的年度矿产资源形势分析：它是依据国内年度矿产资源的统计资料和国外相关信息，研究本年度矿产资源储备、产供销变化情况以及政府采取的有关重要决策和措施，分析矿产勘查、开发、利用和进出口等方面存在的问题，并提出相应的对策与建议。

(3) 中长期的矿产资源形势分析：它是为国家制定国民经济和社会发展规划、矿产资源发展战略与规划等提供依据，而进行中长期的矿产资源形势分析。

(4) 区域性矿产资源形势分析：它是根据矿产资源自然禀赋规律，对区域内矿产资源进行综合分析，确定区域矿产资源优势，提出优化配置意见和有关矿产资源勘查、开发和利用建议。

(5) 不定期的专题性矿产资源形势分析：它是根据当时世界资源形势的变化和国民经济发展的需要，或为某项矿产资源政策的发布与实施提供依据而进行的专题性研究工作。如矿产品市场分析、矿产资源储备的分析以及单矿种特定区域的资源形势分析等。

(三) 矿产资源形势分析的主要内容

矿产资源形势分析的主要内容包括：

(1) 探明矿产资源现状及其结构特点分析，包括探明储量及其勘查程度和利用情况，矿种配套程度及其综合地位和相对地位，持有储量及其地域分布、规模、质量特点和技术经济属性评述等。

(2) 矿产资源潜力和远景分析，主要包括成矿远景区预测和矿产资源总量预测。

(3) 矿产资源需求形势分析，就是对预测期内国民经济发展对矿产资源需求量的预测。

(4) 矿产资源对国民经济建设的保证程度分析，它是指利用当前的持有可采储量，来分析其对未来一定时期内国民经济建设的保证程度，通常采用静态(储采比法)和动态保证程度分析两种方法。

（5）矿产资源勘查和开发规划建议，就是根据矿产资源现状、潜力及保证分析结果，提出矿产资源勘查、开发的战略重点、规划目标、总体布局、具体工作部署和相应的对策措施建议。

（四）矿产资源形势分析成果的公布

除区域性和不定期的专题性矿产资源形势分析用于特殊目的外，其他例行的矿产资源形势分析工作成果已形成了固定公布形式，主要有《国外矿产资源年报》、《中国（或省、区、市）矿产资源年报》、《国内外矿产品市场形势年度分析与价格年度通报》、《我国矿产资源对国民经济和社会发展保证程度论证报告》（每五年一轮）以及在上述工作基础上形成的《我国矿产资源若干政策建议报告》（年度）和《国内外矿产资源勘查开发投资指南》（不定期）等。其中，《我国矿产资源若干政策建议报告》是提交人代会的专题，《我国矿产资源对国民经济和社会发展保证程度论证报告》主要提供国务院及其有关管理部门用于制定矿产资源利用的宏观政策，其他形式均是向社会发行的公开成果。

二、矿产资源政策的研究和制定

（一）矿产资源政策的概念及研究、制定的目标

1. 矿产资源政策的概念

矿产资源政策是国家为了实现某个时期的社会经济发展目标，而对矿产资源的勘查、开发、利用和保护所制定的行动准则。矿产资源政策的制定应立足于资源和技术、经济条件，把需要与可能、全局的长远利益与局部的近期利益较好地结合起来，应全面反映政治、经济和自然等各种因素。由于矿产资源从被发现到勘查、开发、生产、销售、使用、储备、保护到二次利用，是一个多阶段、多工序的复杂过程，因此，指导这个全过程的矿产资源政策也应该是一个多层次的政策体系。

2. 研究、制定矿产资源政策的目标

研究、制定矿产资源政策的目标：一是促进有潜力的矿产的储量增长与消耗速度保持在国民经济发展可接受的范围内，保证国土综合开发和社会经济发展对矿产资源的需求；二是建立矿产资源合理开发、有效保护、综合利用、节约使用机制，实现矿产资源的持续利用；三是建立合理的税赋、价格、社会负担机制，促进地质勘查业和矿产采掘业经济的发展；四是参与国际资源再分配，充分利用国外资金和资源；五是确定国家对矿产资源的合理储备，维护国家的经济安全。

（二）矿产资源政策的主要内容

根据我国矿产资源条件和矿业经济发展特点，我国的矿产资源政策包括如下主要内容：

（1）矿产资源勘查政策，是指国家为了加强矿产资源的勘查工作，不断地为矿业开发提供后备基地而采取的一些具体政策，如近些年来提出的加强能源、铜等矿产的勘查政策，引入市场机制，实行探矿权有偿取得和依法转让制度等政策、措施。

（2）矿产资源开发政策，是指为了提高我国矿产资源的利用水平，切实改变粗放经营方式，保证国民经济发展需求，而采取的促进矿业发展、加强矿产开发管理的有关政策和措施。如国家鼓励地方政府投资开发矿产资源，鼓励发展各类所有制形式的矿山企业等。

（3）矿产资源经济政策，是指国家为了振兴矿业，使地质勘查业和矿产采掘业取得较好的经济效益而采取的鼓励和倾斜性政策、措施。

（4）矿产资源综合利用政策，是针对我国共、伴生矿产资源十分丰富并具有广阔利用前景的实际情况，国家为鼓励矿产资源的综合利用而采取的一系列优惠政策。如国家对充分回收和合理利用固体废物的，在经济上提供优惠和支持政策；对综合利用矿产资源的生产和建设，实

行优惠政策等。

(5) 矿产资源保护政策，是指国家为节约利用资源，加强对矿产资源的保护，而制定并实施的有关保护政策和措施。如国家依法加大了矿业秩序的治理整顿力度；建立了"三率"考核制度和矿产督察制度。

(6) 利用两种资源、两个市场政策，是指国家为了弥补国内矿产资源的不足，在资源全球化的趋势下，为充分利用境外资源、适度限制国内矿产品出口而采取的有关政策和措施。如国家鼓励国内企业到国外勘查、开发矿产资源；对部分重要矿产品实行免征进口税政策。

(7) 鼓励外商来中国投资、开发矿产资源政策，是指国家为了吸引境外投资勘查、开发我国的矿产资源而采取的有关政策和措施。

(8) 矿产资源的储备政策，是指国家为了防止重大自然灾害的影响及战略性需要而对部分矿产资源及矿产品实行储备的政策。我国对储备政策的研究尚不够。目前，对一些影响国民经济建设及人民生活的大众矿产品（如煤炭、原油等），在部分大中城市建立了生产消费性储备。

第六节 矿产资源管理信息系统

一、地理信息系统及应用发展过程

（一）地理信息系统概论

地理信息系统的英语名称为 Geographic Information System，简称 GIS。广义来说，它是储存和处理与地理空间分布有关信息的集合。

1. GIS 的结构

GIS 由两部分构成，即硬件系统和软件系统，图 5-3 表示 GIS 的基本结构。

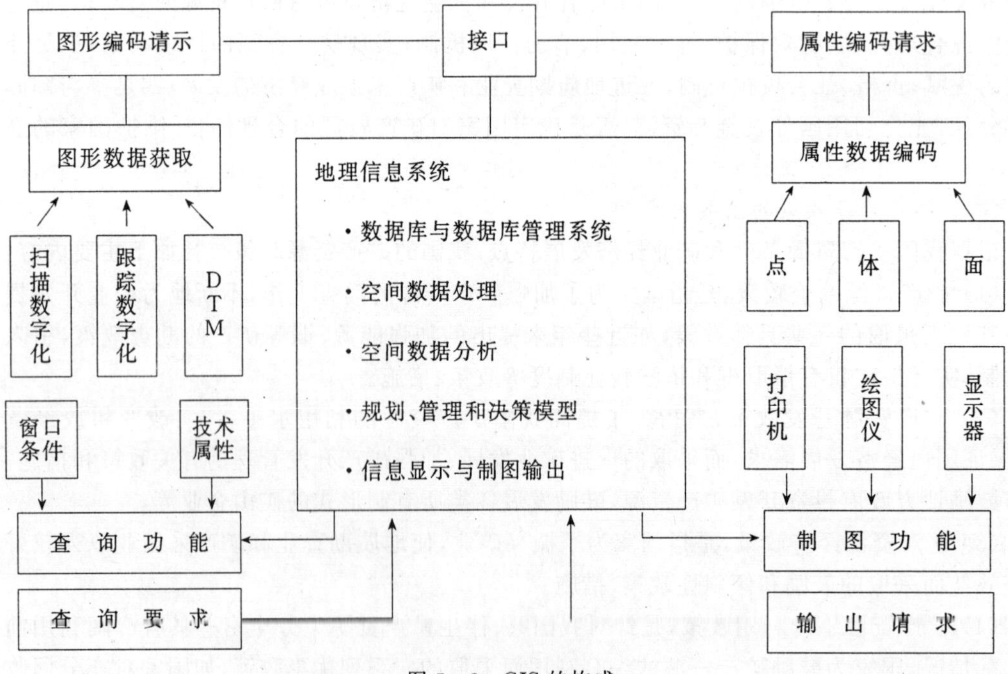

图 5-3 GIS的构成

（据黄杏元，1990）

(1) 硬件系统包括：

① 计算机主机；

② 数据输入设备：键盘、数字化仪、扫描仪等；

③ 数据存贮设备：磁盘(软、硬)驱动器等；

④ 数据输出设备：屏幕、监示器、打印机、绘图仪等。

(2) 软件系统一般具有5个主要的支持模块：

① 数据输入和校核模块。把收集到的各类数据转化为计算机可接受的形式，并对数据进行检查，输入系统。

② 数据存贮和数据库管理模块。它是GIS的核心。它使得地理要素的定位数据、拓朴数据和属性数据结构化并组织在一起。既要保证便于计算机处理，又要方便用户进行各种数据操作。

③ 数据转换(分析和处理)模块。它是GIS的功能模块。

④ 数据传输与显示模块。系统把分析和处理的结果传输给用户，输出的方式可以是报表、地图、数据表格，也可显示在屏幕上或通过硬拷贝输出。

⑤ 用户界面模块。GIS的用户众多，要求千差万别，良好的用户与系统的接口是GIS得以推广应用的重要组成部分。一般的GIS都设置帮助程序，采用命令驱动或图形菜单形式，提供多窗口和光标选择等功能控制，通过用户询问语言的设置，让用户方便地使用系统。

2. GIS的种类

形形色色的GIS在规模、结构、内容、用途等方面都有或大或小的区别，通常可以分为以下三类：

(1) 综合型GIS，指按照统一数据规范和标准建立的自然、环境、社会经济等数据的信息系统，如加拿大国家地理信息系统、中国1∶400万资源和环境信息系统等。

(2) 区域型GIS，以行政区、自然区或经济区等为空间边界，围绕一定的目标建立起来的GIS，如区域土地资源信息系统。

(3) 专题型GIS，它一般以某一专业任务或现象为主要内容，如以土地资源管理为任务的GIS，以森林资源管理和森林灾害(火灾、虫灾)监测为目标的森林信息系统。

另外，按内容和用途可以将GIS分为许多种，如土地资源信息系统、地籍管理信息系统、人口统计信息系统等等。

3. GIS的功能

GIS的功能可以分为两个方面：数据管理功能和数据分析与应用功能。不同的GIS，其对数据的分析和应用功能都是通过专门的应用模型实现的，这里不作详细介绍。下面重点介绍数据管理功能。

数据管理功能是通过数据库来实现的，数据库是通过计算机管理的一系列数据的集合以及对这些数据进行组织、编码、定位、存贮、检索和维护，以便随时提供使用的管理技术的总称。地理信息系统的数据管理功能主要表现在数据的存贮、检索、维护和处理等方面，它的特点是将图形数据和属性数据结合起来进行管理。

(1) 数据的存贮与交流：地理信息系统的数据量一般都很庞大，计算机存贮后为保存和携带提供了很大的方便。同时，通过计算机联网之后，可以使地理信息的传输和交流变得非常简捷。

(2) 数据的提取与查询：用户可以通过一系列的查询(如检索)命令提取自己所需要的信息。

(3) 数据的更新与纠正：地理信息的一个特点是变化快，因此，GIS数据库中的数据必须经常进行更新和纠正。数据库能够对数据文件、记录、数据项进行直接的操作，这样更新和纠正数据十分简便。

(4) 数据的综合处理：在进行数据管理时，可以通过一些统计命令对数据进行综合处理。

(二) 地理信息系统的应用发展过程

地理信息系统产生于20世纪60年代。1962年，加拿大政府的土地资源调查机构中开始了地图数字化的试验，利用当时最先进的计算机设备和软件，开发出了世界上第一个具有实用价值的地理信息系统——加拿大地理信息系统(CGIS)，标志着地理信息系统的诞生。CGIS在农业规划上获得了一定效果。与CGIS差不多同时期，美国的纽约州、明尼苏达州等也研制了有实用价值的土地资源信息系统。和实用型的开发研究相关的，美、英、加的一些大学(如哈佛大学计算机制图与空间分析实验室)在60年代从学术角度开始了计算机制图和空间分析的基础性研究。60年代后期所取得的成果为后来的发展奠定了重要基础，也证明了地理信息系统是一个很有生命力的领域。

到了70年代，国际性的学术组织开始交流、推广地理信息系统及其相关领域的学术思想和实践经验，一些大学也开始培养有关的技术人才或对在职人员进行培训。各国各地政府也自行发展了不少为自己服务的实用性的地理信息系统或计算机地图制图、公共设施管理信息系统。但是，由于地理信息系统技术的综合性、复杂性，付诸实用时投资大、周期长，因此，70年代的地理信息系统主要在学术研究上有明显的进展，实用系统方面未获长足的进步，而仅仅是在60年代基础上巩固、改进、扩大而已。

进入80年代后，计算机产品的性能获得了突飞猛进的发展，价格不断下降，不少和地理信息系统相关的技术已逐步使用，60、70年代许多失败或幸存的地理信息系统的经验、教训得到了总结，还出现了一些研制商品化地理信息系统软件的专业公司，为建立实用性地理信息系统提供技术服务的专业机构及通用数据的社会化服务机构。同时，人类对资源、环境的保护，对城市、区域的规划和管理更为关注。所以，从80年代中期起，地理信息系统在发达国家获得了明显进展，在发展中国家也得到了一定程度的开发、应用。地理信息系统的应用已扩展到和地理空间分布有关的各个领域，至少在以下8个方面已得到了较大规模的推广应用：

(1) 地籍与房产管理；

(2) 农业、土地和水资源规划；

(3) 林业；

(4) 资源调查；

(5) 环境保护；

(6) 大型工程项目的前期准备和实施控制；

(7) 公共事业管理；

(8) 市政建设与管理(包括城市规划)。

此外，在社会科学研究与有关政策制定、商品储存、销售网点规划、交通运输管理、医疗保健、治安、紧急事故救援以及军事、国防等方面也有很多成功的实例。

中国从20世纪70年代开始探索计算机在地图制图和遥感领域的应用。在80年代开展了地理信息系统的研究与试验性的应用，其侧重点是自然资源的管理。进入90年代后，很多行业纷纷投资于实用地理信息系统的建设，矿产资源信息系统的建立已成为人们普遍关注的热点之一。

二、建立地理信息系统的方法和过程

地理信息系统是一种比较特殊的信息系统，但它在组织、机构中的作用和一般信息系统是相似的。目前人们往往把一般信息系统按其在组织、机构中所发挥的作用分成3种：一种是事务处理系统（Transaction Processing System，简称TPS）；另一种是管理信息系统（Management Information System，简称MIS）；再一种是决策支持系统（Decision Support System，简称DSS）。

TPS的主要作用是提高信息处理的效率，其目标与管理工作中的决策不一定有直接的关系，如民航的订票系统。过去，人们把计算机在日常事务中的应用称为电子数据处理（Electronic Data Processing，简称EDP），EDP和TPS在本质上一样，但后者比前者复杂。MIS主要是为管理服务，信息处理的效率是第二位的，如在飞机订票系统上增加客流分析、客源预测、财务分析等等，这时信息处理并不局限于提高效率，而是和管理中的决策结合起来了，这和TPS有明显的区别，但MIS一般是在TPS（EDP）的基础上发展起来的。

TPS和MIS主要是面向那些所需信息类型可以明确、处理过程可以事先描述的任务（在决策科学中常称为结构性强的任务）。DSS由于其主要是为决策服务，而决策任务大都是所需信息类型事先不明确、处理过程无法事先仔细描述的任务（即结构性弱的任务）。

大多数信息系统是从TPS开始发展的，它是信息处理计算机化的基础，目前已建成的地理信息系统也大都属TPS型或MIS型。地理信息系统建立的方法主要有：结构化的分析与设计方法、原型化的方法。

（一）信息系统结构化的分析与设计方法

目前，实施信息系统的方法中最典型的是所谓结构化的分析与设计方法，它受结构化的程序设计方法影响很大。结构化的分析与设计方法把信息系统问题提出、研制、实现划分成几个阶段，每个阶段又分成几个工作环节。结构化的分析与设计方法的阶段划分是多种多样的，但原则上基本一致。早期的划分比较强调软件本身的开发，后来的划分侧重于前期的准备工作。这里介绍定义、开发、运行三阶段划分法（见图5-4），各阶段的主要工作环节大致如下：

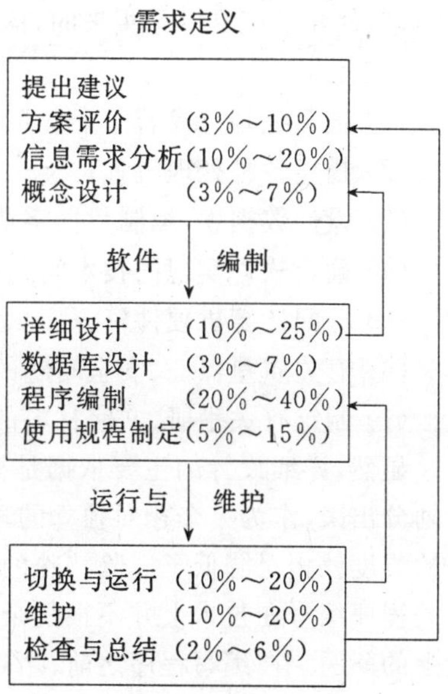

图5-4　一般信息系统的研制周期
（据Davis，1982）
括号中的数字表示工作量的比例

1．定义与分析

本阶段主要有4个环节，首先要提出信息系统总的功能要求和若干初步方案，这就是图5-4中提出的建议，初步方案大致包括如下内容：

（1）信息系统的主要用途、服务对象；

（2）建立系统有什么好处、不建有什么难处；

（3）大致要花费多少时间、资金、人力以及其他资源；

（4）现行组织机构如何调整，以适应信息系统的运行。

对所提的方案，须从技术、经济、组织机构环境、业务工作环境、研制时间等各方面对方案进行评价，必要时要修改、细化。如果方案的可行性得到证实，则进行信息需求分析，这是系统定义与分析阶段工作量最大、技术性最强的工作环节。需求分析大致有如下内容：

（1）信息收集、输入、储存需求；

(2) 查询、分析需求；

(3) 基本的处理与输出；

(4) 操作使用方式需求；

(5) 计算机资源方面的需求；

(6) 组织机构调整和人员培训需求。

需求分析使原先的方案更加具体化。需求分析报告应尽量使熟悉业务而不熟悉计算机的管理、决策人员能够看懂，它和可行性报告一起，经上级批准后，就进入信息系统的概念设计环节。

把信息系统的设计分为概念设计和详细设计是必须的，前者仍然是解决信息系统要做什么的问题，后者是把需求转化为现实系统具体设计，是解决怎样做的问题，因此概念设计是详细设计的基础，它主要包括：

(1) 系统各种用途和执行功能的具体描述；

(2) 概括性的处理流程、数据文件、输出结构描述；

(3) 系统开发各阶段的文档，即技术手册、用户手册、培训教材应该包括的基本要求的制定；

(4) 硬件、软件的开发运行环境；

(5) 系统的质量、性能、安全性的估计或规定。

完成了概念设计，下一步的实施计划，特别是时间、资金、人力的安排都比较明朗。如果概念设计和原先的需求分析、可行性研究有出入，则必须重新证实。

2. 软件编制

本阶段大致可分为 4 个环节(见图 5－4)。除特殊的信息系统外，一般的硬件都是从市场采购，软件开发工具也是买来的，信息系统的研制工作主要是软件开发。在详细设计环节大致有如下工作：

(1) 把系统划分成若干个子系统，子系统再划分成模块；

(2) 描述各种处理流程；

(3) 设计数据库，编制数据字典；

(4) 确定软件实现的技术问题；

(5) 分配计算机硬件资源；

(6) 有关质量保证、安全问题的具体措施；

(7) 制定有关手册、文字材料的基本内容。

显然，详细设计的主要依据是概念设计，如果数据库比较大而复杂，可以把数据库设计单独划分出来，作为一个相对独立的环节。有了良好的设计基础、考虑周全的硬软件环境，程序编写的难度就相对降低了。除特殊的算法、数据结构、处理方法、使用方式要作特殊的研究外，简单的程序编写在技术上并不很复杂。程序编写完后，要作分模块测试、联合测试，以尽量发现质量上的问题。在编写程序之前、之后，还必须完成有关的技术说明、培训教材、使用手册等文字成果。

3. 运行与维护

信息系统在投入运行过程中有硬件、软件安装和配置，用户培训，工作方式转换，管理制度健全，机构调整等一系列工作。大规模的信息系统若一次投入运行，要同时改变很多管理工作上的习惯，因此，必须要逐步地过渡，精心组织。系统运行后，会暴露系统设计、程序编写中的问题，应及时修正、补充。这些修改、补充、调整、管理性的工作都可称作为系统维护。当系统运行一段时间后，还要对整个研制、实施、管理工作进行检查、回顾、总结、评价。

（二）原型化的方法

针对传统结构化的分析与设计方法过程长、见效迟、不易把握用户需求的缺点，产生了信息系统研制、实施的原型化的方法。原型化的方法的原则是先确定基本的部分的需求，设计一个初步的原型，并在较短的时间内开发出这个实验性的、简易的原型，马上试运行。经过试用，暴露出原型的缺点和不足，然后补充、修改原型，再运行。如此反复迭代，不断完善。若发现原型不符合用户需要时，则放弃原型。原型化的方法的步骤是：

(1) 定义基本需求，这一步相当于传统结构化的分析与设计方法中的定义与分析阶段。但必须简化，仅描述用户主要的或部分的需求。

(2) 建立原型，在尽可能短的时间内建立一个初始原型，满足用户的基本要求。

(3) 运行并评价原型，获得信息系统初步使用经验，让用户通过试用来评价原先的需求分析是否恰当。

(4) 改进原型，根据评价，对原型进行修改，然后评价，再改进，直至满意。

评价原型和修改原型是相互迭代的，修改工作应强调周期短、见效快，因此早期的迭代着重于基本需求方面，细部的修改留到后期解决。若原型很不合适，应尽早放弃，不应勉强修改而陷入僵局。原型化的方法不一定是对结构化的分析与设计方法的简单否定，在迭代过程中也可遵循分析、设计、编写、运行的基本步骤，只是把工作环境简化、压缩。原型化的方法的优点是：

(1) 容易把握用户的需求。由于用户能频繁地见到系统的效果，能及时纠正对需求描述不确切的地方，尤其因见到原型，得到启发，进而把潜在的需求表达出来。

(2) 见效快、易接受，不需透彻地掌握全部要求，就可开始具体工作。整个过程分为几个短周期，左邻右舍都能见到阶段性的成果，容易树立信心，也便于调整工作方式、工作习惯，甚至机构、组织。

(3) 适应性强、风险小。研制人员可逐步地熟悉业务，用户可逐步地了解信息系统。如果在研制过程中，业务工作、管理体制需要变化，可以马上调整原型，以适应变化，即使半途而废也比终途而废损失小。另外经过调整，系统分析人员、软件设计人员可从中获得经验，使信息系统具有一定的弹性，以适应外部环境的变化。

当然，原型化的方法有它的制约条件和缺点：

(1) 软件开发环境要求高。必须有灵活性强、编程简单、修改数据库方便的软件工具，以简化详细设计，尤其简化编制程序的工作量。否则无法迅速地实现新一轮的修改，达不到见效快的目的(这种制约现已越来越少)。

(2) 系统研制的管理工作比较复杂，数据库、程序、说明书改动频繁，用户工作习惯也要跟着变化。若对研制工作管理不善，会引起混乱。如果把研制任务委托给一个非用户单位或由多方合作开发，很难把委托合同订得具体，执行起来容易产生争议，协调工作也比较困难。

(3) 最终成果不确定。经过多次迭代，已基本可行时，研制开发人员可能感到疲劳，不愿再精雕细刻，把大致满足用户需要的成果当成最终成果，老是收不了尾，成为一项“胡子工程”。

(4) 盲目上马。容易未经详细调查就匆匆上马，结果长期处于半成品状态，甚至变成一项表面上还在改进，事实上已陷入僵局，而费用又不断追加的“钓鱼工程”。

(5) 原型化的方法对管理工作中结构化程度较高的任务适应性差。

三、矿产资源管理信息系统的初步建立

矿产资源管理信息系统是在计算机硬件和软件支撑下的矿产资源空间数据的贮存、变换、

派生、综合、分析和显示系统。它是地理信息系统的一种特殊类型，是利用自然环境要素、矿产资源的质量特征要素数据及相关的社会经济要素数据，以矿产资源评价和开发规划与管理为目的而设计的一种信息系统。国际上20世纪60年代出现的地理信息系统，从80年代初开始在国内迅速展开，在地学研究中表现出了很强的生命力，它是地学领域内应用最广的地学决策支持系统。通过建立矿产资源管理信息系统，可以实现资源信息的现代化管理，为经济系统提供资源环境的背景数据和空间定位信息，为矿产资源的开发规划与管理提供科学依据。

(一) 矿产资源管理信息系统的结构

矿产资源管理信息系统主要包括数据输入、贮存、处理、分析和信息显示与输出几个部分。数据输入是数据采集、核实、编码及数据转换的全过程。这一过程需要建立一个地理数据库。数据的贮存与处理是将表示位置、地理要素属性及网络关系的数据结构化和有序化，达到计算机能够分析处理、用户能够理解的目的。数据分析是通过一系列数学模型，根据用户的意图对数据进行综合、分析、匹配。这一过程是根据矿产资源评价与规划的目的，通过分析与矿产资源合理利用相关的自然、社会、经济要素指标，建立矿产资源管理信息系统中的模型库，并在数据结构分析与转换过程中发展知识库。信息显示与输出是将分析结果报告给用户，通常以图和表的形式输出。矿产资源管理信息系统的数据分析、处理、展示过程如图5-5所示，由此可知，矿产资源管理信息系统的结构主要包括数据库、模型库和知识库。

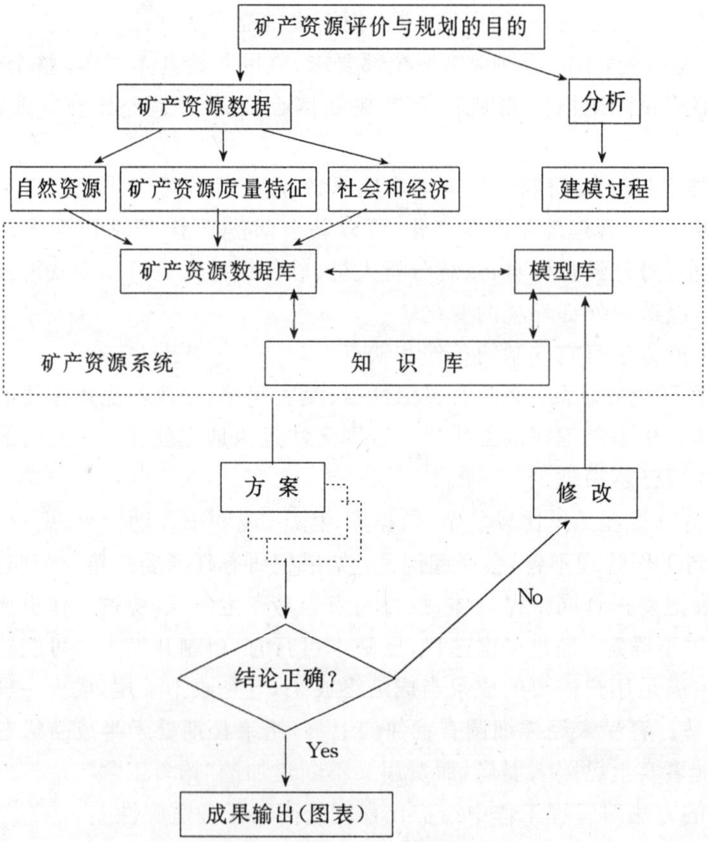

图5-5 矿产资源管理信息系统在资源评价中的作用

(1) 数据库:数据库是可以共享的相关数据以一定的组合方式的集合。它是整个矿产资源管理信息系统的基础部分。矿产资源数据库的建立包括对各种地理要素空间数据的编码、输入、编辑、配准、数据格式转换、重新分析等几方面的工作。矿产资源评价所需的数据一般包括三组数据:自然环境数据、矿产资源质量数据和社会经济数据。

(2) 模型库:建立模型的目的是为了分析与处理数据。矿产资源管理信息系统以数字世界表示自然世界,具有完备的空间特征,可以存储和处理不同时期的大量地理数据,并具有极强的空间系统综合分析能力。矿产资源管理信息系统不仅要完成、管理大量复杂的地理数据,而且还要完成各种功能分析、评价、预测和辅助决策的任务。这就要求发展广泛适用于矿产资源管理信息系统的地理分析模型、评价预测模型等,建立模型库。矿产资源管理信息系统的模型中,用于矿产资源评价的主要有两类模型:一类是主要用于处理图形和图象的信息复合模型,另一类是进行综合分析和评价的矿产资源评价模型。

(3) 知识库:知识库是根据专家的经验和知识,建立一系列法则,利用这些法则,使相关的问题得到解决,结论得以实现。在矿产资源评价中,知识库的作用主要表现在:① 依据专业知识和经验,针对不同矿产资源,利用对矿产资源质量特征的要求,提出诊断指标;② 帮助建立矿产资源评价的逻辑模型结构,进行矿产资源质量等级评价。

(二) 矿产资源管理信息系统的功能

由上述矿产资源管理信息系统的结构分析可知,矿产资源管理信息系统一般具备如下一些功能:

(1) 信息贮存和处理功能:信息贮存和处理是矿产资源管理信息系统的基本功能,主要包括 3 个方面:① 数据的自动化和半自动采集;② 数据的预处理;③ 存贮矿产资源的基本要素数据——属性数据和图形数据。

(2) 信息检索和更新功能:存贮在矿产资源数据库中的各类信息,以各种形式向用户提供服务,而数据信息的现势性又成为资源信息系统存在的关键。因而系统中的数据库必须能随时更新,同时能将过时的有用数据资料复制归档保存。

(3) 信息的共享:矿产资源信息系统是综合性数据文件的集合,要分析不同用户的各种要求,满足管理机构、科研部门、学校及宣传单位等的信息共享,数据与程序之间保持相对独立,各类数据可被多种应用程序所调用。

(4) 信息的统计分析与综合分析功能:按照不同要求对矿产资源信息系统的各类信息数据进行统计是矿产资源开发、规划研究的基础,同时矿产资源综合分析研究,都要求能实现对数种矿产资源要素进行综合评价分析,并要保证分析研究的全面和可靠,还应能应用多种评价方法快速地产生评价结果,从中选择最佳者。

(5) 矿产资源评价、开发规划与管理模型的建立:矿产资源信息系统要充分发挥数据库的优势,采用数学和系统工程的方法,实现矿产资源定性分析与定量化研究相结合的规划研究方法,建立矿产资源开发规划的研究模式和管理模式。为了使决策过程充分发挥人的控制作用,必须设置人机对话显示系统。

(6) 信息的输出:不同的用户、不同的用途,需要的输出形式不同,因而系统应具有灵活多样的输出方式,一般可输出数字、文字、图表等。既有屏幕输出方式,又有打印机、绘图仪输出方式。

(7) 提供各种应用程序(软件):为了深入研究矿产资源的分布特点和规律以及资源开发利用中存在的问题等,要求系统能提供各类应用程序,如计算特征值、打印直方图、趋势面分析、回归分析、聚类分析、线性规划等多种程序。

矿产资源信息系统存贮信息量大，运算处理速度快，综合分析性较强，成果精度高，是矿产资源评价、资源开发规划和管理的强有力的技术手段。

进一步阅读的书目

1. 李万亨等．矿产资源经济学．武汉：中国地质大学出版社，1992.
2. 杨昌明等．矿产经济学，自然资源开发与管理．武汉：中国地质大学出版社，1991.
3. 宋小冬，叶嘉安著．地理信息系统及其在城市规划与管理中的应用．北京：科学出版社，1998.
4. 陈述彭．城市化与城市地理信息系统．北京：科学出版社，1999.

思 考 题

1. 矿产资源管理的概念与基本目标是什么？矿产资源管理的基本内容包括哪些方面？
2. 对比分析以美国为代表的矿产资源分类分级与中国矿产资源储量分类分级的区别与联系。
3. 矿产资源规划的概念与目的是什么？
4. 地质资料汇交管理的目的、范围、有关要求是什么？
5. 矿产资源形势分析的概念、主要类型及主要内容有哪些？
6. 地理信息系统的结构、种类及功能是什么？地理信息系统建立的方法有哪些？
7. 简述矿产资源信息系统的结构与功能。

第六章

矿产资源勘查、开发和环境保护的监督管理

提　要

1. 对矿产资源勘查、开发和环境保护实施监督管理是保护资源和环境，促进我国经济社会可持续发展最直接的方法和最有效的手段。

2. 监督管理要依法施行，其基本原则是："在保护中开发，在开发中保护"；"资源开发和节约并举，把节约放在首位"以及"谁开发，谁保护，谁污染，谁治理，谁破坏，谁复垦，谁使用，谁补偿"。

3. 矿产资源勘查监督管理的重点是对探矿权的取得、行使、保护和转移的合法性以及勘查作业、资料汇交、环境保护、复垦等是否符合法规和规范要求的监督。

4. 矿产资源开发监督的重点，一是通过加强矿业权管理，建立和维持正常的矿业秩序；二是通过各种手段，监督矿山企业合理开发利用和节约保护矿产资源。

5. 矿山环境监督管理的重点是坚持对新的矿山执行环境影响评价报告制度；对在建矿山执行"三同时"制度；对生产矿山严格监督"三废"的达标排放。

6. 土地复垦监督管理的重点是积极推行矿山土地复垦保证金制度，强化监督矿用土地复垦，恢复林草植被，遏制矿区生态环境恶化。

7. 我国矿山企业税费制度的设置体现了利用经济杠杆促进合理有效利用矿产资源的意图，是对矿业行政监督的有力补充，其中矿产资源补偿费中的回采率系数是世界同类制度的创新。

第一节　矿产资源勘查、开发和环境保护监督管理的概念和特点

一、监督管理的必要性

在世纪之交，为促进我国经济和社会的可持续发展，必须在保持经济增长的同时，控制人口增长，保护自然资源，保护良好的生态环境。这是根据我国国情和长远发展的战略目标而确定的基本国策。我国矿产资源相对不足，环境污染日趋严重，如果我们不能有效的控制，必将影响全国跨世纪发展目标的实现。而对矿产资源勘查、开发和环境保护实施监督管理正是保护资源和环境最直接的方法和最有效的手段，在整个矿产行政管理过程中必须把它作为一项重要任务，坚持不懈地抓下去。

二、监督管理的原则

总的原则是："在保护中开发，在开发中保护"；"资源开发和节约并举，把节约放在首位"，

努力提高资源利用效率，积极推进资源利用方式从粗放向集约转变，走出一条适合我国国情的资源节约型的经济发展新路子。在防治污染，保护环境方面，要控制矿山排放污染物达到国家和地方规定的指标之内，坚决防止资源开发中对生态环境造成新的破坏。

三、监督管理的概念

矿产资源勘查、开发和环境保护的监督管理是指作为地质矿产行政监督主体的国家地质矿产行政管理机关，根据法律赋予的矿产资源勘查、开发和环境保护的监督权，对矿业权人在保护资源和环境方面是否遵守法律、法规，履行义务，执行国家行政机关命令和决定的情况所进行的监督检查和处理。矿产资源监督管理贯穿于矿产资源勘查、开发利用、闭坑、复垦的全过程，依据《矿产资源法》及其配套法规的有关规定，当前作为依法行政的重点是对资源保护和环境污染进行监督管理。

四、监督管理的特点

(1) 监督管理的自然客体，包括《矿产资源法》调整的全部矿种，即目前国内已发现的呈固态、液态、气态的168种矿产。

(2) 监督管理的对象，地质勘查单位、依法设立的矿山企业和个体采矿者，包括在中华人民共和国领域及管辖海域内从事商业性地质勘查工作、采矿、选矿生产活动的具有企、事业法人资格的地质勘查单位和国有矿山企业、集体矿山企业、私营矿山企业、外商投资矿山企业、混合型矿山企业以及个体采矿者等。

(3) 监督管理的要求，监督管理要贯穿于矿产资源勘查、开采的全过程，包括找矿勘查、矿产开发规划、可行性研究、矿业权申请审批登记、矿山设计、矿山建设、采矿、选矿、矿山关闭、复垦等各个环节，是矿业活动的一项系统工程。

(4) 监督管理的基本原则，矿产资源勘查、开发、环境保护的监督管理应贯彻以下基本原则：① 可持续发展原则；②“资源开发和节约并举，把节约放在首位”；③“在保护中开发，在开发中保护”；④“谁开发，谁保护，谁污染，谁治理，谁破坏，谁复垦，谁使用，谁补偿”。

第二节　矿产资源勘查的监督管理

一、矿产资源勘查监督管理的基本原则和要求

1. 国家对矿产资源的勘查、开发实行统一规划、合理布局、综合勘查的方针

要求监督对象在申请探矿权和设计施工方案时，要遵循国家统一规划的要求，并进行综合勘查、综合评价。

2. 排他性原则

探矿区设立的客体是带有区块编号的区块范围。每一个探矿权所对应的区块范围是唯一的，一般不能与其他的探矿权或采矿权重复或交叉，也就是说每一个探矿权都具有排他性。按照这一原则，既要求探矿权人严格在划定的勘查区块内作业，不得越界勘查，也是探矿权人依法保护自身权益的重要法律依据。

3. 有偿取得原则

矿业活动是一项经济活动，探矿权人在勘查矿产资源时，必须依法向国家缴纳探矿权使用

费或探矿权价款，它体现了国家和探矿权人之间的经济关系。确立探矿权有偿取得制度，有利于勘查投资主体多元化的发展，提高勘查找矿的经济效益，是国家利用经济手段管理勘查活动的有效方式，因此是监督的一项主要内容。

4. 设置探矿权不得占用过多区块原则

为防止探矿权人过多的占用矿产地却不及时开展地质勘查工作，根据各大类矿种勘查特点不同，法规规定了每个勘查许可证允许的最大区块数。这项原则要贯彻在监督检查中。

5. 最低工作投入原则

为了杜绝在矿业权交易中炒作矿业权，牟取暴利，法律特规定"探矿权人在完成规定的最低勘查投入后，经依法批准，可以将探矿权转让他人"。在转让办法中，更明确了探矿权的转让条件是："勘查工作满 2 年，有所发现，完成最低勘查投入后方可转让"，这就给勘查的监督管理赋予了经济的内涵。

6. 不得以产生破坏性后果的方式进行勘查的原则

《矿产资源法》规定："普查、勘探易损坏的特种非金属矿产、流体矿产、易燃易爆易溶矿产和含有放射性元素的矿产，必须采用省级以上人民政府有关主管部门规定的普查、勘探方法，并有必要的技术装备和安全措施。"监督检查这项要求，防止以破坏性方式勘查矿产资源，对保护和合理开发利用矿产资源具有重要意义。

二、矿产资源勘查监督管理的主要内容

(1) 监督检查是否依法取得探矿权。

(2) 监督检查是否按规定进行综合勘查、综合评价。

(3) 监督检查探矿权人从勘查许可证规定的生效之日起 6 个月内，是否开展了勘查工作并填报开工报告。

(4) 监督检查是否有越界勘查行为、擅自进行采矿行为。

(5) 监督检查是否完成最低勘查投入，是否向勘查登记机关报送资金投入情况报告和财务决算报表。

(6) 监督检查是否无故停止勘查工作满 6 个月。

(7) 监督检查是否按期缴纳探矿权使用费或探矿权价款。

(8) 监督检查是否按照国家有关规定汇交地质勘查资料。

(9) 监督检查是否遵守有关法规关于劳动安全、土地复垦和环境保护的规定。

第三节　矿产资源合理开发利用的监督管理

一、矿产资源合理开发利用监督管理的基本原则和要求

1. 统一规划、合理布局、综合勘查、合理开采、综合利用

根据我国矿产资源的赋存特点、开发利用条件、市场供需形势以及国家区域经济布局要求和经济安全的需要，遵循社会主义市场经济规律，对全国矿产资源进行统筹规划、合理布局，从宏观上维护矿产资源的国家所有权益，调控不同所有制的矿业经济利益，为建立良好的矿业秩序奠定基础。地方各级政府、企业和个人都必须以国家利益为重，在尊重规划的前提下，以国家产业政策和市场需求为导向，以矿业权管理为手段，搞好市场配置资源。无论是宏观调控还是

市场配置，都要有效保护和合理开发利用矿产资源，科学合理开采，综合回收利用，不断提高矿产资源开发利用水平。这是监督工作的重要任务。

2. 开发和保护并举，提高资源利用效率

在矿产资源勘查、开采、选冶、加工、运输、消费的各个环节都要提高资源利用水平，依靠科技进步和科学管理，提高开采回采率和选矿回收率；扩大共伴生矿产的综合利用率，促进尾矿矸石综合利用和废旧金属的回收利用，大力开展节能降耗，不断提高单位能源、矿产资源的国民经济产出率，切实推进矿产资源开发利用方式从粗放向集约转变。因此，保矿监督是贯穿于矿业开发全过程的系统工程。

3. 排他性原则

采矿权人在申请划定矿区范围时，其采空区和地表塌陷区的地面投影不得与任何其他采矿权人矿区范围重叠、交叉。切实体现排他性原则可以充分保护各采矿权人的利益，杜绝资源权属纠纷，矿业秩序自然就会好转。因此，监督排他性原则的贯彻执行情况、追究侵权行为人的法律责任是监督的基本要求。

4. 有偿取得原则

实行采矿权有偿取得制度，体现了矿产资源国家所有权的财产收益，将矿业权从财产变成商品，为进入市场流转创造了条件，有利于减少采矿权属纠纷，促进矿业秩序好转；有利于增强采矿者珍惜矿产资源意识，提高矿山企业合理开发利用资源的水平，是国家利用经济手段管理采矿活动的有效方式。事实上采矿权有偿取得制度不在于它能多收多少钱，而更重要的是建立了一种保护和合理利用矿产资源的有效机制和内在动力，促使企业珍惜自己花钱买来的资源，这比单纯的行政监督更加有效，可视为改革的一项重要成果。

5. 体现规模生产、集约化经营原则

一是要使矿山建设达到合理规模，不宜大矿小开；二要使矿山有最佳服务年限和与之相适应的资源储量。只有合理的规模生产，才可能最大限度合理地利用矿产资源，实现集约化经营和规模效益。

二、矿产资源合理开发利用监督管理的主要内容

（一）监督管理建立和保持正常的矿业秩序

保持正常矿业秩序是避免人为的盗挖乱采，破坏浪费矿产资源的前提条件，也是矿业权是否得到有效保护的重要标志。只有保持正常的矿业秩序，有了安全的外部条件，矿山企业才能科学规划，合理开采，综合利用；才能实施科技兴矿，有效地转变经济增长方式。因此，这是各级人民政府法定的监督管理内容。

（二）监督管理申办采矿权，严格资源开发利用方案的审查

法律规定申办采矿权所提交的附件中需有矿山设计，其中包括矿产开发利用方案，这是矿山采选生产必须遵循的主要技术方案和工艺流程。它的合理与否将直接和长期地影响矿产资源利用率和综合利用率。严把资源开发利用设计关，应做到设计思想起点高，资源和环境意识协调，符合客观实际，提高科技水平和含量，在技术经济可能的前提下，最大限度地提高矿产资源利用率。实践证明，从源头上、从规划设计上监督资源的合理开发利用比事后的监督更具事半功倍的效果。

（三）监督管理矿山企业采用合理的开采顺序、开采方式、采矿方法和选矿工艺

这是贯穿于生产全过程的主要监督检查内容。

合理的开采顺序是指保证生产作业安全、资源充分回收利用的开采顺序，一般采用“先上后下”的原则。

合理的开采方式是指从宏观上确定开采矿床的方法，一般分为露天开采和地下开采两大类。露天开采是直接剥离岩石和采出矿石的方法。地下开采又称坑采，是通过掘进地下坑道到达矿体再采出矿石的方法。露天开采比地下开采资源回采率高 20%～30%，建矿周期短，生产成本低，劳动生产率高。因此，在选用开采方式时应优先选用露天开采。

合理的采矿方法是指从微观上，针对具体矿床的赋存特点和开采技术条件，以科学、适当和安全的方式采出矿石的方法。

选择合理的开采顺序、开采方式和采矿方法是从宏观和微观上保证矿产充分合理利用的关键，它对提高开采回采率，降低损失浪费，改善矿石质量，提高劳动生产率，保证安全生产和降低成本均起关键作用，选择正确与否对资源利用水平的影响将达百分之几十。

合理的选矿工艺是指通过用物理或化学方法将矿物原料中的有用矿物富集起来（同时抛弃无用矿物），以满足设计要求的产品质量标准并在经济技术上可行，充分回收资源，减少污染要求的选矿方法。科学、合理、可靠的选矿工艺，是充分回收、综合利用矿产资源的一个重要环节，同时能够节省经营费用，提高劳动生产率，获得较好的经济效果并保护生态环境。

总之，在矿山规划、可行性研究、矿山设计阶段要选择科学、合理的开采方式、采矿方法和选矿工艺，从源头上为矿山企业提高资源合理开发利用奠定一个好基础，而且还要监督矿山企业按设计要求施工、生产，以取得保护资源，减少污染，提高经济效益的实际成果。因此，《矿产资源法》第 29 条规定，“开采矿产资源，必须采取合理的开采顺序、开采方法和选矿工艺”以法律的形式明确为矿山企业必须履行的义务，必然成为政府监督管理的重要内容。

（四）监督矿山企业开采回采率、采矿贫化率、选矿回收率达到设计要求

1. “三率”的概念及作用

开采回采率是指矿山企业在某一生产阶段，计算开采范围内实际采出矿石量与该范围内地质储量的百分比。这一指标是衡量矿山企业资源利用水平最直接的技术经济指标。开采回采率偏低意味着没有严格按设计开采方法施工，矿石回收量偏少，资源损失浪费大，必然增加成本。为了降低成本，往往采富弃贫，以牺牲资源换取利润。回采率偏低还会造成缩短矿山服务年限，导致矿山建设资金浪费和接替紧张的双重恶果，因此监督企业的这项指标是至关重要的。

采矿贫化率是计算开采范围内原矿地质品位与采出矿石品位之差与原矿地质品位的比值。它反映了在开采过程中，由于废石、矸石的混入，导致采出的矿石品位低于开采前计算的工业储量中的矿石地质品位，这种现象称矿石贫化，这项指标是衡量矿山采出矿石的质量指标。贫化率愈高，则矿石质量愈差，必将影响企业的声誉和经济效益。因此，对产品质量的监督是必要的。

选矿回收率是指选矿产品（精矿）中所含被回收有用成分的重量占入选矿石中该有用成分重量的百分数。这是评价矿山企业选矿工艺、管理水平和入选矿石中有用成分回收程度的主要技术经济指标，是衡量在选矿这一环节资源回收利用水平的重要指标。由于选矿的对象是已采出的矿石，提高选矿回收率对整体资源、经济和环境效益的影响是至关重要的。

2. 当前，应把“三率”列为考核矿山企业的主要技术经济指标

为了贯彻中央“保护自然资源，保持良好的生态环境”的基本国策，按照“在保护中开发，在开发中保护”的原则，保护和合理利用矿产资源应是矿产行政管理工作的根本目的。但由于我国长期以来“企业吃资源的大锅饭”，保护和珍惜资源的意识差，有偿取得矿业权和有偿开采矿产资源才刚刚起步，矿业权市场尚不发育，还没有形成类似国外自己花钱找矿，自己花钱买矿，

将矿业权作为自己资产去对待的心态，也没有形成企业能自觉珍惜和合理利用资源的机制和保护矿产资源的内在动力。因此在这个阶段，加强政府在保护矿产资源方面的行政监督管理无疑是十分必要的。

要加强监督管理，必须有判断的量化标准，而“三率”恰恰是衡量矿山企业资源利用程度最主要、最基本的技术经济指标，而且可以通过矿山地质测量较准确、及时地反映出来，供监督检查人员据实判别，因此将“三率”指标的考核和分析，特别是把开采回采率指标与征收矿产资源补偿费的增减数额挂钩。与企业和职工个人经济利益挂钩后，能有效促进企业加强资源保护意识，严格采选生产技术管理，挖掘资源潜力，延长矿山寿命，扭转当前资源利用水平过低状况。当然保护矿产资源工作仅是个初步，手段尚不完善，效果有待提高，如何尽快建立企业保护矿产资源的有效机制和内在动力，是今后需要认真探讨的课题。

（五）监督综合开采，综合利用矿产资源

开展矿产资源综合利用，是我国一项重要技术经济政策。要通过综合利用，扩大矿产资源的供给来源，降低矿产品生产成本，提高矿山企业经济效益，同时达到防治污染，改善生态环境的目的。

（1）矿山企业应当贯彻“综合勘探、综合评价、综合开采、综合利用”的方针，加强对矿产资源综合利用的可行性研究。凡开采综合性矿床，必须提供共伴生矿产的综合开采、综合利用方案；未设计综合开采利用方案的，不得批准建设矿山和颁发采矿许可证。

（2）为了实施综合利用，矿山企业及其上级主管部门要进行统筹规划，对跨部门管辖矿种要打破部门和行业分隔的界限，由开采主要矿产的部门负责，有关部门参加规划设计，实行一业为主，多种经营。对重要的综合性矿床，国家要专门组织矿产综合利用的科技攻关。

（3）对暂时不能综合开采或者必须同时采出而暂时还不能综合利用的矿产以及含有有用组分的尾矿，应当采取有效的保护措施，防止损失破坏。

（4）为了执行综合利用与治理污染相结合的方针，应加强对尾矿资源（包括固体废弃物）的利用与管理，要完善尾矿整体利用技术的系统化、配套化和工程化，发挥国家在尾矿综合利用上的宏观指导与监督管理双重作用。

（5）建立国家对矿产资源综合利用实施统一管理的新管理体系，建立矿产资源综合利用统计制度和评价指标体系，建立和完善矿产资源综合利用标准体系，建立矿产资源综合利用状况公报制度和资源综合利用信息网络，同时加强资源管理部门对综合利用的监督力度。

第四节　矿山环境的监督管理

矿业开发不可避免地要对生态环境造成一定程度的破坏。我国是一个发展中的矿业大国，面临的矿山环境问题十分广泛和严重。矿产开发诱发的地震、滑坡、地面塌陷等地质灾害十分普遍，采选过程中排放的废水、废石、尾矿既占用了大量土地，又污染大片耕地和地下水源；冶炼厂排放的废气和烟尘造成空气污染并形成酸雨，既污染了土壤，又造成农、林、牧、渔业的大量经济损失。所有这些环境问题都给人类生产和生活带来严重危害。因此，切实加强对矿产资源开发的环境保护，是地质矿产行政管理当前和今后的一项十分重要的工作。

一、保护矿山环境的基本原则和要求

1. 基本原则

根据《环境保护法》、《矿产资源法》等有关法律、法规的规定和江泽民主席在“中央人口、资

源、环境工作座谈会"上的讲话精神，我国保护矿山环境的基本原则是：在矿产资源开发利用过程中，要坚持"矿产资源开发与生态环境保护并重、预防为主、防治结合"的方针，最大限度地减轻矿业活动对生态环境的污染和破坏。防治矿山地质灾害。按照"谁开发，谁保护，谁污染，谁治理，谁破坏，谁复垦，谁使用，谁补偿"的原则，加强对矿山"三废"的治理以及矿山生态环境的恢复和治理，实现矿产资源开发与生态环境保护的良性循环。

2. 主要要求

(1) 依法行政，建立和健全矿山环境的法规体系、管理体系和矿山环境保护监督管理制度，依法加强对矿山生态环境的监督管理；

(2) 对新建矿山，要执行环境影响评价报告制度。评价报告不批准，不得立项，不准建设施工；

(3) 防止污染和预防灾害的措施，必须与主体工程同时设计、同时施工、同时投产；

(4) 在国家自然保护区和其他生态脆弱的地区，要严格控制矿业活动；

(5) 严格禁止或控制土法采选冶金矿、土法炼汞、土法炼焦、土法炼硫及小水泥的生产，保护资源，遏制环境污染和破坏；

(6) 所有矿山企业都应按照环境保护的有关排放废水、废气、废渣达标规定的标准进行排放。

二、保护矿山环境的主要内容

1. 废气治理

主要是对窑炉二氧化硫烟尘治理以及采、选、冶各种生产工艺废气中物料回收和污染的处理。要限制开采含硫高的煤炭，禁止新建含硫量大于3%的矿井，已建成的要逐步限产以至关闭；限制新建、改建含硫大于1.5%的煤矿。通过治理，使二氧化硫污染状况明显好转。

2. 废水治理

重点控制化学需氧量、石油类、氰化物、砷、汞、铅、镉及六价铬等废水的排放。要完善废水治理制度，提高废水处理技术水平，减少酸性废水、含悬浮物废水和含盐废水排放，加强废水中资源的综合利用和回收。通过治理，使矿区内的废水污染物指标符合排放标准。

3. 废渣处理

重点控制冶炼废渣、粉煤灰、炉渣、煤矸石、尾矿及放射性废渣等的排放。加强尾矿及固体废弃物的综合回收利用，使其排放总量现状不再扩大，综合利用率明显提高。

4. 加强矿山环境监测及预测预报和矿山地质灾害防治

除要加强"三废"监测管理外，还需加强对土地退化、水资源枯竭、水土流失、沙漠化、地面变形和塌陷、崩塌、滑坡、泥石流等环境问题和灾害的监测及预测预报，及时采取有效措施，使矿山地质灾害得到基本控制和综合整治；减轻和消除因疏排地下水而引起对矿区水均衡的破坏。

第五节 土地复垦的监督管理

保护土地资源和保护矿产资源具有同等的重要性，所以，《矿产资源法》第32条以法律形式明确"开采矿产资源，应当节约用地。耕地、草原、林地因采矿受到破坏的，矿山企业应当因地制宜地采取复垦利用、植树种草或者其他措施"。江泽民主席也强调指出："在我们这样一个人口众多的发展中国家，必须实行世界上最严格的土地管理制度"。加强土地复垦的监督管理正是保护土地资源，维持土地总量动态平衡的重要方面。

一、土地复垦的内涵

土地复垦是指在采矿活动中，因挖损、塌陷、压占等原因造成土地破坏，对其采取整治措施，使土地恢复到可供利用状况的活动。

二、土地复垦的基本原则和要求

根据国务院1988年11月8日发布的《土地复垦规定》，以法律形式明确，“谁破坏，谁复垦”和“谁使用，谁补偿”的土地复垦原则，加大土地复垦力度，实现矿山开发中土地复垦耕地与建设用地的基本平衡，到2005年矿山土地复垦度达到60%以上。

三、土地复垦的主要内容

(1) 严格矿山建设用地审批制度，积极推动实行矿山土地复垦保证金制度；

(2) 大力开展以“造地复田”为主的综合治理，恢复和增加耕地；

(3) 加强矿区塌陷土地复垦示范区的建设，尤其大力开展煤炭塌陷区的土地复垦；

(4) 加大水土流失、土地沙漠化治理力度，恢复林草植被、人工造湖等，遏制矿区生态环境恶化趋势。

第六节 矿产资源监督管理的制度和方法

矿产资源开发监督管理制度是指在矿山企业生产过程中，为确保矿产资源合理开发利用和防治环境污染等而实施的各种监督管理制度，因此基本上是属于狭义的监督管理，而这些制度则是有机地联系在一起的。

一、矿山企业矿产资源开发利用情况统计年报制度

矿山企业矿产资源开发利用情况统计年报制度是要求矿山企业定期向国家矿产资源主管部门上报矿产资源开发利用情况的制度，目的是为了从宏观上，全面了解、整体掌握全国各矿种、各类企业开发利用矿产资源的基本数据及存在的主要问题，作为国家发布矿业现状，提供信息，分析问题，制定国家宏观矿业政策的基本依据。统计年报要求企业填报的内容非常广泛，大致可归纳为：企业基本情况、生产经营情况、资源利用状况、营销及利税等内容。

二、矿山企业“三率”指标制定与考核制度

在社会主义市场经济体制下，合理利用和保护矿产资源涉及到对国有资产的维护和国家经济安全等问题，已不单纯是企业行为，特别是当前尚未建立起企业自觉保护矿产资源机制的情况下，由政府监督企业节约和保护矿产资源是十分必要的。“三率”指标的制定与考核是衡量、监督矿山企业对矿产资源开发利用水平最直接、最主要的考核手段，还是利用经济手段制约企业合理、节约利用矿产资源的重要基础工作。

“三率”指标是一个需符合每个矿山开采实际的阶段性指标，不可能提出一个适合所有矿种、各类矿山统一的考核标准，因此首先需要由各矿山企业自行制定“三率”指标并进行论证，报当地地质矿产主管部门，当地地质矿产主管部门根据企业的实际情况，对上报的“三率”进行复核并提出修改意见，由矿山企业修改后，再报省（区、市）地质矿产主管部门确认备案，即作为

各级地质矿产主管机构监督检查企业“三率”的依据。

“三率”考核的内容主要包括三大方面，一是“三率”指标的执行和完成情况，实测结果是否属实，计算是否准确；二是“三率”指标是否作为经济手段与企业、班组、个人利益挂钩，是否起到促进提高资源利用水平的作用；三是考核中的经验、问题和建议等。

三、矿山企业矿产开发监督年度检查制度

矿山企业矿产开发监督年度检查制度(以下简称“年检制度”)是政府全面考核矿山企业对矿产资源法律、法规执行情况和履行义务的综合性的年度检查制度。根据1991年原地质矿产部的文件，对年检的主要内容规定为：矿山企业是否依法取得采矿许可证；是否按照采矿许可证批准的内容从事采矿活动；是否按照批准的设计要求进行采矿、选矿作业；“三率”指标制定和考核情况及与企业经济责任制挂钩情况；矿山企业矿产资源开发利用统计年限年报的填报情况；矿山企业储量增减情况、损失量的构成、报销情况及存在问题；对具有工业价值的共生、伴生矿产的综合开采、综合利用情况；矿山地质测量机构的建立及地质测量工作规程制度的制定执行情况；依法缴纳开采矿产资源的有关税费情况；无证开采和破坏性开采的矿产品禁止进入流通领域的执行情况；有无违反矿产资源法律、法规的其他情况。

年检制度采用书面审查与实地抽样检查相结合的方法。

四、矿产督察制度

矿产督察制度是地质矿产行政主管部门为了确保矿产资源法律、法规有关保护矿产资源、保护环境的规定得以认真贯彻执行，而向矿山企业派出督察员定期或不定期的深入矿山了解情况，反映问题，依法进行检查督办的制度。1989年原地质矿产部颁发的《矿产督察员工作暂行办法》规定矿产督察员分为国家级和省(区、市)级，并有不同的督察范围。

矿产督察制度规定矿产督察员的主要职权是：监督检查矿山企业执行矿产资源法律、法规的情况；完善本企业资源保护制度情况；“三率”制定及考核情况；资源综合开采、综合利用情况；有关规定的报表、资料上报情况等。矿产督察员有权参加矿山企业有关资源开发利用和保护会议，进入采选现场调阅有关文件、图纸，检查实际情况；有权要求企业加强管理，进行整改，提高资源利用程度，纠正和制止破坏浪费资源行为；有权参与矿山非正常储量报销、储量转出和闭坑矿山矿产资源开发利用情况报告的审批；有权建议表扬和奖励保护矿产资源成绩显著的单位和个人，建议惩处破坏浪费矿产资源的单位和个人以及派出单位交办的其他监督工作。

五、矿山环境影响评价报告审批制度及矿山环境保证金制度

这两项制度是为了确保矿产资源开发对环境污染和生态环境破坏所造成的负面影响降至最低程度，使矿区的环境质量有所改善，并不再欠新债而制定的两项制度。

矿山环境影响评价报告审批制度要求对所有新建矿山，在可行性研究阶段即要对该项目可能造成的环境污染和对生态环境的破坏作出真实的反映和评价，并提出针对性的治理措施，包括工业污染源的达标排放、固体废弃物的综合回收利用、矿区土地复垦、地质灾害的控制与缓解、环境监测系统的设置和运作等全面系统的综合整治工程。环境影响评价报告需经国家环境主管部门和地质矿产行政主管部门的审查批准，否则项目不得批准。这样就从源头上把住了环境保护关，避免出现新的污染源。

矿山环境保证金制度是为了确保企业履行环境治理措施和土地复垦计划而对矿山企业预

先征收一笔履约保证金。在闭坑前，如企业按设计要求进行环境治理和土地复垦并经验收合格，则保证金退还企业；如企业未能按设计要求完成治污及复垦任务，则政府利用这笔保证金来完成治理和复垦任务。这项制度是在矿山即将结束闭坑前把住环境关，使矿山企业不再欠新债。

第七节 矿山企业税费制度

一个国家的矿业税费制度直接关系到矿业投资环境和国家矿业竞争力水平。在国民经济中，矿业作为一项基础产业具有高风险、长周期和资金密集等特点。为了鼓励投资者的积极性，吸引国内外矿业资本，促进矿业可持续发展，各个资源国家无不在建立和完善矿业税费制度基础上，合理有效地对财政税收政策进行宏观调控，并通过广泛适用的优惠制度与之配套，来改善矿业投资环境，提高矿业竞争能力，促进区域经济发展。

市场经济国家的矿业税费制度总的特点，是反映矿业经营特点及其基础产业地位，而与一般意义上的国家税费收入不同，是以扶植矿业，合理有效利用资源为原则。总结我国当前普遍实行的与矿业活动有关的税费，基本有以下几项。

一、国家通用税种

它指对所有企业均适用的税种。

1. 企业所得税

所得税（利润税）是世界上几乎所有国家都征收的主要税收，一般按应税所得（销售收入扣除经营成本、权利金、固定资产折旧及其他法定可扣除项目的余额）的一定百分比（所得税税率）计征。我国企业所得税制度基本与世界各国的所得税制度一致。1994 年税制改革后，我国所得税税率为 33%，其中 30%归中央所得，3%归地方。但对矿山企业所得税的确定与国际上通用的作法相差很大，如国外普遍允许固定资产加速折旧，允许在应税所得中扣除资源耗竭补贴，允许勘查费用在税前摊销等，对所有这些问题尚在研究中。

2. 增值税

增值税是对生产、销售商品或提供劳务过程中实现增值额征收的一个税种，1994 年税制改革后成为我国流转税体系中的骨干税种，其计征公式为：

应纳税额＝当期销售税额－当期进项税额

当期销项税额＝销售额×税率

当期进项税额＝买价×扣除率

增值税税率经过几次政策性调整，目前对石油、天然气、井盐的增值税税率仍为 17%，金属采选产品、非金属采选产品增值税税率为 13%，建筑用砂、石、土等税率为 6%，黄金、白银暂不征收。

世界上只有少数国家对矿产品征收增值税或类似增值税性质的税收（如销售税），如阿根廷征收 18%的增值税，但不收权利金；印尼对出口矿产品不征收增值税，对内销矿产品征收 10%的增值税；其他主要矿业大国对矿产品都不征收增值税。

3. 营业税

营业税是对提供应税劳动、转让无形资产或者销售不动产的单位或个人征收的税种。其征税对象包括交通运输业、建筑业、邮电通讯业、文化体育业、金融保险业、服务业、转让无形资产、销售不动产共 8 个税目。营业税的税率为 3%～5%。

4. 消费税

消费税是对从事生产、委托加工和进口下列应税消费品的单位和个人征收的税种。其应税对象大体可分为5种类型：第一类为一些过度消费会对人类健康、社会秩序、生态环境等方面造成危害的特殊消费品，如烟、酒、鞭炮、焰火等；第二类为奢侈品、非生活必需品，如首饰、珠宝玉石、化妆品等；第三类为高能耗及高档消费品，如小汽车、摩托车等；第四类为不可再生和替代的石油类消费品，如汽油、柴油等；第五类为具有一定财政意义的产品，如汽车轮胎、护肤护发品等。共计设置了11个税目、13个子目、24个征税项目。消费税的税率从3%到45%，共设有14个档次的税率(税额)。

二、地方通用税种

它指地方政府对企业设置征收的税种。

1. 土地增值税

土地增值税是对转让国有土地使用权、地上的建筑物及其附着物(简称转让房地产)并取得收入的单位和个人征收的税种。其计税依据是纳税人转让房地产所取得的增值额，因此土地增值税税率按增值额的大小，实行从30%到60%的4级超率累进税率计征。

2. 固定资产投资方向调节税

固定资产投资方向调节税是为了控制盲目投资，调整产业结构而对利用各种资金进行固定资产投资的各级政府、机关团体、部队、各类企事业单位和个人所征收的税种。共设置两大税目和税率：一类为基本建设项目，按照国家产业政策，对国家列为重点支持的产业、产品建设项目，实行0～5%低税率；对国家严格限制的产业、产品建设项目，实行30%的高税率；凡体现技术进步、鼓励内涵的设备更新和技术改造项目，实行0税率；凡限制外延的更新改造项目，则实行10%的固定资产投资方向调节税。

3. 城市维护建设税

城市维护建设税是为了加强城市的维护建设，扩大和稳定城市维护建设资金来源而征收的税种。其征收对象是在城市、县城、建制镇和广大农村。凡是缴纳消费税、增值税、营业税的单位和个人，一律属征收城市维护建设税的范围，即城市维护建设税要和“三税”同时征收。城市维护建设税实行地区差别税率，纳税人所在地在城市市区的，税率为7%；纳税人所在地在县城、建制镇的，税率为5%；纳税人所在地不在市内、县城或建制镇的，税率为1%。

4. 土地使用税

土地使用税是国家在城市、县城、建制镇和工矿区范围内，对拥有土地使用权的单位和个人，以其实际占用土地面积为计税依据而征收的一种税。凡在上述范围内的土地，不论属于国家所有的土地，还是集体所有的土地，都是土地使用税的征收对象。土地使用税以纳税人实际占用土地面积为计税依据，因此，必须由法定单位对实际占用土地面积进行测量。根据实测面积，土地使用税采用分类分级的幅度定额税率，或称等级幅度税率，具体按城镇大小分4个档次，每平方米幅度税额分别为：大城市0.5～10元；中等城市0.4～8元；小城市0.3～6元；县城、建制镇、工矿区0.2～4元。

还有一些小额税目，如印花税、房产税，就不在此赘述了。

三、矿业专门税费

国内与矿业有关的专门税费，概括起来主要有矿产资源税、矿产资源补偿费、探矿权使用费及其价款和采矿权使用费及其价款等，现分别介绍如下：

（一）矿产资源税

早在1984年10月，矿产资源税在我国第一次正式开征。征收矿产资源税的初衷主要在于：促进国有资源的合理开采、节约使用和有效配置，调节资源自然条件形成的资源级差收入，平衡企业利润水平，为企业竞争创造公平的外部环境。与其他税种配合，发挥税收杠杆的整体功能，扩大税收，增加国家财政收入。

矿产资源税的基本内容及其变革概括如下：

1984年10月，按照《资源税条例(草案)》的规定，"凡在中华人民共和国境内从事原油、天然气、煤炭、金属矿产和其他非金属矿产资源开发的单位和个人，是资源税的纳税义务人"。但实际开征范围仅限于石油、煤炭和天然气3项特定资源，以后又增加了铁矿石。而盐税根据我国历史沿革一直作为独立的税种存在，因此在这个条例中不包括盐税。

矿产资源税以开采者取得的原料产品级差收入为课税对象，不包括经过加工的矿产品。实行从价计征，计税依据为应税产品的销售利润率，最初按超率累进税率进行征收，即销售利润率不超过12%的，不征资源税；销售利润率超过12%～20%部分，每增加1%，税率增加0.5%，累进计算；超过20%～25%部分，每增加1%，税率增加0.6%，累进计算；超过25%以上部分，每增加1%，税率增加7%，累进计算。

应该说1984年的《资源税条例(草案)》，采取以销售利润为依据的超率累进税率，其前提是认定资源级差收入体现在产品销售利润中。因此，这一税收制度较为恰当地体现了调节资源级差收入水平的意图。实践结果也说明，资源税确实起到缓和矿山企业间因资源条件的差异而产生苦乐不均的矛盾。但按销售利润率的征收办法也存在诸如鞭打快牛，弄虚作假，手续繁杂，财政收入无保证等缺陷。鉴此，财政部于1986年决定对煤、原油、天然气由按销售利润超率累进计征，改为按实际销售量定额征收，定额标准以资源条件好坏来确定，资源条件好、盈利多的多征，资源条件差、盈利少的少征。到1994年重新颁布的《中华人民共和国资源税暂行条例》又对资源税征收办法作了较大修改。一是资源税征收原则确定为"统一税收，简化税制"，"普遍征收，级差调节"。二是将过去与资源税并立的独立盐税并入资源税，列为资源税的一个税目。三是将资源税征收范围扩大到其他非金属矿以及黑色、有色金属矿原矿，即规定在我国境内开采规定的矿产品或生产盐的单位和个人都一律缴纳资源税，而不论该项开采或生产有无级差收益。四是在普遍征收的前提下，采取了按资源的具体品种设置了7个税目，并根据资源条件差异划分不同等级或不同产区，分别规定不同幅度的定额税率以调节不同开采或生产者的级差收入。7个税目和税额幅度分别为：原油8～30元/吨，天然气2～15元/立方千米，煤炭0.3～5元/吨，其他非金属原矿0.5～20元/吨，黑色金属原矿2～30元/吨，有色金属原矿0.4～30元/吨，盐中固体盐10～60元/吨、液体盐2～10元/吨。五是计算资源税的基本公式为：应税税额＝课税数量×单位税额，式中课税数量根据企业情况可分别为实际销售数量或产量或自用数量。

我国的资源税就其性质而言，勉强可以与国外的超额利润税相比，但又与超额利润税有很大不同：

(1) 国外超额利润税是对采矿权人在开采矿产资源中所产生的超额利润的征收，这种超额利润来源于矿床内在的质量、品位和外部的客观条件(位置、交通)，且必须扣掉为吸引矿业新项目的投资所必需的最低收益之后的利润。而我国的资源税是对矿山企业销售产品数量的计征，且不管企业是否盈利，是否有超额利润而普遍征收。

(2)国外超额利润税一般由中央政府有关部门征收,纳入中央政府财政。而我国资源税名义上是共享税,实际上是地方税。因为陆上所有矿产资源的资源税全部归地方,如何使用完全由地方决定,仅海洋矿产资源的资源税归中央,这部分数量很小,这也在一定程度上反映了资源税既不是以国家对矿产资源所有权为依据的征收,也不是以调节级差收入为依据的征收。应该指出的是,目前征收这种税的国家并不多,即使征收也不采用这种方法。

(二)矿产资源补偿费

为了保障和促进矿产资源的勘查、合理开发利用和保护,维护国家对矿产资源的财产权益,根据《矿产资源法》第五条关于"开采矿产资源,必须按照国家有关规定缴纳资源税和资源补偿费"的要求,1994 年国务院发布了《矿产资源补偿费征收管理的规定》,自 1994 年 4 月 1 日起施行。规定明确矿产资源补偿费的征收主体为采矿权人。征收对象为不同类矿产资源经过开采或者采选后,脱离自然赋存状态的矿产品(原油、原煤、原矿或精矿)。计征基础则是矿产品的销售收入,销售收入的计算为:凡采矿权人在境内销售矿产品的,按当地市场平均价格计算;采矿权人向境外销售矿产品的,按照国际市场销售价格计算;采矿权人对矿产品自行加工的,按照国家规定价格计算;国家没有规定价格的,按照征收时矿产品的当地市场平均价格计算。矿产资源补偿费的费率依不同矿种分别按销售收入的一定比例规定为 0.5%~4%的折算标准。矿产资源补偿费征收金额的计算按下式进行:

矿产资源补偿费金额=矿产品销售收入×补偿费费率×开采回采率系数

式中:开采回采率系数=核定开采回采率/实际开采回采率

核定开采回采率以经批准的矿山设计为准,对不要求作矿山设计,只要求有开采方案的矿山企业,其开采回采率由县级以上地方人民政府地质矿产主管部门会同同级有关部门核定。在补偿费金额的计算中加入开采回采率系数,体现了"保障和促进……保护与合理开发……矿产资源"的征费宗旨。

矿产资源补偿费由地质矿产主管部门会同财政部门征收,一般按月或按季缴纳,金额就地上缴中央金库。年终按规定比例中央与地方分成单独结算,中央与省、直辖市的分成比例为 4∶6,中央与自治区的分成比例为 5∶5。根据财政部、原地质矿产部和国家计划发展委员会 1996 年[1076]号文《矿产资源补偿费使用管理暂行办法》规定,"中央分成所得的矿产资源补偿费纳入国家预算,实行专项管理,其使用方向和分配比例为:70%用于矿产勘查支出(对象为中央直属地质勘查单位,主要用于国家经济建设急需矿种和战略储备需要的重大地质普查找矿工作),20%用于矿产资源保护支出(对象为国有独立矿山企业,主要用于为提高矿产资源开采及回收利用水平而进行的技术改造工作),10%用于矿产资源补偿费征收部门经费补助(对象为补偿费征收部门,主要用于补助征收部门管理人员经费)。

采矿权人凡从废石(矸石)中回收矿产品或按照国家有关规定批准开采已关闭矿山的非保安残留矿体的收入部分,经省级人民政府地质矿产主管部门会同同级财政部门批准,可以免缴矿产资源补偿费。采矿权人从尾矿中回收矿产品或开采未达到工业品位及未计算储量的低品位矿产资源,或依法开采水体、建筑物、交通要道下的矿产资源或因执行国家定价而形成政策性亏损者,经省级人民政府地质矿产主管部门会同同级财政部门批准,可以减缴矿产资源补偿费,但减缴额超过 50%时,须经省人民政府批准。这些减免条件体现了国家对采矿权人充分利用矿产资源的一种鼓励。

我国实行的矿产资源补偿费,其本质是一种所有权性质的收费,是矿产资源国家所有权在经济上的实现,因此与国外的权利金大体相似或接近,其征收方法也是国际上较普遍采用的,即在从价法的基础上进一步考虑了采矿权人对矿产资源的开发利用效率，既符合国际通用作法，又具有中国特色。

我国对中外合作开采陆上和海洋石油资源征收的矿区使用费与矿产资源补偿费属于同一性质，根据规定的第二条，对中外合作开采石油资源征收矿区使用费后不再征收矿产资源补偿费。

（三）矿业权使用费及矿业权价款

矿业权（包括探矿权和采矿权）是矿产资源国家所有这一自物权（原始产权）派生而出的他物权（派生权），因此矿业权不仅拥有使用权，还拥有收益权，即采矿者一旦取得采矿权后，就有权开采并取得开采物（矿产品）的所有权。由于探矿、采矿活动密切相关，探矿权有优先获得采矿权的惯例，因此，矿业权的获得实质上是在矿产资源原始所有权不变的前提下，对矿产资源资产权的一种限定的转移。这种产权转移在市场经济条件下应遵循商品交易原则来实现，只有这样才能真正完整地建立起矿产资源有偿使用制度，才能防止国有资产的流失，保障国有资产的保值、增值要求。据此，《矿产资源法》第五条规定："国家实行探矿权、采矿权有偿取得制度……"国务院于1998年2月发布了《矿产资源勘查区块登记管理办法》、《矿产资源开采登记管理办法》、《探矿权采矿权转让管理办法》3个配套法规，将矿业权的有偿取得制度加以具体化。

1. 探矿权使用费及探矿权价款

《矿产资源勘查区块登记管理办法》第十二条规定："国家实行探矿权有偿取得制度。探矿权使用费以勘查年度计算，逐年缴纳。探矿权使用费标准：第一个勘查年度至第三个勘查年度，每平方公里每年缴纳100元，从第四个勘查年度起，每平方公里每年增加100元，但是最高不得超过每平方公里每年500元"。即从第五个勘查年度开始为每平方公里500元不再递增。探矿区有偿使用费的设置，改变了过去探矿权以行政授予的方式无偿取得的一贯作法，从而维护了国家对矿产资源的所有权益，还避免了历来勘查项目占用面积过大，时间过长的弊端。这种按占用土地面积计征的费用符合国际上通用的矿地租金（Rent），不过，我国目前收费标准与世界其他国家相比，约低1/3～1/2。

《矿产资源勘查区块登记管理办法》第十三条还规定："申请国家出资勘查并已经探明矿产地区块的探矿权的，探矿权申请人除依照本办法第十二条的规定缴纳探矿权使用费外，还应当缴纳经评估确认的国家出资勘查形成的探矿权价款，探矿权价款按照国家有关规定，可以一次缴纳，也可分期缴纳……"

建国以来，国家投入了大量资金进行地质勘查工作，形成了勘查工作程度不同的矿产地。对这类矿产地探矿权的授让，为保护国家作为特定出资人的权益，探矿权申请人为取得探矿权，不仅要缴纳探矿权使用费，还要缴纳国家出资形成的探矿权"价款"。该价款不仅包含国家已有的投入，还应包含已有投入对该矿产地预期远景的价值。可见探矿权价款也是有偿取得探矿权的一个组成部分。

2. 采矿权使用费及采矿权价款

《矿产资源开采登记管理办法》第九条规定："国家实行采矿权有偿取得的制度，采矿权使用费，按照矿区范围的面积逐年缴纳，标准为每平方公里每年1 000元。"

作为矿业权有偿取得制度的一个组成部分，采矿权使用费与探矿权使用费相似，也以采矿权所占用的土地面积作为计价基础，以控制对土地的过多占用，但在占用时间上则不作分阶段限制，因为这将与矿山服务年限相联系，也是国际上通用的作法，只是由于我国土地价格和矿山企业承受能力所限，目前所定标准，大体为国外平均标准的1/7左右。

《矿产资源开采登记管理办法》第十条还规定："申请国家出资勘查并已经探明矿产地的采矿权的，采矿权申请人除依照本办法第九条的规定缴纳采矿权使用费外，还应当缴纳经评估确认的国家出资勘查形成的采矿权价款；采矿权价款按照国家有关规定，可以一次缴纳，也可以分期缴纳……"

与探矿权价款设立的目标相同，采矿权价款设立的目标也是为了维护国家作为矿产资源所有权主体和特定出资人权益，防止国有资产流失。采矿权价款不仅包括国家出资所形成的附加于矿产资源资产价值，还包含矿产资源资产自身的价格。

归纳以上各项可见，资源税、矿产资源补偿费、探矿权使用费、探矿权价款、采矿权使用费及采矿权价款共同构成了当前我国矿产资源有偿使用制度和税费体系。其中除资源税由国家税务局列为地方税征管外，其余各项均依法由"登记管理机关收取"，亦即国务院地质矿产主管部门收取，并"全部纳入国家预算管理"。

进一步阅读的书目

1. 蒋承菘. 地质矿产行政管理. 北京：地质出版社，1998.
2. 傅鸣珂，李万亨，李佩基. 小型矿山开发管理概论. 北京：地质出版社，1997.
3. 杨鲁等. 中国资源税费的理论与应用. 北京：经济科学出版社，1994.
4. 郭振西等. 为振兴中国矿业而奋斗. 北京：地质出版社，2000.

思　考　题

1. 矿业与工业有何区别？矿业的特有规律是什么？
2. 在市场经济条件下，为什么政府对矿业企事业单位仍要实施内容广泛的监督管理？
3. 为什么对矿业权的监督管理是矿产行政监督管理的核心？
4. 你认为监督矿山企业保护和节约利用资源最有效的途径是什么？
5. 监督矿山环境和土地复垦最主要的制度是什么？
6. 我国矿业税费制度对促进或抑制矿业发展起什么作用？

第七章

矿业权管理

提　要

1. 矿业权管理是指国家行政管理机关为实现国家矿产资源所有权益，保护矿业权人合法权利的基本要求，对矿业权从申请、审批、授予到注销全过程的行政管理。

2. 探矿权、采矿权申请人的资格及资质管理主要是指登记管理机关在授予探矿权、采矿权时，以及在进行地质勘查和采矿活动中，或者在变更主体，转让探矿权、采矿权时，对矿业权人必须具备的资质条件进行审查认可。

3. 探矿权、采矿权人的权利和义务是指探矿权、采矿权人在获得对矿产资源勘查和开采的特许权利并得到经济利益的同时，还应承担相应的法律义务。根据矿产资源法律、法规的规定，探矿权人和采矿权人应享有不同的权利和义务。

4. 矿业权审批与授予管理是指国务院、省(自治区、直辖市)和县以上政府地质矿产主管部门，对矿业权申请人申请获得探矿权和采矿权而进行的审批登记、颁发勘查和采矿许可证，以及日常勘查与采矿管理等工作。

5. 矿业权有偿取得制度是指矿业权人通过向国家支付准予使用权利的费用，从而取得矿业权，它体现了国家和矿业权人之间的经济关系。矿业权申请人申请国家出资勘查形成的矿产地的矿业权，不但要缴纳矿业权使用费，还需要对国家的勘查投资进行补偿，即缴纳矿业权价款。

6. 矿业权市场是指矿业权在流转过程中，在矿业权人之间按照市场经济规律达到资源合理配置和保值、增值的目的。新颁布的《矿产资源法》增加了准许探矿权、采矿权转让的条款，从而为社会主义市场经济的矿业权管理体制以及矿业权市场的建立奠定了法律基础。

第一节　矿业权管理概述

一、矿业权的概念

矿业权是由矿产资源国家所有权派生出来的他物权，具有不动产物权的某些法律特征；它是财产权的一种形式，设立矿业权可以使矿产资源所有权与对矿产资源进行勘查、开采的权利相分离，这是适应社会主义市场经济的最佳管理方式。矿业权是探矿权和采矿权的合称。

(一) 探矿权的概念

探矿权是指在依法取得的勘查许可证规定的区块范围和期限内，勘查矿产资源的权利。取得勘查许可证的单位或者个人称为探矿权人。这种权利是探矿权人依据法律、法规与国家之间建立的一种对矿产资源准予使用的权利。勘查矿产资源需要冒极大风险，投入大量资金，在实行社会主义市场经济体制条件下，国家作为矿产资源所有者没有必要也不可能用财政收入进行地质勘查工作，设立探矿权，以有偿取得方式授予探矿权人，就可以达到矿产勘查的目的。探矿权人在对探矿权的使用和经营过程中，虽然承担了极大的风险，但也存在着获得高收益的可能。

(二) 采矿权的概念

采矿权是指依法取得的采矿许可证规定的范围和期限内，开采矿产资源和获得所开采的矿产品的权利。取得采矿许可证的单位或者个人称为采矿权人。这是矿产资源国家所有权和采矿权相分离的另一种法律形式。

具有采矿权权利的企业或个人称为采矿权主体，采矿权主体依企业形式不同有公司型采矿权主体、单一型采矿权主体和联合型采矿权主体。对依法由采矿登记管理机关批准的一种或几种矿产资源称为采矿权客体。采矿权的内容是指在特定的地区和期限内，对特定的矿产资源进行的开发活动，包括矿山建设权、矿产资源开采权和矿产品生产经营权等。

我国将矿业权划分为探矿权、采矿权两个阶段，探矿权、采矿权均具有排他性，即不能重复设置。但对开展基础性、公益性的地质调查和选择找矿靶区的面积性地质调查工作，不需设置探矿权，因此亦不具排他性，只需向勘查登记管理机关进行备案登记。

二、矿业权管理的概念和内容

矿业权管理是指国家行政管理机关为实现国家矿产资源所有权权益，保护矿业权人合法权利的基本要求，对探矿权、采矿权从有偿设立到注销全过程的行政管理。诸如，探矿权、采矿权的申请、审批、授予、转让、延续、变更、注销等。

矿业权管理主要包括以下几个方面的内容：

(1) 界定矿业权的性质、时间与空间限制；

(2) 设定取得矿业权的资格、条件和程序；

(3) 界定矿业权人的权利和义务；

(4) 受理矿业权申请、审批并授予矿业权；

(5) 征收管理矿业权使用费和价款；

(6) 矿业权转让、延续、变更和注销管理；

(7) 保护合法的矿业权。

第二节 矿业权申请人的资格和资质管理

一、探矿权申请人的资格和资质管理

(一) 探矿权申请人的资格和资质

探矿权是为勘查矿产资源而设立的，由于地质勘查是技术密集型的探索性工作，又有很大的风险性，要求地质勘查者要有丰富的专业知识、必要的施工设备、一定的工作经验和经历才能胜任。对地质勘查者的这种综合能力考核的结果就是地质勘查单位资格，也是对其资质的审查。若由勘查出资人申请探矿权，需雇用他人勘查施工时，登记管理机关还要对地质勘查施工单位的资质进行审查。

(二)探矿权人资格和资质的管理

对探矿权人资格的管理,主要是通过要求探矿权人在勘查过程中,一定要具有国家认定的具有地质勘查资格的单位进行地质勘查工作来体现的。这是申请探矿权的一个必要条件。管理认定地质勘查资格的主管部门是国务院地质矿产主管部门,受其委托的省级地质矿产主管部门,管理各省、自治区、直辖市行政辖区内地方地质勘查单位的资格认定工作。

地质勘查单位的资格,按地质勘查工作对象不同,划分为若干类,每一类中再按单位资历、技术水平、技术力量、装配水平、资金和管理水平等指标,划分为甲、乙2级或甲、乙、丙、丁4级。原地质矿产部于1991年9月3日颁布《地质勘查单位资格管理办法》。地质勘查单位资格管理工作已于1992年在全国范围内贯彻实施。地质勘查单位资格证既是从事合法勘查工作的凭证,也是反映地质勘查单位的实力、能力和信誉的证明。它为国家地质勘查单位走向市场提供了基础条件,为已存在的地方地质勘查单位确定了合法地位,为投资者选择合作勘查对象提供了目标。

资质管理要求探矿权申请人使用具有与勘查项目要求相适应的地质勘查单位开展地质勘查工作,可以避免出现质量问题和不必要的风险,缩短矿产资源的勘查周期,加速我国矿业的发展。

二、采矿权申请人的资格和资质管理

(一)采矿权申请人的资格及资质

由于对矿产资源开采的高风险和特殊技术要求,国家在授予采矿权时要求采矿权人必须具备的资质条件是:

(1)具有与开采方案相适应的技术条件(包括技术力量和技术水平)和资金能力。技术条件和资金能力是采矿权人进行矿产资源开采的两项不可缺少的前提。

(2)具有能够独立承担民事责任、履行法律义务的能力。

采矿权人在拥有采矿权的同时,在法律上获得了相应的权利和承担着相应的义务。在滥用权利或未完全履行义务时,还将承担法律责任。因此,采矿权人必须是能够独立行使民事权利和义务,承担民事责任的企业法人。

(3)具有采矿权设立的法律前提。

具备申请采矿权的基本前提条件可以是采矿权申请人即为探矿权人,或者是申请开采的矿区是尚未设立任何矿业权的"空白区"。前者,其探矿权的取得可以是直接向国家申请或通过依法转让两种方式,但它们在法律上同样具有采矿优先权。后者,无论是探矿权人认为矿产地无前景,自动放弃探矿权,或者是矿产地虽有开采价值,但自己无力开采,不得不放弃探矿权,这两种情况,其探矿权都由国家收回,在以后适当时机,再由国家以授予或招标方式出让采矿权。

(二)采矿权申请人资格和资质的管理

采矿权申请人的资质条件,实际上是采矿权申请人能力的体现。采矿权申请人是否具备这一能力,主要是在申请采矿权时,通过采矿登记管理机关对申请人进行审查认可。采矿权取得以后,采矿登记管理机关通过年检制度的执行,达到检查目的。年检的重要内容之一,是检查采矿权人是否按照矿山设计方案进行采矿活动。而一定的设计方案必然附带着特定的技术条件和资金能力。因此,对设计方案执行情况的检查,实际上是对采矿权人技术条件和资金状况的验收,达到了资质管理的目的。

另外,在采矿权管理中,法规规定了采矿权人在变更企业名称或者采矿权转让时,要办理变更登记手续，原来具有法人资格能够独立承担民事责任的采矿权人，在变更主体时，要接受登记管理机关对新的主体的资质审查。

第三节　矿业权人的权利和义务

一、探矿权人的权利和义务

探矿权申请人申请的勘查项目一旦获得国家的批准，取得探矿权后就成为探矿权人。由于探矿权是国家将原本属于国家的矿产资源所有权以设置特许权的方式授予探矿权人使用，因此，探矿权人在获得对矿产资源勘查的特许权利并得到经济利益的同时还应尽相应的义务。根据矿产资源法律、法规的规定，探矿权人有下列权利和义务。

（一）探矿权人享有的权利

(1) 按照勘查许可证规定的区域、期限、工作对象进行勘查；

(2) 在勘查作业区及相邻区域架设供电、供水、通讯管线，但是不得影响或者损害原有的供电、供水设施和通讯管线；

(3) 在勘查作业区及相邻区域通行；

(4) 根据工程需要临时使用土地；

(5) 有权优先取得勘查作业区内矿产资源的采矿权；

(6) 在完成规定的最低勘查投入后，经依法批准，可以将探矿权转让他人，获得应有的收益；

(7) 自行销售勘查工程中回收的矿产品。

（二）探矿权人应履行的义务

(1) 在规定的期限内开始施工，并在勘查许可证规定的期限内，完成应当投入的勘查资金，其投入的数量每平方公里不得少于法规规定的最低勘查投入标准；

(2) 定期向勘查登记管理机关报告勘查进展情况、资金使用情况，逐年缴纳探矿权使用费；

(3) 不得擅自进行采矿；

(4) 勘查作业完毕，及时封、填探矿作业遗留的井、硐或者采取其他措施，消除不安全隐患；

(5) 按照国家有关规定汇交地质勘查资料，向勘查登记管理机关报送资金投入情况报表和财务决算报表，办理勘查许可证变更、注销登记手续；

(6) 遵守有关法律、法规关于劳动安全、土地复垦和环境保护的规定。

二、采矿权人的权利和义务

采矿权申请人申请的采矿项目一旦获得国家的批准，取得采矿权后，即成为采矿权人。采矿权人在享有法律规定的矿产资源开采权利并得到经济利益的同时应承担相应的法律义务。根据矿产资源法律、法规的规定，采矿权人有下列权利和义务。

（一）采矿权人享有的权利

(1) 有在批准的矿区范围内建设采矿所需的生产和生活设施的权利；

(2) 有在采矿许可证规定的范围和期限内，从事开采活动的权利；

(3) 有获取被许可开采矿产品及共生、伴生矿产品的权利；

(4) 有在矿区范围内进行生产勘探的权利；

(5) 有按国家规定自行销售矿产品和自行确定矿产品价格的权利；

(6) 有按国家规定依法取得土地使用权和其他地上物权(如道路通行权和设置供电、供水、输油和通信线路权等)的权利;

(7) 有按国家规定依法向社会公开发行股票和向社会公开融资的权利等。

(二) 采矿权人应履行的义务

(1) 有在批准的期限内投入矿山生产建设,开始矿山施工作业的义务;

(2) 有按国家规定进行矿山设计,采用先进合理的开采方法和选矿工艺使矿山"三率"指标达到设计要求以及综合利用共生、伴生、中低品位、薄矿层、难选矿产资源的义务;

(3) 有按国家规定填报矿产资源开发利用等统计报表,保护矿山档案资料安全的义务;

(4) 有按国家规定接受国家工作人员监督检查,按时办理年度检查或注册手续的义务;

(5) 有按国家规定缴纳采矿权使用费、采矿权价款、资源补偿费、资源税等税费的义务;

(6) 有按国家规定采取环境保护、劳动安全卫生防护和土地复垦措施的义务。

第四节 矿业权审批授予和日常管理

一、探矿权的审批和授予管理

探矿权的审批和授予是实现国家对矿产资源所有权管理的一项重要工作。国家将审批和授予探矿权的权力,直接授权给政府的地质矿产主管部门作为矿产资源勘查审批登记的管理机关。国务院地质矿产主管部门负责审批登记和发证的项目,包括跨省、自治区、直辖市行政区域中的领海及由中国管辖的其他海域的,以及外商勘查投资的勘查作业项目。省级地质矿产主管部门的管辖权限,则为除了上述管辖范围以外的或根据上级机关授权的勘查项目。在设立探矿权时必须贯彻排他性原则、有偿取得原则、统一区块编码原则、申请在先原则和不得过多占用区块原则等。

现将探矿权的授予程序、审批内容分述如下:

(一) 探矿权的授予程序

探矿权的取得可以是向国家申请,或者是通过市场转让。向国家申请获得探矿权的必须通过如下一系列授予程序。由市场转让获得探矿权的,必须经过探矿权转让管理机关审批,按照转让审批程序转让。

1. 探矿权申请

探矿权申请人在对该地区地质资料综合研究的基础上,向勘查登记管理机关提出申请,并填写探矿权申请书,应当对勘查区块、勘查矿种、勘查期限、项目名称、探矿权人、勘查单位、勘查设计方案、勘查资金来源等,向登记管理机关作出阐述和请求。

2. 探矿权受理

勘查登记管理机关对探矿权人递交的申请书和资料清点齐全,并经查询确认为"空白区块"的方予以接受,安排审查,即受理。

3. 探矿权审查

登记管理机关受理申请后,审查的主要内容是,探矿权申请人是否具备申请条件,申请范围是否符合规定,勘查设计是否贯彻国家方针政策,申请的区块是否与已有的探矿权、采矿权重复,勘查费用是否能满足最低勘查工作量的要求等。审查后及时将审查决定通告申请人,探矿权申请人如有异议有权提出复议,或要求召开听证会。

（二）探矿权的审批内容

1. 勘查项目区块范围

为了合理使用勘查区块，提高勘查效率，在受理探矿权申请时，对每一个申请的勘查项目有最大区块范围限制的要求，超过最大范围限制的申请不予受理。按矿种分类法规规定其允许登记的最大范围。对于探矿权人用已获得探矿权的项目申报国家一类项目或与外资合谈合资合作项目，不存在审批探矿权范围问题。如发生转让或变更探矿权主体，只需办理探矿权登记手续。

2. 勘查矿种

每个申请的勘查项目应明确其主要矿种，以便确定其允许的最大范围。如发现有新的矿种，应及时报告登记管理机关，根据实际情况决定是否需要进行主要矿种变更登记。

3. 勘查期限

为了体现鼓励加速勘查，在设置探矿权的有效勘查期限时，根据不同矿种规定了一般期限，如油气为 7 年，其他矿产为 3 年。

4. 边探边采项目

申请边探边采的探矿权人，应该将勘查区块内已投入的勘查工作进行总结，填写采矿登记申请书，报登记管理机关审查，经勘查登记管理机关批准后，持准予边探边采审批通知书，按照开采登记办法规定的要求，到采矿登记管理机关接受其他办矿条件的审查，审查批准后办理采矿登记手续。缴纳采矿权使用费，领取采矿许可证。

5. 交费领取勘查许可证

申请人接到通知后，应到登记管理机关办理缴纳探矿权使用费手续。如果申请的区块是国家已经出资勘查探明的矿产地，申请人还应缴纳探矿权价款。缴纳费用后领取勘查许可证，成为持有法律允许勘查区块上的探矿权人，即可开展合法的勘查工作。

6. 探矿权招标、投标

在特殊情况下，探矿权的授予还可以通过招标、投标有偿取得。探矿权登记管理机关根据地区经济发展的需要或为解决某些勘查纠纷，根据公平、公正、竞争的原则，可以在法规授权的范围内，对尚未设置探矿权的“空白区”确定招标区块，发布招标公告。招标、投标方式可分为面向国内公民和国外公民两种，经确定中标人后向社会公告，中标人依法缴纳有关费用，办理登记手续，领取勘查许可证，即成为探矿权人。

二、采矿权的审批和授予管理

《矿产资源法》规定了按矿床储量规模和重要矿区、矿种来划分国务院、省（自治区、直辖市）和县级以上政府地质矿产主管部门颁发采矿许可证权限。国务院地质矿产主管部门负责登记、颁发采矿许可证的项目，包括国家规划矿区和对国民经济具有重要价值的矿区、领海及中国管辖的其他海域的矿区，以及外商投资开采的及跨省（自治区、直辖市）的矿产资源。省级地质矿产主管部门负责的范围是国务院地质矿产主管部门发证权限以外的或根据上级机关授权由国务院地质矿产主管部门审批登记的开采项目进行审批登记，颁发采矿许可证。除以上两种以外的矿产资源，由县级以上政府负责地质矿产管理工作部门审批登记，颁发采矿许可证。

现将采矿权的审批程序、内容、出让方式和日常管理等分述如下：

（一）采矿权审批的程序和内容

1. 划定矿区范围

矿区范围是采矿权人从事开采活动的空间区域范围，是指可供开采矿产资源的范围、井巷工程设施分布范围或者露天剥离范围的立体空间区域。划定矿区范围的具体工作是：

(1) 采矿权申请人将划定矿区范围的申请资料，报采矿登记管理机关进行审查。审查时应依据对矿产资源遵循统一规划、合理布局、合理开采、综合利用的原则，矿山建设规模与可采储量相适用的原则，矿山建设体现规模生产、集约化经营原则，充分体现排他性原则，充分保护已有采矿权人合法利益。

(2) 采矿登记管理机关对申请人报送的地质报告的可靠程度和矿产资源开发利用初步方案的合理性进行审查，作出是否同意开采的决定。同意开采的，在划定矿区范围的同时批准开采的矿种，确定矿区范围予以保留期限。

(3) 对矿区范围的预留。这一规定主要是针对国有矿山企业现行的矿山建设程序而设定的，一个大型矿山企业从项目立项、审批、设计到开采，时间往往很长，项目立项后如果长期不开采，不利于调动各方面的办矿积极性，也不利于矿业的开发，所以应该加以限制，大型矿山矿区范围规定为3年预留期。

以上各条件审查合格后，采矿登记管理机关再划定矿区范围。

2. 领取采矿许可证

采矿许可证是拥有采矿权的唯一法律凭证，因此，采矿权申请人只有持有采矿许可证，才意味着成为合法的采矿权人。领取采矿权许可证应向登记管理机关提交下列资料。

(1) 采矿权申请登记书。

(2) 矿区范围图。

(3) 采矿权申请人资质条件的证明，包括法人或个体营业执照和与矿山建设规模相适应的资金、技术和设备条件的证明。

(4) 可行性研究报告或矿产资源开发利用方案。

(5) 申请由国家出资探明矿产地的采矿权的，应报送采矿权价款评估的有关资料。

(6) 开办煤矿企业，还应出具煤炭主管部门对设立煤炭矿山企业的批准意见。

(7) 环境影响报告及环境管理部门的审批文件。

3. 采矿权申请的授予

采矿登记管理机关在收到申请人报送的采矿登记申请资料40日内将对矿区范围和面积、设计利用储量、建设规模、服务年限、开发方案、资质条件以及环境治理能力等进行综合审查，作出是否同意办理采矿登记的决定。登记管理机关同意的，通知采矿权申请人交纳有关费用后，颁发采矿许可证。

(二) 采矿权的出让方式

1996年新公布的《矿产资源法》出台之前，在我国开采矿产资源只需有关主管部门批准后便可到地质矿产主管部门申请，无偿取得采矿权。这种申请审批的方式是当时采矿权出让的唯一方式。由于采矿权的无偿取得，致使矿山企业并不珍惜已经获得的权利，缺乏保护矿产资源的内在动力，也导致了矿山采富弃贫的短期行为。1996年8月新公布的《矿产资源法》，从我国现阶段社会主义市场经济的需要出发，恢复了采矿权作为财产权的本质，并且规定了“国家实行探矿权、采矿权有偿取得的制度”以及探矿权、采矿权可以进入流通市场，在一定条件下实行转让，为搞活矿业经济，促进我国矿业发展提供了十分必要的条件。

根据修改后的《矿产资源法》，目前，我国采矿权出让有以下两种方式：

1. 采矿权的申请和授予

采矿权申请人在向采矿登记管理机关申请采矿权时，其身份无论是直接从事地质勘查工作的探矿权人，或者是经合法转让获得探矿权的探矿权人，他们都是具有优先采矿权的申请人，国家对这类申请人一般采取授予的方式出让采矿权，即由申请人提出申请成为采矿权人。

2. 采矿权的招标、拍卖

对于目前尚无矿业权设立的"空白矿产地"，如果急于出让采矿权或开发该矿区具有难以解决的技术问题，或有多个申请者申请开采时，国家可以采取招标、拍卖的方式。

(1) 招标方式。根据矿体地质特征和国家的开发政策，由采矿登记管理机关委托有关单位编制标书。标书中对矿产资源的综合回收率、矿产品的技术指标等提出最低要求。在满足国家要求的前提下，国家将在若干投标人中选择开采方案最先进、经济效益最佳的作为中标人，为其颁发采矿许可证。投标人的资格和资质条件，由国家在招标前进行审查。

(2) 拍卖方式。对于矿区开发效益好、竞争性强、开发利用技术要求不高的矿区，国家可以采取拍卖方式出让采矿权。拍卖说明书由采矿登记管理机关依据矿产资源的特点客观地编定，竞买人的资质条件由采矿登记管理机关在拍卖之前进行审查。

三、矿业权的日常管理

(一) 探矿权的日常管理

探矿权设置后，勘查登记管理机关要进行以下各环节的日常管理工作。

1. 年度检查

年度检查是省(自治区、直辖市)、县各级探矿权管理机关管理探矿权的日常手段之一。探矿权人在勘查许可证规定期限内必须到现场开始勘查工作，同时，还要到施工现场所在的县级人民政府负责地质矿产管理工作部门报告，交验勘查许可证，填报开工报告，按登记管理机关年度检查的主要内容履行勘查义务。否则登记管理机关有权要求其限期改正或进行行政处罚。

2. 探矿权变更

登记管理机关允许探矿权人根据勘查工作取得的地质认识和探矿权人自身发生变化的实际情况，修订勘查许可证注册的内容。例如，要求扩大或者缩小原勘查许可证上的区块范围面积；要求改变原勘查工作对象；要求变更勘查许可证注册的探矿权人名称或办公地点等。登记管理机关经审查探矿权人提交的资料后，作出准予或者不准予变更的决定。准予变更的，应当办理变更登记手续，换领勘查许可证。

3. 探矿权延续

地质勘查工作常常由于种种原因，未能实现勘查目的，探矿权人希望延长勘查工作时间，登记管理机关允许探矿权人延长勘查许可证期限，但探矿权人必须在完成最低勘查投入和履行了探矿权人义务的基础上，向登记管理机关提交书面申请。满足上述条件的，一般不需要审批，只需探矿权人办理延续登记手续，换领新的勘查许可证。

4. 探矿权保留

设置探矿权保留的目的，是为了保障探矿权人优先取得采矿权权利的实现，保护探矿权人的合法权益。探矿权人需要自己开采的，在保留期内可进行包括融资在内的必要的开采前期准备工作。否则，也可以在保留期内寻找受让人。探矿权保留期满探矿权未转让，探矿权人也未申请采矿的，登记管理机关应通知探矿权人办理注销勘查许可证手续。

5. 探矿权注销

探矿权注销是终止探矿权的一种形式，终止后的探矿权不复存在，新的探矿权申请人可以申请消失了探矿权的区块。探矿权的注销可以是因探矿权人自愿放弃探矿权或申请采矿权，是探矿权管理的最终环节。因此，登记管理机关在审查探矿权人的注销申请时，应当审查探矿权人在探矿权存续期间履行有关义务情况，防止探矿权人以探矿权注销逃避应尽的法定义务。

办理探矿注销手续，探矿权人应向登记管理机关提交勘查许可证注销申请登记书和勘查项目完成或终止报告等文件，以及勘查年度项目支出会计核算表、探矿权使用费缴纳情况证明文件等附件。

探矿权终止的另一种形式是因探矿权人的违法行为，被登记管理机关吊销其勘查许可证。这是一种行政处罚，在以后的6个月内应限制该探矿权人申请其他探矿权的行为。

（二）采矿权的日常管理

日常管理工作包括年检制度、采矿权变更、延续和注销制度等。

1. 年检制度

采矿登记管理机关依靠年检制度依法监督采矿权人有无超越行使权利和不履行义务的行为，以便随时予以纠正和处理。年检制度的主要内容包括：是否持证开采，是否按批报的开发方案进行开采，是否达到"三率"指标，以及储量增减、综合利用和缴纳税费情况等。

2. 采矿权变更

采矿权人如在采矿许可证有效期内，因某种原因导致不能进行采矿活动时，就需要申请变更采矿权的设定内容，办理变更登记手续。按开采登记办法第15条的规定，如发生下列情况需到采矿登记管理机关办理变更手续。

（1）变更矿区范围。矿山生产过程中矿区范围发生变化必然会涉及到矿产储量的保有量，因此，采矿权人必须到登记管理机关办理审批和变更手续。经过采矿登记管理机关重新审核批准。应该强调提出的是，采矿权人即使将自己矿区范围内的矿产储量划出，也应事先征得登记管理机关同意，无权自行分配给他人开采。

（2）变更主要开采矿种。矿种分类是划分审批发证权限的依据之一，所以如果采矿权人开采的矿种发生了改变，矿山企业采矿权的管理权限亦将发生变化。另外，也会导致矿产资源开发利用方案的变化。对于外商投资开办的矿山企业，往往由于开采矿种的不同，而采取鼓励、限制和禁止等不同的政策。总之，矿山企业开采矿种发生变化是采矿登记管理机关日常工作中必须了解和掌握的，因此，必须及时办理变更开采矿种的手续。

（3）变更开采方式。开采方式关系到矿产资源开发利用方案的大局，它决定着矿山生产的采矿方法、运输方式，以及整个矿山建设和生产布局等。如果矿山的开采方式发生了改变，意味着原来经过采矿登记管理机关审查批准的矿山开发利用方案将发生重大变化，因此，必须经采矿登记管理机关再次审核后，办理变更登记手续。

（4）变更矿山企业名称。矿山企业名称是经工商注册登记后成为企业法人的称谓，也是采矿权管理对象的称谓。矿山企业名称发生改变，会导致采矿权管理对象落空或出现管理上的混乱，因此，必须经采矿管理机关审核后，才能变更矿山企业名称。

（5）依法转让采矿权。矿山企业经批准依法转让采矿权，即采矿权易主后，转让和受让人都应办理采矿许可证的变更登记手续。这种变更与前者不同，它不仅仅是名称上的改变，而是与名称相关的采矿权主体在形式和实质内容上也发生了变化。

3. 采矿权延续

采矿许可证的有效期，根据矿山建设规模的不同而分为30年、20年、10年（均指有效期上限）不等。采矿许可证期满，采矿权人可在有限期满30日前申请办理延续登记手续。为了保证矿山生产年限的需要,延续次数不限。采矿权人在有效期满逾期不办理延续登记的,自逾期之日起其采矿许可证便自行作废。

4. 采矿权注销

采矿权人在采矿许可证有效期内或者有效期届满时,由于经济效益、矿产品市场、自然灾害等各种原因而停止生产的,或者由于矿区范围内的矿产资源已经开采完毕而自然终止采矿活动关闭矿山的,应当自决定停办或者关闭矿山之日起 30 日内,向原发证机关申请办理采矿许可证注销登记手续。采矿登记管理机关注销采矿许可证时,应审查以下几个方面:

(1) 注销审查。关闭矿山应审查其是否已经充分开采完了矿产资源,以防止采富弃贫浪费矿产资源的现象。还要审查矿山关闭地质报告和有关资料。

(2) 土地复垦和环保治理的审查。采矿权人在结束开采活动以后,应负责使原有的采矿权范围内的土地恢复其使用价值和规定的状态,矿山环境治理达到规定的要求,这是法律规定采矿权人应尽的义务。

(3) 消除不安全隐患的审查。矿山关闭后会留有废旧的矿井、坑道、峒室等,它们隐藏在地下,不易被发现,很容易造成积水塌方、瓦斯聚集等隐患。为了保证人们生产、生活的安全,采矿权人在采完矿产资源之后,有义务消除这些不安全的隐患,应提供详细的井上、井下对照图件,或将其封闭或充填。

经过上述审查后,采矿登记管理机关方可给矿山企业办理采矿许可证注销手续。

第五节　矿业权有偿取得的管理

一、探矿权有偿取得的管理

(一) 探矿权有偿取得的目的和意义

探矿权人勘查国家矿产资源时,必须依法向国家缴纳探矿权使用费。它体现了国家和探矿权人之间的经济关系,是国家运用经济手段促使探矿权人不要占用太大探矿区面积和过久期限,对勘查工作进行管理的一种方式,也是对利用探矿权搞投机行为的人加以限制的一种有效手段,同时,还提供了探矿权管理的费用。

确立探矿权的有偿取得制度是保障矿产资源国家所有权的基本制度,是地质勘查改革的重大举措,是适应社会主义市场经济逐步建立市场对矿产资源配置起基础性作用的需要。实施探矿权有偿取得制度,有利于加快勘查工作进程,提高勘查工作的经济效益;同时,也有利于吸引外商投资,有利于国内勘查投资主体多元化的进一步发展。如果探矿权不能有偿取得,则后续的优先采矿权就不能得到保障。

(二) 探矿权有偿取得的方式

探矿权有偿取得是指探矿权人通过向国家支付准予使用权利的费用,从而取得探矿权。根据勘查投资主体的不同,探矿权有偿取得有以下两种情况。

1. 缴纳探矿权使用费

不论勘查投资的主体是国家(特殊的民事主体),还是其他一般民事主体,其取得探矿权的基本法定义务之一,就是要在取得探矿权后,依法按年度、面积缴纳探矿权使用费。国外有的国家称之为出让权(Rental)。

2. 缴纳探矿权价款

如果某一民事主体申请一个已由国家出资勘查形成了矿产地的探矿权，那么，该民事主体就不仅要缴纳探矿权使用费，还要对国家的勘查投资进行补偿，即缴纳探矿权价款，偿还国家作为勘查投资者的权益。

（三）探矿权有偿取得的收费标准

探矿活动的目的是为了找到有商业开发价值的矿床。只有通过开采，才能获得矿业开发的利润。所以，任何一个国家对探矿活动都是持鼓励态度，对探矿权有偿取得的付费数额要求很低，一般以不影响矿产勘查主体申请探矿权的积极性为原则。当前，我国地质勘查投入严重不足，造成许多地质勘查项目处于停顿、半停顿状态。在这种情况下，收费标准过高，将会影响勘查工作的顺利进行；相反，收费标准过低，将难以起到限制多占面积和防止拖延勘查期限的作用。

在充分考虑到我国现阶段地质勘查单位的实际承受能力，通过对10年以来勘查登记统计资料的分析、研究，提出在探矿权许可的法定最长年限3年内，每勘查年度每平方公里按100元计，逐年缴纳；从第四勘查年开始到第七勘查年，每勘查年度每平方公里增加100元，逐年缴纳；从第八勘查年开始不再增加，每勘查年度每平方公里均为500元，逐年缴纳。

（四）探矿权使用费和探矿权价款的征收管理

根据《矿产资源勘查区块登记管理办法》第14条规定："探矿权使用费和国家出资勘查形成的探矿权价款，由登记管理机关收取"，即由国务院和省两级探矿权登记管理机关负责征收。

二、采矿权有偿取得的管理

（一）采矿权有偿取得的意义

实行采矿权有偿取得制度，对促进我国矿业实现可持续发展，更好地保障国民经济对矿产品的需求，将产生以下影响。

（1）有利于实现矿产资源国家所有权的财产权益；

（2）为使我国矿产资源管理步入社会主义市场经济体制，实现市场流转和促进各民事主体公平竞争创造条件；

（3）有利于促进矿业秩序好转，减少采矿权纠纷；

（4）增强采矿权人珍惜矿产资源意识，提高矿山企业开发利用水平；

（5）促进矿山企业提高经营管理水平；

（6）有利于破除"部门保护"和"地方保护"，协调各方面的利益关系。

（二）采矿权有偿取得的方式

采矿权有偿取得是指采矿权人通过向国家支付准予使用权利的费用，取得采矿权。根据规定采矿权申请人不论是直接通过申请取得的采矿权，还是通过国家招标、拍卖的方式取得的采矿权，都必须付出经济上的代价，依法按矿区面积逐年向国家缴纳采矿权使用费。如申请国家出资探明矿产地的采矿权，还需缴纳经评估确认的采矿权价款。

采矿权价款是采矿权人申请国家出资探明矿产地采矿权的一种经济回报。考虑到目前国家已探明矿产地绝大部分是由国家出资探明的，为了避免国家拨款的地质勘查费形成的国有资产的继续流失，鼓励多渠道资金流入矿业生产经营活动，因此建立了采矿权价款制度。这一制度的建立将改变我国由国家拨款搞勘查，单位或个人无偿开采、从中受益的状况。

（三）采矿权有偿取得的收费标准

1. 采矿权使用费的确定

采矿权人必须按矿区范围面积，逐年向国家缴纳采矿权使用费。所谓矿区范围面积是指经登记管理机关依法划定的可供开采矿产资源的范围、井巷工程设施分布范围或者露天剥离范围的立体空间区域在其地面投影范围的面积。

我国采矿权使用费的缴费标准，考虑到我国有偿开采刚刚起步，矿山企业承受能力较弱，以及吸引外资来我国开采矿产资源的投资环境等因素，缴费标准不宜太高，经研究调整后，确定为每年每平方公里为 1 000 元。

2. 采矿权价款的确定

《矿产资源开采登记管理办法》规定："申请国家出资勘查并已经探明矿产地的采矿权的，采矿权申请人除缴纳采矿权使用费外，还应当缴纳经济评估确认的国家出资勘查形成的采矿权价款，采矿权价款按照国家有关规定，可以一次缴纳，也可以分期缴纳。"由上规定可以看出，只有申请国家勘查并已经探明矿产地的采矿权的，才缴纳采矿权价款。这一规定主要是为了避免作为特殊的民事主体国家的财产权益无偿转移给一般民事主体采矿权人，从而造成国家财产的流失，无法做到国家财产的保值、增值。

采矿权价款的缴纳方式有 3 种，第一种是采矿权人用现金缴纳，可以一次缴纳，也可以分期缴纳；第二种是作为资本金注入国有矿山企业账户；第三种是成立股份制矿山企业，将其作为国家股份参与入股。

采矿权价款评估工作，在市场经济国家一般由市场中介组织承担，我国也拟采取这种管理方式，由国务院地质矿产主管部门认定评估单位资格和确认评估结果。

(四) 采矿权使用费和采矿权价款的征收管理

《矿产资源开采登记管理办法》规定，"采矿权使用费和国家出资勘查形成的采矿权价款由登记管理机关收取"。从而明确了采矿权使用费和采矿权价款征收管理机关是国务院地质矿产主管部门和各省、自治区、直辖市人民政府地质矿产主管部门。

第六节　矿业权市场管理

党的"十五大"以来，我国社会主义市场经济全面发展，各种生产要素包括劳动力、专利权、商标权等纷纷进入市场流通领域。金融市场也适度开放，投资出现多元化的趋势。地质勘查行业内部的企业化进程加速，一些企业出现兼并、重组、破产。进入风险勘查、开采活动的外商投资企业也越来越多。企业主体的变更要求矿业权资产重组或出售，迫切要求建立矿业权的流通市场。现实的经济活动要求法律、法规给矿业权的流通以合法地位。新颁布的《矿产资源法》增加了准许探矿权、采矿权转让的条款，为社会主义市场经济的矿业权管理体制以及矿业权市场的建立，奠定了法律基础。矿业权管理体制的改革，特别是矿业权流转制度的确立，为我国的矿业发展开创了一个新的局面，必将大大增强我国矿业权市场的活力，加强市场在矿业权资源配置中的作用，引导国内外资金对我国地质勘查工作和矿业开发投资，促进我国的矿业得到进一步发展。

一、矿业权市场流转形式及其经济关系

矿业权市场是指作为特殊商品的矿业权，在流转过程中发生的经济关系的总和。矿业权市场的主体是矿业权人，即矿业权交易的双方；矿业权市场的客体是交易的目的物，即矿业权本身；矿业权主体之间的种种利益构成了矿业权市场的经济关系。

矿业权市场管理体制的核心内容之一，就是矿业权的流转制度。所谓“流转”是指资产或资金在流通过程中不断进行合理配置和保值、增值。因此，矿业权流转是指矿业权在其流通过程中，在不同持有者之间，按照市场经济规律达到资源合理配置的目的。

（一）矿业权流转的意义

（1）矿业权流转是实现矿产资源国家所有权的重要途径。按照我国宪法规定，矿产资源属于国家所有，但矿产资源只有经过勘查和开采成为矿产品后，才能变为现实的社会财富。在市场经济条件下，国家不会再大量投资从事这些活动，也不再直接干预矿山企业的生产经营，国家所有权的财产价值只能通过建立矿业权流转制度来实现。

（2）实行矿业权流转制度是建立市场经济的地质勘查工作运行机制的需要。近年来，我国地质勘查工作规模萎缩，其根本原因在于没有建立起一个适应市场经济的地质勘查工作运行机制，从而制约了地质勘查业的发展。建立矿业权流转制度，一方面探矿权人可以将探矿权有偿转让，并享有优先采矿权，其经济利益得以实现；另一方面，可吸收社会资金和外资，促进地质勘查业的发展。

（3）矿业权流转有利于形成良好的矿业秩序，促进我国矿业的健康发展。矿业权有偿取得以后，应依法受到保护，对于非法侵犯他人的矿业权者，应依法追究责任。目前，我国矿业秩序混乱是由于各方利益驱动所致，同时矿业权无偿取得也是重要原因之一。矿业权有偿转让可以改善矿业投资环境，扩大投资融资渠道，促进矿业发展。

（4）矿业权流转有利于促进现代矿山企业制度的建立。矿业权是一种特殊的财产，矿山企业应将矿业权作为资产核算，在矿山企业与其他公司组成股份公司或转让时，矿业权是矿山企业资产的重要组成部分。按照建立现代企业制度的要求，矿山企业包括矿业权在内的产权关系，形成法人财产权，因此，矿业权流转制度的建立，不仅为促进现代矿山企业制度的建立创造了条件，同时也为保护国家资源性资产的完整，维护国家财产权益奠定了基础。

（二）矿业权流转的形式

矿业权的流转方向可以是由国家流向企业（包括各种经济类型），也可以是由企业流向国家，还可以由企业流向企业。按照矿业权流转的方向和对象，一般将矿业权流转分为两种形式，即一级矿业权出让市场和二级矿业权转让市场。

1．矿业权的出让市场

一级矿业权出让市场是指矿业权作为资产，初次进入流通领域所形成的市场。我国在矿业权管理上实行的是探矿权和采矿权登记许可证制度。初次投入市场的探矿权和采矿权，都是由国家垄断的，一般采取出让的方式。国家根据国民经济和地区经济发展的需要，以及矿产资源存在形式的不同，采用不同的出让形式，如授予、协议、委托、招标和拍卖等出让探矿权和采矿权。

2．矿业权的转让市场

二级矿业权转让市场是一级市场的延伸和扩展，是指矿业权人为了经营目的，将矿业权再次投入流通领域所形成的市场。其流转是在两个平等的民事主体之间进行的。流转的形式多种多样，有出售、作价出资、股权转让、出租、抵押、继承等。二级矿业权转让市场的转让是有条件的，必须遵照法律、法规的规定运作。在《矿产资源法》第六条中，对转让探矿权和采矿权的条件，都有明文规定。

（三）矿业权流转的经济关系

1．矿业权流转经济关系的主体

矿业权流转经济关系的主体是指在矿业权流转过程中，依法独立享受经济权益和承担经济义务的当事人，即矿业权的出让方(或转让方)和矿业权的受让方，具体包括：

(1) 国家。国家是矿业权流转经济关系中重要的主体。按现行法律规定，国家是矿业权的终极所有者。我国《矿产资源法》明确规定："矿产资源属于国家所有，由国务院行使对矿产资源的所有权"。而矿业权又是由矿产资源所有权派生出来的，这样，由于矿产资源的国家所有的唯一性，就决定了国家是矿业权经济关系中最重要的主体，也确立了其作为矿业权的终极所有者的地位。同时，国务院也已明确由国务院地质矿产主管部门代表国家行使矿业权流转的行政管理。《矿产资源法》第十一条第一款规定："国务院地质矿产主管部门主管全国矿产资源勘查、开采的监督管理工作。"地质矿产行政主管部门管理工作的核心应该是矿业权管理，可见国家的法律、法规不仅赋予地质矿产主管部门地质矿产行政管理的权限，而且还赋予其对矿产资源进行监督管理的权力，从而地质矿产部门便成为矿业权流转经济关系中最重要的主体(国家)的代表。

(2) 矿业权人。勘查出资人为探矿权申请人。探矿权申请人向国家申请，经有关部门批准或受国家委托成为探矿权人。按国家对探矿权人的资质条件要求的规定，所有的公司、企业、其他组织和个人(当然也包括国外的)均可成为探矿权人。符合国家资质条件的采矿权申请人向国家提出申请，经有关部门批准或依法受让并办理法定手续后，所有的公司、企业、其他组织和个人均可成为采矿权人。

2. 矿业权流转经济关系的客体

矿业权流转经济关系的客体就是矿业权主体权利和义务共同指向的对象，即矿业权本身和流转这一经济行为。就体现矿业权目标物而言，探矿权的具体目标物可以是区块、矿产地，或者是成矿有利地段、找矿靶区等；采矿权的目标物则是具有工业经济价值的矿产储量。

二、矿业权流转制度

前已述及矿业权流转的主要形式，包括矿业权一级市场的出让和二级市场的转让。矿业权流转制度也可以分为两个相应的基本制度，即矿业权国家出让制度和矿业权转让制度。建立矿业权流转制度的基本指导思想是建立以矿产资源所有权为核心的国家出让市场，以及以市场供需为核心的、以经济利益为驱动的二级转让市场。

(一) 矿业权国家出让制度

国家出让的一级市场是两权流转制度的第一个环节。探矿权和采矿权呈纵向流通，国家以矿产资源所有者的身份，把矿产资源的探矿权和采矿权投入市场运行，国家对该市场具有垄断性，表现为政府与矿业权申请人之间的交易行为，基本上均由政府根据国家的整体利益，特别是不同矿产资源对国民经济的影响程度及经济发展的总体需求来确定出让形式。例如，对一般矿产地，尤其是在矿产资源前景不明朗的空白区块出让探矿权时，经常使用申请批准方式，即根据申请人的先后顺序，将探矿权授予最先申请者；申请者只需按面积缴纳探矿权使用费，就可获得探矿权。对于一些已知的矿产地，招标出让矿业权是经常采用的方式。对于我国今后的矿业权出让市场来说，竞争性招标方式、协议方式、委托方式或拍卖方式都有可能存在。除非矿业权人自动放弃矿业权，或者由国家收回后再度出让，否则同一矿产地的矿业权只能出让一次。

(二) 矿业权转让制度

以探矿权为例，探矿权申请人在国家出让取得探矿权之后，经过一段时间的投资勘查，找到矿产资源或取得一些有价值的发现情况下，都有可能进入二级市场，申请矿业权的转让。受让人经过批准获得探矿权后，经过一定的勘查投入和勘查阶段，也有可能再次进入矿业权二级市场进行转让。一项矿业权如果符合转让条件，经依法批准，可以多次转让。采矿权也是如此，作为采矿权人的不同主体，由于各种原因，都可以将采矿权拿到二级市场，以市场交易行为进行一次或多次转让。

二级市场的一个重要特点是矿业权呈横向流通，各个民事主体之间的地位是平等的，政府只以社会管理者的身份对矿业权转让市场进行管理和宏观调控。所以说矿业权流转的二级市场才真正体现了市场经济的公平、公正、公开、效率原则以及利益驱动原则。当然，现在还存在着许多原来从国家无偿获得的矿业权，国家对其进行了大量的地质勘查费投资，如果这些矿业权要转让，不论现在是由谁持有，都要根据国家的法律、法规规定，对国家的地质勘查费投资在评估的基础上予以补偿。

下面顺便介绍一下，关于国家出资进行勘查形成矿业权转让问题。新中国地质勘查工作一直是由国家财政投资，国家投入了大约 800 亿元人民币地质勘查费用于各类地质勘查工作，取得了大量地质勘查成果，也形成了大量的矿产地。其中，有些矿产地已被矿山无偿占用，申领了采矿许可证进行采矿活动，即成为国家出资形成的采矿权；有些目前仍在进行矿产勘查活动，即成为国家出资形成的探矿权。

在社会主义市场经济条件下，国家既是矿产资源的所有者，又是某些矿业项目的投资者，除享受国家对矿产资源的所有者权益，收取矿产资源补偿费外，还应享受国家作为矿业权人的投资权益。但随着政企分开，国家政府机构主要是以社会管理者和所有者的身份参与矿业收益的社会再分配。

对于国家出资形成的矿业权，国家主要以特殊的民事主体身份参与矿业权的转让和收益过程。1998 年发布的两权转让办法规定，“国家出资形成的探矿权、采矿权在转让时，必须由国务院地质矿产主管部门认定的评估机构对其进行评估，评估结果要由国务院地质矿产主管部门进行确认”。转让以后的收益，根据地质矿产主管部门和财政部 1996 年颁布的《地质勘查单位财务制度》中对地质勘查成果无形资产的规定进行处理，对国家出资形成的矿业权转让的收益，按其实际成本数转成国家基金，作为国家投入地质勘查单位的资本，以防止国有资产流失。

三、矿业权市场管理的内容和方法

国家对矿业权市场必须依法管理，严格杜绝在矿业权交易中牟取暴利，其管理的重点是矿业权流转的二级市场。衡量是否进行炒作的标志是矿业权持有人是否按照法定要求完成最低勘查投入，如获得矿业权者未投入资金或未做任何地质勘查工作，转手即出卖矿业权获取暴利，则可视为炒作矿业权行为。管理的主要内容是从矿产储量的核实入手，把住储量关、地质勘查投入关、采矿基本建设投入关、勘查人员和采矿人员的资质关，维护正常的矿业秩序，保护矿业权的合法权益。同时，还要为资产的合理流动服务，结合国民经济发展的产业政策，为优化配置矿业权资产提供良好的市场环境。

探矿权的转让，要求转让方和受让方都必须具有勘查单位资格证，或者与具有勘查单位资格证的单位组成勘查合伙人，才有资格进入探矿权市场进行探矿权交易，以保证探矿权获得者是以勘查、采矿为目的。因此，需要严格检验转让方是否完成法定最低勘查投入工作量。

采矿权的转让，要求转让方必须出具具有储量审批资格的组织核实的保有储量报告。受让方要有充足的资金和技术、管理能力来经营矿山。大、中型矿山的采矿权转让，还要提交经具有矿业权评估资格的中介组织出具的评估报告。

矿业权的转让要按程序进行，首先，必须保证矿业权的真实性，杜绝欺诈行为，交易过程必须公开，转让矿业权的双方必须在管理机关的监督下进行，转让双方要向管理机关提出申请，填写转让申请的有关表格，接受管理机关的审查，进行转让登记，经审查批准后，到矿业权登记机关变更矿业权许可证书。在完成以上程序后，其转让行为才认为合法生效。

四、矿业权评估管理

（一）矿业权评估概述

矿业权评估是指矿业权出让方或转让方委托依法取得矿业权评估资格的评估机构，依照《矿业权评估管理办法》中规定的程序和方法，对矿业权价值进行评估的行为。它是评估者根据所掌握的矿地产信息和市场信息，并对现在或未来市场进行多因素分析，在此基础上对矿业权具有的价值量所进行的估算。

矿地产信息主要是指资源量或储量的级别和数量，以及它们的地质、采矿、选矿、冶矿等技术特征、勘查程度、技术进步的趋势和影响等因素。这就要求多方面专家的介入，包括地质学家、采矿和选冶工程师等。一般情况下，评估人要求委托人提供所有有关的矿地产方面的资料和信息，并对这些资料和数据等的翔实性进行审查，必要时还需要补做一些工作。市场信息主要指矿产品市场、财务市场、股票市场、矿业权市场等方面的信息。对矿产品市场的认识和判断取决于评估人员中的经济专家；企业的税金、资金来源和筹资、成本结构等内容，需由委托人的财务人员负责提供；关于矿业权方面的一些信息，需由委托人的法律顾问提供给评估人，包括矿业权的权益和权益结构，矿业权人的组织结构，是否有人申请参股，是否签定过联合风险勘查协议或其他协议，以及是否面临其他方面的法律障碍等等。

在掌握和研究地质技术因素和市场因素的基础上，还需要对市场未来可能的变化进行多因子分析，特别是矿产品价格、贴现率、汇率、税率、通货膨胀率等因素变化趋势的预测，政府政策可能的调整等。在此基础上，对矿业权的价值可以作出相对客观的评估。

（二）矿业权评估的发展趋势

1. 在评估的理论和方法方面

矿业权价值评估的基本原则和方法最早可追溯到19世纪末20世纪初。当时，矿业权评估的对象是具有探明储量的矿地产，所采用的主要是霍斯科尔德(H. D. Hoskold)公式，而最近，特别是进入20世纪90年代以来，西方市场经济国家矿产勘查经济的活跃使大量勘查公司上市筹资，大量探矿权易手，大量联合风险勘查协议签定，大量公司的兼并、联合、分设等事件发生。这样，对探矿权评估的要求增加了，于是探矿权价值评估的理论和合法得到了迅速的发展。

2. 在评估参数的选择方面

由于证券界财务理论，特别是资本成本定价模型，以及20世纪80年代风险理论的发展和完善，使矿业权价值评估方法更趋成熟。但是一些参数，如资本成本和经营成本、贴现率、预期价格等的选择和确定，已成为许多评估专家的研究对象。

3. 在评估工作规范化方面

20世纪80年代以前，基本上是分散进行的，90年代以后，根据银行的规定和股票交易所的要求等，西方市场经济国家的一些行会组织，发表了矿业权价值评估方法指南和原则，规定了评估人员的资质条件，约束其成员在评估时的行为等，从而使评估工作更加规范。

4. 在专业知识要求方面

在矿业权价值评估过程中，评估人员不仅要掌握地质、采矿、选矿、冶炼等方面的技术知识和经验，还要求其具有财务、法律、商业、有形和无形资产评估等各方面的专门知识，矿业权评估工作要求的知识结构将越来越多。

5. 在要求加强评估管理方面

随着矿业权市场交易的活跃，越来越要求政府在微观层次上加强对矿业权评估的管理。为了对投资者负责，投资管理机构对矿业权评估的管理更为关注，更为加强了。

但是尽管如此，迄今为止，矿业权价值评估问题由于矿业权市场和评价因素的复杂性，在西方国家也没有得到很好解决。因此，我国的矿业经济专家们，应该结合我国社会主义市场经济的特点，借鉴国外经验，加强矿业权价值评估的研究。

（三）矿业评估在矿业权市场运作中的作用

(1) 矿业权授予时的矿业权评估。在国家将某些矿业权授予矿业权人时，需要由国家组织评估。国外在大多数情况下是执行早申请者优先取得矿业权的原则，但在某些具体情况下，如国家矿产资源战略区划地带、较有潜力和远景地区以及重新授予矿业权的地区等，并不执行早申请者优先制度，而是采用招标制度。

(2) 加快矿业权依法转让的谈判过程。矿业权人取得矿业权后，由于某种原因自己无法或不愿继续进行下去，可以依法将矿业权在矿业权市场中转让。一般情况下，转让是需要评估的，据此作为转让和受让双方谈判的基础。特别当在矿业权中有国家权益时，评估则是必须的。否则不作强制性规定。

(3) 矿业权人若没有足够的资金继续进行矿产资源的勘查、开发工作，可以用矿业权作为抵押向银行或其他财务机构甚至私人投资者举债筹资。这时，受押和抵押双方一般也需要进行矿业权评估。

(4) 矿业公司以矿业权为依托在股票交易所上市和交易时，包括上市公司的招股说明书、信息备忘录等都必须有关于矿业权价值评估方面的说明。

(5) 矿业或勘查公司之间发生的重组、兼并、分设、收购等市场行为时，需要评估目标公司的矿业权。特别当母公司控制子公司的股份达到一定比例以上时，可以强制性购买该子公司，为了保护其他股东的利益，有必要对子公司的矿业权进行评估。

(6) 政府为了加强对矿业权市场的宏观调控，需要对某些具有典型意义的矿业项目的矿业权进行评估。评估的目的是为了制定和调整税率、贴现率以及其他经济政策，以协调国家、社会和公司企业间的利益关系。

(7) 为公司董事会决策服务，需要对矿业权进行评估。大矿业公司的发展战略，往往是靠收购小的资源性公司的矿业权。它们常常成立一个由技术专家、财务和法律顾问以及管理人员组成的咨询班子，对目标矿业权进行排队，以便决定是否购买该矿业权。

（四）矿业权评估方法的选择

西方国家矿业权评估方法的选择以及报告内容的取舍是由评估人员自己决定的，但是在评估报告中，评估人员必须说明选用某种方法的理由，并且建议采用一种以上的方法，以便对比。评估应尽可能地客观、严格，所有假设应该是合理的、公开的，评估过程应尽可能地透明，以便包括投资人及其投资顾问来评价所采用假设的合理性与否，作出判断。

选择矿业权评估方法，主要取决于以下因素：

(1) 取决于不同的评估目的。评估是为股票上市、举债抵押筹资，还是为公司内部决策、政府调整评价政策或征税。不同的评估目的，应选择不同的评估方法。

(2) 取决于矿业项目的工作程度。处于不同工作和研究阶段的矿产地，如矿产普查、矿产详查、矿产勘探和生产矿山，可采用不同的矿业权评估方法。

(3) 取决于委托人所提供信息(数据)的可靠程度。根据提供信息的数量和质量及其可得性，评估人员可选择不同的评估方法。

(4) 取决于风险分析和敏感性分析。

(5) 取决于矿种及其勘查、开采条件的不同。

关于探矿权和采矿权的评估方法可参考有关教科书。总的来说，探矿权项目一般不具备进行定量评估的地质和采矿信息，只能采用一些主观的定性评估方法，如地质工程法。采矿权项目一般有可靠的工程、生产、市场、经营成本和资本成本等方面的数据，可采用一些定量程度较高的方法，如贴现现金流量法。

(五) 矿业权评估管理

矿业权评估管理是指政府地质矿产主管部门，在微观层次上对矿业权评估过程中的市场行为所进行的管理和监督。矿业权评估本身是一项市场行为，是由独立的中介组织进行的。但是，由于矿业权市场是一种功能不完全的市场，市场运营的规范化程度低，比如缺乏规范化的价格形成机制等。所以在矿业权价值评估过程中需要政府地质矿产主管部门的规范，需要政府在微观层次上加强管理和监督，起到维护平等竞争的市场秩序的作用，维护市场交易的公平、公开和公正，界定矿业权评估时各主体的权利和责任。为此，中华人民共和国国土资源部于1999年3月30日以国土资发[1999]75号文件发布了《探矿权采矿权评估管理暂行办法》。

矿业权评估管理的主要内容包括：

(1) 建立矿业权评估制度。这是政府地质矿产主管部门的主要责任。它们根据《矿产资源法》及其配套法规、公司法、股票交易所上市条例等，制定出矿权评估管理暂行办法(详见国土资发[1999]75号文件等)。

(2) 研究制定矿业权评估的技术规范，使之适用于矿业权市场运作中可能出现的不同情况。在西方市场经济国家这种技术规范的制定是行会组织(或评估协会)的任务，但在自律性机构不完善的我国现实情况下，可由政府地质矿产主管部门来制定，包括国内和国际性的技术规范。

(3) 对于一些特定的矿业权的出让或转让，包括国家出资形成的矿业权，特别是那些已有探明储量的采矿权、潜力很大或前景很好地区的探矿权，以及非国家出资形成的矿业权的法定权力灭失后被矿产行政管理部门撤销、没收或重新设置的矿业权等。当国家在出让或转让这些矿业权时需采用的市场机制，一般是招标制度。这种情况下，由国家管理部门指定的评估机构依法进行评估，并对评估结果进行确认。

(4) 为了加强对矿业权市场的宏观调控，政府需要对某些具有典型意义的矿业项目的矿业权进行评估。其目的是通过评估，制定和调整税率、费率、贴现率以及有关经济政策。这种情况下，也应由国家指定评估机构评估，并由国家对评估结果进行审查和确认。

(5) 原国有企业无偿占有的由国家出资形成的探矿权、采矿权，因企业合并、分立、重组需变更民事主体而又未改变国有独资性质的，可不进行探矿权、采矿权价值评估，但需依法办理主体变更手续。

(6) 矿业权评估必须以国家评审认定的矿产资源储量报告或与评估有关的其他地质报告为依据，应由评估委托人与评估机构签定评估委托合同书，并向评估机构提供背景资料。评估机构应进行现场实地核查，按规定推荐的评估方法和报告内容独立地进行科学、公正的评估，最后提交评估报告。该报告需由评估机构的法人代表及评估机构签章。

(7) 国务院地质矿产主管部门对矿业权评估结果进行确认，是指对评估报告编写机构的资格、评估方法以及评估参数选取的合理性、评估有效期等方面进行审查核定。确认后的评估结果是矿业申请人缴纳矿业权价款与矿业权转让人与受让人成交价格的依据。矿业权若与企事业单位其他资产一并转让的，矿业权价款就应计入被转让的企事业单位的资产总额。

(8) 评估结果确认申请，由评估委托人按评估管理暂行办法规定所要求的材料向国务院地质矿产主管部门提出申请，经对评估报告审查后，及时做出确认或不予确认的决定。矿业权评估未予确认的，登记管理机关不得批准矿业权转让和办理变更登记。

(9) 矿业权评估委托人或评估机构违反国家有关规定，弄虚作假，造成评估结果失实的，省级以上人民政府地质矿产主管部门不予确认，并有权宣布其评估结果无效。情节严重，违反法律的，按国家有关法律追究其法律责任。

进一步阅读的书目

1. 蒋承菘. 地质矿产行政管理. 北京：地质出版社，1998.
2. 国地资源部国土资发[1999]75 号.《探矿权采矿权评估管理暂行办法》. 1999 年 3 月 30 日.
3. 中华人民共和国国务院令第 240 号，241 号，242 号.《矿产资源勘查区块登记管理办法》，《矿产资源开采登记管理办法》，《探矿权采矿权转让管理办法》. 1998 年 2 月 12 日.

思 考 题

1. 从设立矿业权的根本目的出发，领会和理解矿业权管理的内容和重要意义。
2. 根据地质勘查和矿床开采工作的性质和特殊要求，探矿权和采矿权申请人必须具备的资质条件有哪些？
3. 根据我国矿产资源法律、法规的规定，探矿权人和采矿权人应该享有哪些权利和应履行哪些义务？
4. 国家行政管理机关在设立探矿权和采矿权时，应该坚持哪些原则和审批内容？
5. 探矿权和采矿权的日常管理有哪些基本内容？
6. 实施矿业权有偿取得制度，对于加速我国地质勘查工作和矿业体制改革具有哪些积极意义？
7. 矿业权人为什么要向国家缴纳矿业权使用费和矿业权价款？意义何在？试和国外通行作法相比较。
8. 如何理解矿业权流转的意义及其经济关系？
9. 国家依法对矿业权市场管理的内容和方法有哪些？

第八章

地质矿产行政管理法律和法规

提　　要

1. 地质矿产行政管理法规体系(以下简称"法规体系")是调整矿产资源勘查、开发、保护，地质环境和矿山环境保护、整治过程中所发生的各种社会经济关系的法律规范的总和，是由现行的和将要制定的地质矿产资源法律和与之配套的法规、规章共同组成的有机统一体。

2. 法规体系集中体现了矿产资源国家所有、矿业权有偿取得和依法转让、矿产资源有偿开采、保护矿产资源开发和保护生态环境协调一致以及矿产资源国家监督管理等基本原则。

3. 法规体系建立了矿产资源所有权与矿业权管理、矿产资源有偿开采、矿产资源开发监督管理、矿产储量管理与地质资料汇交、地质环境和矿山环境管理、矿产行政法律责任及矿产行政监督等7项主要管理制度。

4. 法规体系的主要原则和制度分别反映在《矿产资源法》(法律)、《矿产资源法实施细则》、《矿产资源勘查区块登记管理办法》、《矿产资源开采登记管理办法》、《探矿权采矿权转让管理办法》、《监督管理暂行办法》、《矿产资源补偿费征收管理规定》(行政法规)、《违反矿产资源法行政处罚办法》、《地质资料汇交管理办法》、《储量审批管理办法》(部门规章)和31个省、自治区、直辖市的地方性法规、规章中。

5. 法规体系将随着国内外客观形势的变化而随时补充、修改和完善，因此体系仍处于动态变化过程中。

第一节　地质矿产行政管理法规体系

一、地质矿产行政管理法规体系的概念

地质矿产行政管理法规体系是指我国当前和今后一定时期，以现行的和拟将制定的法律、法规为基础所形成的用来科学、系统地规范和调整人们在地质矿产勘查、矿产资源开发利用和保护、地质环境及矿山环境保护和整治活动中所产生的各种社会经济关系、权利义务关系和行为规范的总和。从广义上讲，它包括了以宪法为统帅的有关法律，如民法、刑法、矿产资源法、环境保护法、土地管理法等；其下层次则包含了从不同角度调整、规范矿产勘查、开发、资源和环境保护等活动的行政法规；还包含了以上述法律、法规为准则而建立的部门规章和地方法规等配套制度和措施。从狭义上讲，地质矿产行政管理法规体系主要由现行和拟将制定的地质矿产法律及与之配套的法规、规章共同组成的分类别、有层次、上下制约、相互关联的有机统一体，后者是我们研究的重点。

二、地质矿产行政管理法规体系的特征

（一）地质矿产行政管理法规体现了不断发展变化的过程

法律作为上层建筑，一定要为经济基础服务。现行的地质矿产法规体系主要反映当前矿业的社会经济关系，是在维护国家权益的前提下，为规范地质勘查、矿产开发、环境保护等活动有序运作，促进矿业发展，根据行政管理需要而制定的行为准则。它在规范和调整当前矿业经济活动中的作用是不可缺的。随着我国改革开放的发展，社会主义市场经济体制的建立和完善、全球经济一体化的影响、科技进步以及可持续发展对资源和环境的新要求，都将促使我国矿业经济的发展发生很大变化，与其相应的矿业生产关系、矿业经济社会关系也将发生广泛的变化，调整矿业活动的法律也将发生相应的变化。为适应国家行政管理的需要，旧的法律要适时修改、废止，新的法律也会应运而生，这就使得该法律体系的结构和内容处于不断变化的过程中。我们所说的地质矿产行政管理法规体系包括现行的和拟将制定的地质矿产行政管理法规，其涵义即在于此。

（二）地质矿产行政管理法规体系是由各个地质矿产法规构成的有机统一体

矿业——从地质找矿、发现矿床、储量审批登记、可行性研究、矿业权属确认、矿山设计、建设施工到矿山建成投产是一个多工序，长周期，涉及各方面多种社会经济、法律关系的复杂过程，加之我国矿业分散管理体制的弊端，使矿业开发面临着中央与地方、政府与企业、不同所有制企业之间错综复杂的权属关系和利益格局以及矿业本身存在的技术、经济等诸多问题，所有这些问题都需要在一部基本法律原则规定的框架下，通过不同层次的配套法规，从不同角度和侧面，加以细化，便于执行，因此可以说地质矿产行政管理法规体系是一个在统一思想和原则指导下，由紧密关联、互相照应的各个法规、规章组成的有机统一体。

第二节　地质矿产行政管理法规立法的指导思想和基本原则

一、指导思想

以马克思主义、邓小平理论为指导，以宪法和法律为依据，建立适应社会主义市场经济体制的、符合中国国情和矿情的地质勘查、矿业开发活动的行为规范，达到促进矿产勘查、开发利用，强化资源的有效保护，保障国家经济建设当前和长远对矿产资源的需求，规范地质环境和矿区生态环境的保护和治理，促进矿业可持续发展的目的。

二、基本原则

立法原则除了包括由宪法规定的基本政治方向、基本经济制度、立法的基本方法和程序等立法活动中必须遵循的一般原则外，还包括反映其产业特有规律的基本原则，主要包括矿产资源国家所有原则、矿产资源国家监督管理原则、矿业权有偿取得和依法转让原则、矿产资源有偿开采原则、保护矿产资源开发和保护生态环境协调一致原则等。这些基本原则是制定地质矿产行政管理法规体系的思想、理论基础，反映了立法体系中各项法规的实质，并构成法律体系中各种行为规范的结构和内容。

（一）矿产资源国家所有原则

我国宪法和矿产资源法等法律均明确规定了矿产资源国家所有原则，这一基本原则构成

了矿产资源勘查、开发利用和保护的一切地质矿产社会经济关系的核心，并决定着这些关系的基本内容和主要形式。矿产资源国家所有的法律特征：一是矿产资源的国家所有权只能由国家最高行政机关、国务院来行使，国务院通过法律授权有关国家机关代表国家在其法定职权范围内行使管理矿产资源的职能。除此之外，任何机关、团体、法人等都不具备矿产资源国家所有的权能；二是矿产资源所有权的自然客体包括已探明、正在利用和未探明利用的一切矿产资源；三是国家通过设置矿业权及授权的法律程序，使国家对矿产资源所有权的地位在法律上得以体现；四是国家通过向矿业权人征收资源补偿费、资源税，使国家对矿产资源所有权收益在经济上得以实现。矿产资源国家所有原则是制定我国地质矿产行政法律的基础，反映和决定了国家管理的地质矿产法律制度的基本内容和结构。

（二）矿业权有偿取得和依法转让原则

随着改革开放和市场经济体制的建立，所有权和使用权分离，投资主体多元化，所有者和使用者代表了不同的利益，计划经济时无偿授予矿业权再也延续不下去了，市场经济呼唤着建立矿业权市场。按市场经济规律建立矿业权市场必须具备三要素，一是财产化，二是商品化，三是流通。矿产资源属于资源性资产，是财产，但不是商品，不准买卖；矿业权是财产，当有偿取得后即成为商品，法律允许矿业权依法转让，则使商品进入了市场，这样就满足了市场经济对矿业权市场的基本要求，即矿业权是财产，是商品，又可以流通。确定这一原则就使勘查和开采活动纳入了市场经济的轨道。

（三）矿产资源有偿开采原则

1994 年以前，我国一直实行无偿开采使用矿产资源的政策，这与当时的客观形势是相符合的。在社会主义市场经济新体制下，获得矿业权的法人和公民都成为相对独立的商品生产者，他们都要从开发利用矿产资源中获得自身利益，从而产生了所有者与使用者在经济利益上的差异，利益主体多元化，构成了有偿开采矿产资源的客观要求。1994 年国务院颁布行政法规，明令对矿业权人征收矿产资源补偿费，结束了无偿开采矿产的历史，使矿产资源国家所有权的财产收益得以实现，避免了国家资源性资产在法律意义上的无故丧失。这是我国矿产资源管理在经济制度上的重大突破，其意义非常深远。

（四）保护矿产资源开发和保护生态环境协调一致原则

鉴于矿产资源的有限性、不可再生性和我国人均占有资源量的不足，国家已将保护自然资源作为基本国策，并强调要“在保护中开发，在开发中保护”的基本原则。为此，合理开发利用和保护矿产资源这一方针和相应的措施已成为一条主线贯穿于法律的全部内容中。这是我国地质矿产行政管理法规体系与国外矿业法规显著不同的特点。而且随着地质矿产法规体系的健全和完善，保护矿产资源的要求还会进一步加强。

环境是资源利用的状态，矿产资源的开发利用必然导致生态环境和地质环境的恶化。因此，法律规定开采矿产资源首先必须充分和综合利用矿产资源，减少对生态环境的负效应。其次要防治采矿本身造成的“三废”污染，节约用地等，并把土地复垦和恢复生态环境作为采矿权人的重要义务规定下来，以实现开发矿产资源与保护生态环境相协调。

（五）矿产资源国家监督管理原则

市场经济国家对很多产业，政府完全放手不管，听任市场调节，但是唯独对矿业，因为它涉及到国家专有权的转移、授予和权益的收取、分配等问题，所以大多数设立主管地质矿产业的行政管理机构，实行国家的监督管理，已是国际上通用的原则。

我国也不例外，国家通过设立地质矿产行政管理机关，行使矿业权审批发证和勘查，矿产资源合理开发利用和保护以及生态保护等国家管理行为。特别是当我国尚未建立起有效的企业自我约束机制时，自觉的保护资源与环境对加强矿产资源国家监督管理更显必要。为贯彻这一原则，法律要明确划分中央各有关部门之间、中央和地方各级政府之间的管理权限，以保证国家各类行政行为科学、正常和有序。

第三节 地质矿产法律体系的结构

一、构成地质矿产法律体系的基本要素

(1) 法律体系是由指导和影响该体系的相关法律、法规和本法律体系中不同调整内容和不同效力层次的法律、法规和规章所组成。

(2) 指导和影响地质矿产法律体系基本原则和主要制度的相关法律主要有宪法、民法通则、刑法、环境保护法、行政诉讼法、行政复议法等法律。它们不在地质矿产法律体系之中，而是从外部施加影响。

(3) 地质矿产法律体系的构成要素，首先依法律所调整的主要对象和所调整的主要社会、经济关系而定，由调整不同领域、平行而又互相联系的若干行政法律制度构成横向的框架，包括探矿权管理、采矿权管理、矿业权转让、矿产资源监督管理、矿产储量管理、地质资料信息管理、地质环境管理、矿产行政法律制度和矿产行政救济制度等基本制度构成。其次，是在法律之下依据不同效力层次的行政法规、部门规章、地方性法规和地方政府规章构成纵向的框架，法律通过不同层次的法规、规章，使它的原则性规定和主要管理制度得到具体化。这样，以地质矿产主要法律为核心和纵横有机连系的配套法规一起构筑了地质矿产的法律体系。

二、地质矿产法律体系调整的主要对象

(一) 矿产资源所有权与矿业权管理制度

主要调整矿产资源国家所有权和使用权(矿业权)在矿产资源所有权的使用、处分、保护和收益以及矿业权的设立、流转、消灭和保护等活动中所涉及到的社会、经济关系的行为规范。有关的具体制度包括：

1. 矿产资源所有权制度

(1) 矿产资源国家所有权制度及其使用；

(2) 矿业权的申请和授予制度；

(3) 矿产资源有偿开采制度；

(4) 矿产资源所有权保护制度。

2. 矿业权管理制度

(1) 矿业权主体资格管理制度；

(2) 矿业权申请、获取制度；

(3) 矿业权转让制度；

(4) 矿业权消灭制度。

(二) 矿产资源开发监督管理制度

主要调整矿产资源所有者及其代表和采矿主体在开发利用和保护矿产资源过程中的经济法律关系及其行为规范。有关的具体制度包括：

(1) 矿产资源监督管理制度；

(2) 矿产督察员管理制度。

(三) 矿产储量管理与地质资料汇交制度

主要调整在矿产资源储量的审定、登记与消耗、统计、核算等管理活动和地质资料汇交、使用活动中产生的社会法律关系的行为规范。有关具体制度包括：

(1) 矿产储量审批管理制度；

(2) 矿产资源统计和登记制度；

(3) 矿产资源资产管理制度；

(4) 地质资料汇交制度。

(四) 地质环境和矿山环境管理制度

主要调整地质环境和矿山环境调查、监测、保护和利用，以及地质灾害防治、土地复垦等活动中产生的社会关系的行为规范。有关具体制度包括：

(1) 地质环境管理制度；

(2) 矿山环境管理制度；

(3) 地质灾害防治制度；

(4) 区域地质环境、城市地质环境管理制度；

(5) 土地复垦管理制度；

(6) 地质遗迹保护制度。

(五) 矿产行政法律责任制度

主要调整违反《矿产资源法》及其配套法规所产生的社会经济关系的行为规范。主要包括：

(1) 无证勘查、越界勘查责任制度；

(2) 无证采矿、越界采矿责任制度；

(3) 破坏性开采矿产资源责任制度；

(4) 非法转让矿产资源责任制度；

(5) 非法流转矿业权责任制度；

(6) 擅自印制、转让、伪造、变更矿业权证书责任制度；

(7) 拒缴、少缴矿产资源补偿费责任制度；

(8) 不按期汇交地质资料责任制度；

(9) 矿产行政公务员滥用权力责任制度；

(10) 干扰矿产行政公务责任制度。

(六) 矿产行政行政监督制度

主要调整国家权力机关改变或撤销地质矿产行政机关具体行政行为产生的社会经济关系的行为规范。具体包括：

(1) 行政复议制度；

(2) 行政诉讼制度。

上述这些制度分别反映在《矿产资源法》(法律)、《矿产资源法实施细则》、《矿产资源勘查区块登记管理办法》、《矿产资源开采登记管理办法》、《探矿权采矿权转让管理办法》、《监督管理暂行办法》、《矿产资源补偿费征收管理规定》(行政法规)、《违反矿产资源法行政处罚办法》、《地质资料汇交管理办法》、《储量审批管理办法》(部门规章)和31个省(区、市)的地方性法规、规章中。

第四节 《矿产资源法》及其配套法规的基本内容

一、《矿产资源法》简介

《矿产资源法》于1986年经全国人民代表大会常务委员会通过，首次发布。1996年全国人民代表大会修改后再次发布。全部法律共有7章，53条。

(一)《矿产资源法》的立法依据和指导思想

根据我国宪法第九条规定，“矿藏属于国家所有，国家保障自然资源的合理利用”。这就是《矿产资源法》的立法依据。

在《矿产资源法》总则第一条开宗明义地指出：“为了发展矿业，加强矿产资源的勘查、开发利用和保护工作，保障社会主义现代化建设的当前和长远的需要，特制定本法。”可见，促进发展矿业是本法的基本指导思想。为了发展矿业，就要把矿产资源的勘查、开发和保护纳入法制轨道，调整和规范矿业活动中的各种社会经济关系，促进勘查事业的发展，找到更多的矿产资源，并合理开发利用更多的矿产资源，以满足我国经济建设的需要。在开发利用矿产资源过程中要贯彻可持续发展战略，“在保护中开发，在开发中保护”，这就构成了我国独具特色的《矿产资源法》有关内容。

总之，《矿产资源法》的立法目的是保障社会经济发展的需要，宗旨是为了发展矿业，手段是通过加强矿产行政管理达到依法、科学、有序的勘查、开发我国矿产资源的要求。

(二)《矿产资源法》的基本内容

第一章　总则　阐明了立法依据、立法宗旨、管辖范围、基本原则以及管理部门。

第二章　矿产资源勘查的登记和开采的审批　主要对涉及矿业权管理的各项管理制度作出原则规定和要求，包括探矿权和采矿权取得的要求和程序，对国家规划矿区、对国民经济具有重要价值的矿区和国家规定实行保护性开采的特定矿种的具体管理要求、勘探报告的审批、地质资料的汇交、矿产储量的管理、矿山关闭管理等。

第三章　矿产资源的勘查　主要规定了探矿权人的作业要求和有关的义务。

第四章　矿产资源的开采　主要规定了采矿权人在开发利用和保护矿产资源的作业要求和有关义务。

第五章　集体矿山企业和个体采矿者　主要规定了国家对集体矿山企业和个体采矿者的方针政策和基本要求。

第六章　法律责任　规定了违反矿产资源法有关规定应承担的行政和刑事处罚。

第七章　附则　授权有关单位明确外商投资勘查、开采矿产资源的具体要求，规定了本法的施行日期。

归纳上述7章的主要内容有：

(1) 规定了矿产资源属于国家所有，由国务院行使国家对矿产资源的所有权。

(2) 明确了各部门、各级地方人民政府对矿产资源的监督管理职能。

(3) 规定对矿产资源勘查必须实行统一的区块登记管理制度，取得探矿权。

(4) 规定对矿产资源开采必须依法申请取得采矿权。

(5) 明确国家对矿产资源勘查、开发实行统一规划、合理布局、综合勘查、合理开采和综合利用的方针，保护矿产资源的方针贯穿于矿业活动的全过程。

(6) 建立了探矿权、采矿权有偿取得制度和矿产资源有偿开采(缴纳资源税和资源补偿费)制度。

(7) 建立了探矿权、采矿权在一定条件下经批准可以依法转让的制度。

(8) 明确了对集体矿山企业和个体采矿的政策要求。

(9) 国家保护探矿权和采矿权不受侵犯,保障矿区和基本作业区的生产、工作秩序不受影响和破坏。

(10) 明确了法律责任。

(三)《矿产资源法》的管辖范围及调整对象

1. 管辖范围

《矿产资源法》第二条规定:"在中华人民共和国领域及管辖海域勘查、开采矿产资源,必须遵守本法。"这就明确了《矿产资源法》的管辖范围,即包括空间范围和矿产资源范围两大方面。

(1) 管辖的空间范围:包括领域、管辖海域。

领域通常由领陆、领海、领空和地下 4 个部分组成。

领海指基线以外,领海线以内的海域,我国已宣布采用直线基线法划定我国领海为 12 海里(1 海里＝1.825 公里)。

管辖海域指沿海主权国家,按照国际公约所规定的原则划定的领海以外,邻接领海的"专属经济区"或称"大陆架",国家在专属经济区内享有经济方面的管辖主权。其宽度不得超过 200 海里。大陆架是指从海洋低潮线平缓的向前延伸,直到坡度显著增大的转折处的海床。国际海洋规定,大陆架的宽度不到 200 海里的,可以扩大到 200 海里,但最大宽度不得超过 350 海里。

(2) 矿产资源管辖范围:凡在上述空间范围内,呈气态、液态、固态状态的全部矿产资源,都属于《矿产资源法》的管辖范围。

2. 调整对象

《矿产资源法》是调整勘查、开发利用和保护矿产资源过程中所发生的各种社会经济关系的法律规范的总称。《矿产资源法》所调整的社会经济关系主要表现在以下 4 个方面:

(1) 调整矿产资源所有者(国家)与使用者(由公民、法人及其他经济组织所构成的探矿权人、采矿权人)之间的矿产资源权属关系。

(2) 调整矿业权人(不同探矿权、采矿权主体)之间在矿产资源勘查和开采活动中所形成的经济法律关系。

(3) 调整国家机关与公民、法人或其他经济组织之间的矿产资源管理关系。

(4) 调整目前矿业管理体制涉及到的国家管理机关之间的人事权和职责划分关系。

(四)《矿产资源法》的基本原则

《矿产资源法》规定的基本原则,是指对矿产资源勘查、开发利用和保护实行法律调整的基本指导方针,是矿产资源管理执法和守法必须遵循的基本准则。主要有:

1. 矿产资源国家所有原则

《矿产资源法》是大自然赋予人类的宝贵财富,究其所有权归属,我国宪法第九条规定:"矿藏、水源、森林、山岭、草原、荒地、滩涂等自然资源,都归于国家所有,即全民所有;由法律规定属于集体所有的森林和山岭、草原、荒地、滩涂除外。"由此可见,矿产资源只能属于国家所有,这是与森林、山岭、草原等自然资源不同之处。其原因是由矿产资源的特点和特殊作用决定的,矿产资源属于稀缺、贵重和不可再生的自然资源,是国家经济建设重要的物质基础,是工业的粮食和血液。为了保证国民经济和社会发展全局对矿产资源的需求,使有限的资源为全体人民造福,明确矿产资源属于国家所有,有利于以国家强制确保国家充分实现对矿产资源的占有、收益和处分的权利,可以使国家以主人的身份名正言顺的依法加强对矿产资源勘查、开发和保护活动的监督管理。

2. 正确处理不同类型矿业主体之间相互关系原则

改革开放以来,矿业打破国有矿山一家独办的局面,出现了多种经济成分、多种经营方式并存的格局。为了发挥多元经济主体找矿、办矿的积极性,为了在社会主义市场经济条件下,保障各种经济成分包括外商投资企业在内的矿业权人合法经营、公平竞争,《矿产资源法》明确规定:“国家保障依法设立的矿山企业开采矿产资源的合法权益”,这里的“企业”是指一切企业,这就消除了对不同经济成分在采矿活动中法律地位的歧视。考虑到国有矿山企业产量稳定,质量可靠,集约化经营,生产效率高,代表先进生产力,对国民经济和国计民生具有举足轻重的作用,国家重申了:“国有矿山企业是开采矿产资源的主体。国家保障国有矿业经济的巩固和发展。”与此同时“鼓励集体矿山企业开采国家指定范围内的矿产资源”。为了达到矿业发展规模经营和集约化生产的要求,也为了维护矿业秩序和兴利除弊的需要,需要对个人采矿进行适当限制,本法还规定:“矿产储量规模适量由矿山企业开采的矿产资源、国家规定实行保护性开采的特定矿种和国家规定禁止个人开采的其他矿产资源,个人不得开采”。这些规定是指导国家管理机关和矿业权人在处理不同类型矿业主体相互关系时,应遵循的重要原则。

3. 许可证制度原则

《矿产资源法》规定:“勘查、开采矿产资源,必须依法分别申请,经批准取得探矿权、采矿权,并办理登记。”这项规定是矿产行政管理的核心,对任何从事勘查、开采活动的公民、法人或其他经济组织设置许可证制度,不经主人(国家)的许可,不得勘查、开采,体现了矿产资源国家所有权在法律意义上的实现。

4. 有偿开采原则

《矿产资源法》为有偿开采原则设置了两种制度。一是“国家实行探矿权、采矿权有偿取得制度”,要求矿业权人依法向国家缴纳探矿权和采矿权使用费,它体现了国家与矿业权人之间的经济关系,实际上肯定了矿业权的财产权属性,肯定了国家一级市场。另一制度是“开采矿产资源,必须按照国家有关规定缴纳资源税和资源补偿费”。资源补偿费和资源税,从经济本质上讲是一种所有权性质的税费,就是国家凭借对矿产资源的所有权向使用矿产资源的人征收的费用,类似地租。如果不征收一费一税,就意味着国家的财产在法律意义上的无故丧失。而进行征收,则是矿产资源的国家所有权在经济意义上的实现。其次,在当前尚未建立起资源耗竭补偿的良性循环机制时,以征收的费用进行地质勘查工作,适当的补偿耗竭的资源,也是建立这项制度的重要出发点。

5. 对矿产资源的勘查、开发实行统一规划、合理布局、综合勘查、合理开采和综合利用的原则

矿产资源在空间上分布是不均衡的,各地区之间开采条件差异很大。为了满足国民经济和社会发展对矿产资源的需求,促进矿业可持续发展,从国家战略全局的高度出发,立足国内资源,综合考虑国内外“两种资源、两个市场”,研究规划出全国矿产资源勘查、开发利用、保护、储备的战略目标、主要任务和总体部署,用以强化国家对矿产资源勘查、开发的宏观调控,避免低水平重复建设,保障国民经济的可持续发展,进行统一规划、合理布局是政府管理资源的重要手段,是必须坚持的一项原则。

我国矿产资源具有共生、伴生矿多，组分复杂，单一矿床少的特点。为了充分合理利用这些矿产资源，必须走综合之路，一来可以一矿多用，提高经济效益；二来减轻了对生态环境的污染和破坏。综合勘查和评价是综合开发利用的基础。从源头上把住综合勘查后，要切实加强矿产资源的合理开发和综合利用。无论何种矿山，都要有符合该矿床赋存条件的科学的采选设计方案和实事求是的“三率”指标及综合利用指标，通过严格的审查考核，建立资源节约型和综合利用型生产体系，达到资源效益、经济效益与环境效益的最佳结合。

6. 加强矿产资源保护原则

中国的国情是矿产资源总量大，但人均少，生产技术落后、粗放，导致资源每年的耗竭量巨大，因此珍惜有限的资源，通过合理开发利用实现可持续发展战略一直是政府和企业需要认真对待的问题。《矿产资源法》比较好的贯彻了加强矿产资源保护的原则，自始至终以保护和合理开发利用矿产资源为主线，按照“在保护中开发，在开发中保护”的总原则，对从勘查可行性研究、矿山设计、矿山开采、选矿等各个环节，都提出了以保护为目标的具体要求，并明确了滥挖乱采和采取破坏性开采方法开采矿产资源的采矿者所应承担的行政、经济直至刑事处罚责任。可以说，中国的矿产资源法规如此重视保护和合理开发利用矿产资源，是有别于国外矿业法规的一个鲜明特色。

二、《矿产资源法实施细则》简介

根据《矿产资源法》第48条的授权，国务院于1994年3月26日发布了《矿产资源法实施细则》，同日施行。《矿产资源法实施细则》(以下简称《实施细则》)是要总结《矿产资源法》实施几年经验的基础上，对《矿产资源法》的一些原则规定作了具体化，增强了法律的可操作性，对改革开放出现的新的社会经济关系和迫切需要法规解决的新情况，补充了必要的条款，弥补了《矿产资源法》的不足。

(一)《实施细则》的基本内容

《实施细则》共7章，46条，章节结构与《矿产资源法》的章节相对应。

第一章　总则　阐明了立法依据、法规调整范围、矿产资源所有权及其管理、许可证制度、外商投资勘查开采矿产资源的基本原则、监督管理机关及其职责。

第二章　矿产资源勘查的登记和开采的审批　主要是规定矿产资源勘查和开采的申请、审批和登记的依据、基本条件和要求。

第三章　矿产资源的勘查　主要规定勘查规划的编制、探矿权人的权利和义务、边探边采的要求、勘探报告的审批、勘探成果的使用、勘查损害补偿原则以及探矿权人之间争议的协商程序和裁决机关的规定等。

第四章　矿产资源的开采　主要规定全国矿产资源规划等的编制和审批，设立、变更或撤销国家规划矿区、对国民经济具有重要价值矿区以及国家规定实行保护性开采特定矿种的程序，开采矿产资源的要求，采矿权人的权利和义务，矿山关闭程序以及采矿权人之间争议的协商程序和裁决机关的规定等。

第五章　集体矿山企业、私营矿山企业和个体采矿者　主要规定了国家对集体矿山企业和个体采矿者的方针和政策，可以开采的范围，协调采矿权属纠纷的原则，合理利用矿产资源的技术要求，县级以上人民政府在管理集体、私营和个体矿的职责等。

第六章　法律责任　主要规定了矿产资源的法律责任一章中有关罚款的具体内容和违反本实施细则的主管人员、直接责任人员的法律责任。

第七章　附则　主要规定了地下水资源的法律适用、细则的解释部门和生效时间。

(二)《实施细则》重点突出的几个问题

1. 明确了矿产资源的概念和法律调整的范围

为了理顺执法关系，避免行政争议，《实施细则》第二条对矿产资源的概念下了一个明确的定义，并对矿产资源的矿种和分类附有细目，将矿产资源调整的客体范围概括分为能源矿产、金属矿产、非金属矿产和水气矿产四大类，168个矿种。其中对地下水特别规定为："地下水资源具有水资源和矿产资源的双重属性"。对于新发现的矿种，规定由国务院地质矿产主管部门报国务院批准后公布，这是考虑到未来科技发展而采取的颇为严肃的程序性规定。

2. 明确了国务院代表国家行使矿产资源的所有权

《实施细则》第三条规定"国务院代表国家行使矿产资源的所有权"。这就意味着矿产资源国家所有权的唯一主体是国务院，而不是矿产所在地的各级政府，也不是发现矿产的地质队，更不是国家各机关团体，为解决矿业权属纠纷奠定了法律依据。

3. 对矿产资源的规划分配权限落在了实处

《实施细则》规定"国务院授权国务院地质矿产主管部门对全国矿产资源分配实施统一管理"。这就落实了法律规定"统一规划"由谁来统一的问题。这对于加强中央对矿产资源的宏观调控，克服多头分散管理的弊端，均具现实意义。

4. 突出保障了探矿权人和采矿权人的合法权益

权力和义务一向是法律的核心，过去对此并不明确，这次细则把权利和义务集中进行阐述，明确可行。其中探矿权人享有7项权利、履行8项义务，采矿权人享有5项权利、履行5项义务，他们的权利与义务大致平衡。还特别规定了探矿权人有优先取得所发现矿种的采矿权，这是符合国际惯例的重要进展。

5. 进一步明确了市、县级人民政府及其负责管理矿产资源的部门职责

我国地域辽阔，矿产资源分布广泛。为了提高效率和行政质量，大量的矿产行政管理工作应由市、县级人民政府所辖的地质矿产行政管理部门来进行。过去由于没有明确规定，造成了地方矿产行政管理机构不顺、行政梗塞、执法力度薄弱等现象。《实施细则》的有关规定弥补了法律的缺陷。

6. 明确了外商投资勘查、开采矿产资源的合法性，承认私营矿山企业的法律地位

原来的法律没有规定允许外商投资勘查、开采矿产资源的条款。随着改革开放的深化，全球经济一体化的发展，利用"两种资源、两个市场"已成为国家的重要政策。为了克服矿业引进外资的障碍，《实施细则》明确规定了："国家允许外国的公司、企业和其他经济组织以及个人依照中华人民共和国有关法律、行政法规的规定，在中华人民共和国领域及管辖的其他海域投资勘查、开采矿产资源"。

《矿产资源法》根本没有提及私营矿山企业，而现实生活中，20多万个小型矿山中，私营矿山企业约占1/3，甚至更多，根据国家对非国有企业的政策，在矿业领域应允许其存在和发展。为此，《实施细则》明确了私营矿山企业的法律地位，制定了相关的条款以规范其行为，这有利于对私营矿山企业依法行政，促进其有序、健康发展。

三、《矿产资源补偿费征收管理规定》简介

根据《矿产资源法》第五条的有关规定，国务院于1994年2月27日发布了《矿产资源补偿费征收管理规定》，并于4月1日起施行。《矿产资源补偿费征收管理规定》(以下简称《规定》)

的颁布实施是我国矿产资源经济管理体制的重大突破，是把我国矿业开发纳入社会主义市场经济轨道的重大举措。

（一）征收矿产资源补偿费的重大意义

（1）结束了无偿开采矿产资源的历史，确立了有偿开采制度，这是在社会主义市场经济条件下，建立新型地质矿产行政管理制度的重大突破和客观要求。

（2）使矿产资源的国家所有权在经济上得以实现，避免了国家资源性资产在法律意义上的无故丧失。

（3）明确了矿产资源补偿费属于国有资产收益，正式列为国家预算内收入，具有保全、增值和收益的要求。

（4）考虑到矿产资源采后不可再生的特点，将资源耗竭补偿概念纳入其中，有利于增加地质勘查投入，建立资源开采—耗竭—补偿（地质勘查找矿）良性循环机制的形式，有利于矿产资源的充分合理利用和保护。

（二）《规定》的基本内容

《规定》全文共22条，不分章节，采用条款式结合，并附矿产资源补偿费费率表。主要内容可归纳为七大部分：

1．征收适用范围

主要规定了空间上的适用范围、主体的适用范围和客体的适用范围，涵盖了各矿种在内的全部矿产资源，共168种。

2．征收主管与征收管辖

明确了征收主管机构，“矿产资源补偿费由地质矿产主管部门会同财政部门征收”。明确了征收管辖分为省、市、县三级的征收地域管辖和跨省区及领海、海域的指定管辖两大类。

3．征收方式和补偿费的计算公式

《规定》采用以价法的计征方式，即“按照矿产品销售收入的一定比例计征”。其计算公式为：征收矿产资源补偿费金额＝矿产品销售收入×补偿费×开采回采率系数。

4．征收程序和方法

包括纳费登记、纳费申报、在规定的征收期限内通过申报自缴、自收汇缴等形式及时全额就地上缴中央金库的一系列程序性规定。

5．补偿费的分成与使用

规定中央与省、直辖市补偿费的分成比例为4∶6，中央与自治区的分成比例为5∶5；补偿费主要用于矿产资源勘查，并要求分别制定中央所得和省级所得补偿费的具体使用办法。

6．免缴、减缴补偿费的条件和审批程序

为了鼓励综合利用和充分利用矿产资源，以及由于执行国家定价而造成的企业政策亏损等原因，《规定》明确了三条免缴、五条减缴补偿费的条件，并作出了免、减缴补偿费的有关申请、审核和审批的三步程序。

7．违反规定的处罚

包括对三种违法情节的三类（申戒罚、财产罚、能力罚）行政处罚直至强制执行的有关规定。

（三）《规定》重点突出的几个问题

1．明确了补偿费的性质

补偿费是国家凭借对矿产资源的所有权而向矿业权人征收的费用。它体现的是矿产资源国家所有权的财产收益，它调整的是矿产资源所有权人（国家）与采矿权人（民事主体）之间的经济联系。我国对中外合作开采陆上和海洋石油资源征收的矿区使用费与矿产资源补偿费属同一性质，体现国家矿产资源所有权的财产权益收费，在国外一般称为“权利金”(Royalty)，权利金的性质与我国矿产资源补偿费和矿区使用费的性质基本相同。

2. 它是运用经济杠杆提高矿产资源开发利用水平的手段

在征收补偿费的计算公式中出现了一个开采回采率系数，式中的开采回采率系数＝核定开采回采率/实行开采回采率。这里所指的核定开采回采率，是以按照国家有关规定经批准的矿山设计为基础，经地质矿产行政主管部门复核认定的回采率。实际开采回采率是指矿山企业在开采过程中实地测量得出的开采回采率。从式中可见，实际开采回采率愈高，数值愈大，则系数愈小，意味着缴纳补偿费的金额就少；反之，则缴纳的费用就多。通过设置开采回采率系数，促进采矿权人提高资源回采率，以达到合理开发、充分利用资源的目的，这种创意是我国所独有的。

3. 它代表世界最低的费率水平

为了促进中国矿业的发展，减轻矿山企业的税费负担，政府实行了低费率政策，补偿费费率最高为4%，最低为0.5%，平均为1.18%，在世界处于相当低的水平，如石油在国外普遍超过10%，美国为12.5%，新西兰为23%，而我国仅为1%，对很多矿种只具有象征意义。

4. 对纳费期限的正确理解

根据财政部的有关规定，补偿费的纳费期限是按月或按季度缴纳(具体由地方制定的征收实施办法确定)，每半年(当年7月31日和下一年度的1月31日)结清一次，而并非半年缴纳一次。

5. 对矿产品销售收入的确定

矿产品的销售收入是影响征收补偿费的重要因素，当前矿产品销售收入依据矿产品销售价格之差异而出现两种情况：

(1) 采矿权人采出的矿产品直接在市场上销售的，按售出的矿产品乘以当地的市场价格计算销售收入；采矿权人向境外销售矿产品的，按售出的矿产品乘以国际市场价格计算销售收入。

(2) 采矿权人未直接销售矿产品，而是自行加工销售最终产品或是自行加工利用的，则按自用的产量乘以国家规定的矿产品价格计算销售收入；国家没有规定价格的，则按自用的产量乘以征收时当地质矿产产品市场价格来计算销售收入。

四、《矿产资源勘查区块登记管理办法》、《矿产资源开采登记管理办法》、《探矿权采矿权转让管理办法》简介

根据《矿产资源法》的有关规定，国务院于1998年2月12日发布了《矿产资源勘查区块登记管理办法》、《矿产资源开采登记管理办法》、《探矿权采矿权转让管理办法》(以下简称“三个办法”)等三个行政法规。这三个法规是依据修改后的《矿产资源法》，按照党的“十五大”关于矿产资源管理和保护的方针、任务制定的配套行政法规。其目的是为了适应社会主义市场经济的深化发展，进一步维护矿产资源的国家所有权和矿业权人的权益，保证矿产资源有序、合理开发利用和保护，促进我国矿业实施可持续发展战略。

三个行政法规的颁布实施，对《矿产资源法》所确立的基本原则、基本法律制度进行了具体化，增强了可操作性，是我国跨世纪地质矿产行政管理的重大举措。

(一)“三个办法”出台的背景和意义

1. “三个办法”是《矿产资源法》修改后的继续和深化，是市场经济的必然要求

1996年《矿产资源法》共修改了18条，每一条都要考虑下一步如何运作和执行，特别是取

销了《矿产资源法》第四条“采矿权不得买卖、出租，不得抵押”之后，如何建立符合市场经济规律的新型矿业权管理制度就十分紧迫地摆在我们面前。按照市场经济的一般规律设置的矿业权，一要财产化，二要商品化，三要流通。“三个办法”则明确规定了“矿业权有偿取得(使财产成为商品)，允许流转(进入市场)，这就满足了市场经济对矿业权的基本要求。“三个办法”使矿业权市场化有了法律保证，使《矿产资源法》新建的矿业权管理制度得以规范有序的操作运行。

2.“三个办法”是振兴矿业、繁荣经济的需要

法律作为上层建筑，一定要为经济基础服务，具体到“三个办法”，都贯穿着“保护矿业权人合法权益，促进矿业发展”这个指导原则，突出体现在以下几个方面：

(1) 可以鼓励多渠道资金投入到地质勘查和采矿业中来。在市场经济体制下，地质勘查和采矿业完全由国家投资的局面难以为继，那么矿业的出路何在？国外是矿产资源归国家，但建立一种机制，鼓励大家出钱找矿，谁找到，谁开采，谁受益。以这种机制加上利用矿业高风险、高效益的经济政策促使社会投资矿业的冲动，以维持矿业的持续发展。“三个办法”借鉴这些作法，通过法律手段，建立鼓励多渠道投资地质勘查和采矿业的市场机制。

(2) 可以改善矿业投资环境。为了促进矿业投资主体多元化，就必须保证投资人的合法权益。“三个办法”确认了不同投资者(含外商投资企业)法律地位平等，明确并适当集中矿业权的审批程序，允许矿业权流转，以及其他一些和国际惯例接轨的条款，对改善矿业投资环境，贯彻“利用两种资源、两个市场”起到有利的促进作用。

(3) 可以减少矿业投资风险。矿业权转让制度基本上就是步步减小风险的制度。市场经济总是鼓励资金流向最有利可图的领域。据此，当矿业权人经营不下去的时候，就应该允许其将资金转移；否则，就意味着矿业权人要负债经营到底，这是有悖于市场经济法则的。允许矿业权流转，意味着投资风险的转移和减小，可以促进市场对资源优化配置的基础保证。

3.“三个办法”是治理矿业秩序的要求

一手抓繁荣，一手抓治乱是制定“三个办法”的指导思想。试想，如果矿业权制度能够改革完善，矿业权人全都有偿获得矿权，使其成为财产，允许在市场上流通，就会产生与资源行政划拨、无偿抢占完全不同的心态与后果。依法保护自己的合法权益，不敢轻易触犯他人权益的法律意识将会大大增强，加上矿区范围排他性条款的设置，均可以使矿业权属纠纷大大减少，市场经济即法制经济将可以得到很好的验证，是从根本上解决矿业秩序的一剂良方。

(二)《矿产资源勘查区块登记管理办法》(以下简称《勘查登记管理办法》)简介

1.《勘查登记管理办法》的基本内容

《勘查登记管理办法》全文共 42 条，不分章节，采用条款式结构。

(1) 总则(第一条至第四条)　主要规定了立法宗旨、立法依据、适用范围、勘查区块划分及管理机构。

(2) 探矿权的获取(第五条至第十六条)　主要规定探矿权申请、审批、有偿取得的程序及探矿权使用费、探矿权价款。

(3) 探矿权的管理(第十七条至第二十五条)　主要规定了最低勘查投入、探矿权的延续及保留、探矿权的变更及注销、探矿权的监督检查。

(4) 罚则(第二十六条至第三十四条)　主要规定了对违反本办法有关规定实施的处罚。

(5) 附则(第三十五条至第四十二条)　主要规定了许可证的印制、登记手续费、外商投资勘查矿产资源的法律适用、地质调查工作的管理、本行政法规生效的时间。

(6) 以附录的形式规定了国务院地质矿产主管部门审批、发证的矿种目录。

2.《勘查登记管理办法》重点说明的几个问题

(1) 区块登记管理是以经纬度为坐标系，按照国际统一分幅标准和编号，把我国的领域和管辖的其他海域统一划分成“经度1分×纬度1分”的基本单位区块，纳入计算机网络。勘查矿产资源，需按照以区块为基本单位计算的勘查作业区面积进行申请登记。实行勘查区块登记管理是国际上通用的作法，主要目的是管理更方便、科学，可以避免勘查作业区重复交叉，减少探矿权属纠纷，增加管理工作透明度，有利于实现地质勘查管理的科学化、标准化和规范化。

(2) 将探矿权一分为二，一为排他性，一为不排他性，二者有不同的权利和义务。排他性矿权主要指商业性地质勘查工作，具有优先勘查、优先采矿权，需有偿使用并缴纳探矿权使用费，要求最低工作投入，实施申请在先原则和逐年缩减占地原则等。不排他性矿权主要指基础性或公益性地质勘查工作，如区域地质调查工作，没有优先采矿权，不缴纳探矿权使用费，没有最低工作要求，可以到其他地区收集资料。

(3) 明确探矿权是财产权，要有偿取得，按面积征收探矿权使用费。对于前人没有做过工作的空白地，头三年按100元/平方公里，第四年按200元/平方公里，第五年按500元/平方公里征收；对于前人做过工作(即国家出资勘查形成)的矿产地，还要加收探矿区价款。价款与地质勘查投入没有直接关系，需要另行评估确定。在有偿取得探矿权后，探矿权就具有财产权属性，可以使用、经营和转让。

(4) 体现了公平竞争原则。为了体现公平竞争，一是规定了申请在先原则；二是对申请最大区块进行了限制，如矿泉水为10个区块，石油、天然气为2 500个区块；三是规定了最低工作投入。

(5) 增加了探矿区保留制度。在矿业权人勘查到有经济价值矿床后，为了给矿业权人进行可行性研究和筹资活动一段时间，本办法特增加了探矿权保留期，最长2年，可以延期，这是符合国际惯例的作法。

(6) 适当集中了登记审批管辖权。为了解决一矿多批的矛盾和合理开发、有效保护国家重点矿种，决定将附录中的34个矿种集中到国务院地质矿产主管部门审批转发证，但中央部门可以一级授权，一级委托。

(三)《矿产资源开采登记管理办法》(以下简称《开采登记管理办法》)简介

1.《开采登记管理办法》的基本内容

《开采登记管理办法》全文共33条，不分章节，采用条款式结构。

(1) 总则(第一条至第二条)　主要规定了立法依据和本办法的适用范围。

(2) 采矿权的获取(第三条至第八条)　主要规定了采矿权的审批管辖、采矿权申请审批的程序及采矿许可证有效期等。

(3) 采矿权的有偿取得(第九条至第十三条)　主要规定了采矿权有偿取得的原则、方式，采矿权使用费缴纳标准，采矿权价款的确认以及采矿权使用费、采矿权价款的减免等。

(4) 采矿权的管理(第十四条至第十六条)　主要规定了采矿权的有关管理制度。

(5) 罚则(第十七条至第二十五条)　主要规定了对违反本办法有关规定实施的处罚。

(6) 附则(第二十六条至第三十四条)　主要规定了对采矿申请登记表、采矿许可证的印制，手续费的收取，已领采矿许可证的换证，并对矿区范围、开采方式等容易在操作中引起混乱的问题作了说明以及本行政法规生效的时间。

(7) 以附录的形成规定了国务院地质矿产主管部门审批、发证的矿种目录。

2.《开采登记管理办法》重点说明的几个问题

(1) 明确了采矿权是财产权，要有偿取得，按面积征收采矿权使用费。对于一般的矿区，按1 000元/平方公里征收采矿权使用费；如果是国家出资形成的矿产地，还要加收经评估确认的采矿权价款，可以一次或分期缴纳。在有偿取得采矿权后，采矿权就具有财产权属性，可以使用、经营和转让。

(2) 明确了各类采矿权人具有平等的法律地位。改变了以往按矿山企业所有制形式进行分类管理的制度，强调了市场经济条件下，各种经济成分(包括外商投资矿山企业)的采矿权人享有平等的权利和义务。

(3) 重新确定了开采年限。原法规开采年限依矿山寿命而定，显然时间过长。本办法参考国际通用作法，将采矿证有效期按矿山规模分别定为：大型矿山30年、中型矿山20年、小型矿山10年三个档次，并可以延续。

(4) 重新界定了“矿区范围”的概念，强调了采矿权的排他性。本办法重新界定了“矿区范围”的概念，摒弃了原法规中的“开采范围”，避免了法律概念的人为混乱。由于明确了“矿区范围”，为采矿权严格的排他性奠定了基础。

(5) 为申请采矿权设置了前置程序。本办法规定，在申请采矿权前，先要到地质矿产行政管理部门划定矿区范围，这是第一步；凭着划定的矿区范围，方可进行立项、可行性研究、矿山设计和申办采矿许可证。

(6) 对个人采矿进行了适当限制。为了实现矿业规模化经营，促进分散、粗放的个体矿向集约化转变，修改后的《矿产资源法》第35条规定：“储量规模适宜企业开采的，保护性开采特定矿种，个人不得开采。”这一原则在本办法中得到贯彻，一是反映在审批权限方面，留给个体开采的矿种和范围十分有限；再就是在规定的转让条件上作了限制，采矿权只允许企业法人转让，不允许个人转让。这些限制符合国家大政方针，有利于矿业健康发展。

(四)《探矿权采矿权转让管理办法》(以下简称《转让管理办法》)简介

1.《转让管理办法》的基本内容

《转让管理办法》全文共18条，不分章节，采用条款式结构。

(1) 总则(第一条至第四条) 主要规定了立法目的、立法依据、适用范围、转让审批管理机关及其审批权限。

(2) 转让管理(第五条至第十三条) 主要规定探矿权、采矿权转让的条件，转让程序，探矿权、采矿权转让评估，评估机构的认定及评估结果的确认等。

(3) 罚则(第十四条至第十六条) 主要规定了对违反本办法有关规定实施的处罚。

(4) 附则(第十七条至第十八条) 主要规定了探矿权、采矿权转让申请书格式的制定机关及本办法发生法律效力的时间。

2.《转让管理办法》重点说明的几个问题

(1) 明确规定了转让矿业权的条件。如转让探矿权，应具备勘查工作满2年并有所发现、完成规定的最低勘查投入，探矿权无争议，已经缴纳探矿区使用费、探矿权价款等条件。

如转让采矿权，应具备矿山采矿生产满一年，采矿权无争议，已缴纳采矿权使用费、采矿权价款、矿产资源补偿费和资源税等条件。

(2) 转让国家出资形成的探矿权、采矿权必须进行评估。在转让由国家投资形成的探矿权、采矿权时，如将国家的投资和该投资所创造的价值均归为己有或无故丧失，这样既不合理也不合法，且不符合市场经济的要求，损害了国家的利益，因此必须通过评估确定这个探矿权或采矿权中国家投资所创造的潜在价值即探矿权、采矿权价款，并将收入的这笔价款交还国家，这就是评估的目的。

本办法还规定评估机构由国务院地质矿产主管部门和国有资产管理部门这两家共同认定，评估结果由国务院地质矿产主管部门确认。

对其他人出资形成的探矿权和采矿权是否要进行评估，本办法不作规定，由当事人自己协商解决。

(3) 判断转让时是否需要进行评估的标准。判断转让时是否需要进行评估的主要标准是主体是否变更了。这个主体是指已经取得采矿权的矿山企业，包括国有矿山企业、集体矿山企业、私营矿山企业、中外合资矿山企业等，不包括个体采矿者。主体变更除原企业产权整体转让外，还包括矿山企业的合并、企业与他人合资、合作经营以及企业因资产出售而转让采矿权等情况，均属需要评估的对象。如果是出租、承包或抵押等情况，主体不变就勿需评估，但对合同要审查。

(4) 体现了既保护国家利益又保护出资人利益的原则。转让由国家出资形成的探矿权、采矿权时要进行评估，收取价款回报给国家，从而维护了国家的权益。而探矿权人优先取得采矿的权利，这种优先权可随探矿权的转移而转移给了探矿权的受让人，这是对出资人利益的照顾。

(5) 明确所有的转让均属要事行为，必须经过批准。为了避免炒作探矿权、采矿权，非法牟利，本办法特规定了转让的限制性条件：一是探矿权人必须完成规定的最低勘查投入，采矿权人必须生产满一年；二是探矿权、采矿权转让属于要事行为，必须依法审查批准，国务院地质矿产主管部门和省(区、市)人民政府地质矿产主管部门是探矿权、采矿权转让的审批管理机关。

五、部门规章、地方性法规简介

(一) 地质矿产主管部门颁布的规章

地质矿产主管部门颁布的规章是指该部门根据法律(《宪法》、《矿产资源法》、《环境保护法》等)、行政法规(《矿产资源法实施细则》、《矿产资源补偿费征收管理规定》、《矿产资源勘查区块登记管理办法》、《矿产资源开采登记管理办法》、《探矿权采矿权转让管理办法》等)或者国家授权制定的，用以调整地质矿产工作中各种社会经济关系并以部长令形式颁布的行为规则的总称。截至目前，原地质矿产部以部长令形式发布的规章共有21个。其中有关地质矿产方面的规章有10个。

(1) 涉及到地质勘查管理方面的有：《地质勘查市场管理暂行办法》、《矿产资源勘查成果登记管理办法》；

(2) 涉及到地质资料汇交和矿产储量管理的有：《全国地质资料汇交管理办法实施细则》、《社会公益性地质调查成果资料提供使用办法》、《矿产储量登记统计管理暂行办法》；

(3) 涉及到矿产资源监督管理的有：《矿产督察员工作暂行办法》；

(4) 涉及到地质环境保护的有：《地质遗迹保护管理办法》；

(5) 涉及到地质矿产行政执法管理的有：《地质矿产部行政复议与行政应诉规定》、《违反矿产资源法规行政处罚办法》。

此外，还有一些涉及地质矿产方面的部门规章是由有关主管部门颁布的，如《放射性矿产资源勘查登记管理暂行办法》、《放射性矿山企业采矿登记管理暂行办法》、《建材及非金属矿产资源监督管理办法》、《饮用水水源保护区污染防治管理规定》等。

(二) 地方性地质矿产法规和政府规章

1. 地方性法规和地方政府规章的概念

地方性法规是指省、自治区、直辖市人民代表大会常务委员会制定的法律规范；地方政府规章是指省、自治区、直辖市人民政府制定的法律规范。地方性地质矿产法规、规章均属地质矿产行政管理法规体系的组成部分，是法律、行政法规和地方特点相结合的产物，因此更加具体、切合实际和具可操作性，对深入贯彻《矿产资源法》，保护国家矿产资源权益，加强对集体矿山企业和个体采矿的管理，促进地方矿业的发展，维护矿业秩序，起到了重要作用。

2. 地方性地质矿产法规和地方政府地质矿产规章制定的基本情况

根据原《矿产资源法》第 14 条的规定，"开办乡镇集体矿山企业的审批批准、颁布采矿许可证的办法、个体采矿的管理办法，由省、自治区、直辖市人民代表大会常务委员会制定"。据此规定，全国除上海市外的 31 个省、自治区、直辖市自 1987 年至 1990 年陆续制定颁布了有关乡镇集体矿山企业、个体采矿管理的地方性法规或地方政府规章。

修改后的《矿产资源法》也赋予了各省、自治区、直辖市人民代表大会常务委员会的立法权。《矿产资源法》第 16 条第四款规定，"开采第一款、第二款和第三款规定以外的矿产资源的管理办法，由省、自治区、直辖市人民代表大会常务委员会依法制定"。为贯彻执行新公布的《矿产资源法》，为了保持立法的一致性，根据法律的授权，各省、自治区、直辖市都在加紧重新制定与修改后《矿产资源法》规定相适应的地方性法规或政府规章，修改或废止与修改后的《矿产资源法》规定不相符的法规或规章。

第五节　违反《矿产资源法》的法律责任及处罚、行政复议和行政诉讼

一、违反《矿产资源法》的法律责任及处罚

（一）法律责任的概念

法律责任是指基于行为人对法律义务的不履行而产生的法律后果，受到相应的处分。"法律义务的不履行"通常叫违法。因此法律责任又称违法责任。法律责任是法律、法规和规章中必不可少的组成部分，如果一个法律文件中缺乏法律责任的规定，那么法律所规定的权利和义务就形同虚设，这部法律也就很难贯彻执行。法律责任的主要特点：一是必须是法律、法规明确的规定；二是由于法律责任是以国家名义对违法行为作出的惩戒，必须由有权的国家机关依法追究；三是要国家强制保证实施。

（二）承担法律责任的条件

（1）必须是一种行为，只有思想动机而尚未见之行动的不承担法律责任；

（2）必须有被侵犯的客体，即侵犯了法律所保护的社会关系和社会秩序，具有一定的社会危害性；

（3）违法的客体必须是有责任能力的人或依法设置的法人；

（4）必须是行为人的主观故意或过失。

上述 4 个要件缺少任何一个均不能构成违法行为，不必承担法律责任。

（三）法律责任的种类

1. 行政责任

行政责任是指行为人因违反行政法律规范而应承担的法律责任。对应负行政责任的行为人采取的惩罚措施叫作行政处罚。行政处罚共有 7 种：即警告；罚款；没收违法所得，没收非法

财物；责令停产停业；暂扣或吊销许可证，暂扣或吊销执照；行政拘留；法律、行政法规规定的其他行政处罚。以上处罚又可归并为 4 类：即申戒罚、财产罚、能力罚和人力罚。

2. 民事责任

民事责任是指行为人违反民事法律规范所应承担的法律责任。对应负民事责任行为人采取的惩罚措施叫作民事处罚。民事处罚有：停止侵害；排除妨碍；消除危险；返还财产；恢复原状；修理；重作；更换；赔偿损失；支付违约金；消除影响；恢复名誉；赔礼道歉等。

3. 刑事责任

刑事责任是指行为人触犯了刑法，由公安机关和司法机关依法追究其刑罚的法律责任。我国刑法规定主刑有：管制；拘役；有期徒刑；无期徒刑和死刑。附加刑有：剥夺政治权利和没收财产等。

（四）违反《矿产资源法》的法律责任及处罚

根据《矿产资源法》及其配套法规的有关规定，经归纳有下列行为者均应承担相应的法律责任：

（1）无证勘查，越界勘查。

（2）擅自进行滚动勘查开发，边探边采或者试采。

（3）擅自印制或者伪造、冒用勘查许可证、采矿许可证。

（4）在探矿活动中：

探矿权人不如实向登记管理机关报告有关资料和情况，或者弄虚作假，或者以各种方式拒绝接受监督检查；

探矿权人不按规定完成年度最低勘查投入；

探矿权人领取勘查许可证后满 6 个月未开始施工，或者无故停止勘查工作 6 个月。

（5）无证开采，越界开采。

（6）擅自进入国家规划矿区，对国民经济具有重要价值的矿区进行开采，擅自开采国家规定实行保护性开采特定矿种。

（7）破坏、擅自移动矿区范围界标。

（8）采矿权人拒绝接受监督检查义务。

（9）违反规定收购和销售国家规定统一收购的矿产品。

（10）盗窃、抢夺矿山企业和勘查单位的矿产品和其他财物，破坏采矿、勘查设施，扰乱矿区和勘查作业区的生产秩序、工作秩序。

（11）买卖、出租或者以其他形式转让矿产资源。

（12）将探矿权、采矿权倒卖牟利。

（13）用破坏性的开采方法开采矿产资源。

（14）矿业权人不能按期缴纳探矿权、采矿权使用费及其价款。

（15）采矿权人采用伪报矿种，隐匿产量、销售数量，或者伪报销售价格、实际开采回采率手段，不缴或者少缴矿产资源补偿费。

（16）不按规定办理有关探矿权、采矿权变更登记、延续登记和注销登记手续。

（17）以暴力、威胁方法阻碍从事矿产资源勘查、开采监督管理工作的国家工作人员依法执行职务。

（18）负责矿产资源勘查、开采监督管理工作的国家工作人员和其他有关国家工作人员有徇私舞弊、滥用职权或者玩忽职守的违法行为。

对上述违法行为，视情节轻重程度，将分别给予行政处罚（申戒罚、财产罚、能力罚、人力罚）。其违法行为对他人造成损害的，应当依法承担民事责任。违法行为构成犯罪的，应当依法追究刑事责任，不得以行政处罚代替刑事处罚。

（五）追究法律责任的机关

《行政处罚法》第20条规定："行政处罚由违法行为发生地的县级以上人民政府具有行政处罚的行政机关管辖"。违反《矿产资源法》的法律责任由市、县人民政府，省、自治区、直辖市人民政府地质矿产主管部门、工商行政管理部门、公安部门等行政机关按照各自的法定职责分别予以追究处罚。违反《矿产资源法》的行政责任和民事责任，由市、县人民政府或者自治区、直辖市人民政府地质矿产主管部门依法律的职责责成有关责任人履行，当然也可由被侵权的一方请求人民法院予以追究。违反《矿产资源法》的刑事责任由人民法院予以追究。

二、行政复议

（一）行政复议的概念

行政复议又称行政救济，是当事人在行政机关违法或用不正当行政行为侵犯其合法权益时，向上级行政机关请求矫正的一种救济手段，是一种层级监督的行政行为。其含义有以下几点：

(1) 公民、法人或其他组织对行政机关的具体行政行为不服时，可以依法向上一级行政管理机关或者作出具体行为的行政机关申请复议。

(2) 申请人必须是认为自己的合法权益受到侵害的当事人。

(3) 申请复议的对象必须是行政机关或其工作人员依职权作出的具体行政行为。

(4) 行政复议是一种法定的程序性活动，是以复议机关作出复议决定作为结果的。根据矿产资源法律、法规的要求，地质矿产行政复议较之于一般行政复议具备以下特点：① 当事人具有选择行政复议或行政诉讼的权力；② 具有明确的时效性，矿产行政行政复议时间只有2个月；③ 具有较强的专业性。

（二）申请行政复议的条件

申请行政复议，应当符合下列条件：

(1) 申请复议的当事人是被处罚的公民、法人或者其他组织以及认为行政处罚决定侵犯其合法权益的单位或个人；

(2) 有具体的复议请求，并附有书面复议申请；

(3) 属于复议范围；

(4) 属于复议机关的管辖范围。

公民、法人或其他组织已向人民法院申请行政诉讼的，不得申请复议。

（三）地质矿产行政复议的范围

《行政复议条例》第九条列举了公民、法人或其他组织对行政机关9个方面的具体行政行为不服时，可以申请复议。地质矿产行政行为并不是都可以复议的。根据法律和从执法的实际出发，当公民、法人或其他组织对地质矿产行政机关的下列具体行政行为不服时，可以申请复议：

(1) 对罚款，吊销勘查许可证或采矿许可证，责令停止开采和赔偿损失，没收矿产品和违法所得等行政处罚不服的；

(2) 认为行政机关侵犯法律、法规规定的经营自主权的；

(3) 认为符合法定条件申请地质矿产行政机关颁发勘查许可证或采矿许可证，地质矿产行政机关拒绝颁发或者不予答复的；

(4) 认为地质矿产行政机关违法要求履行义务的；

(5) 法律、法规规定可以申请复议的其他具体行政行为。

(四) 地质矿产行政机关的复议管辖

复议管辖是确立行政机关管理复议案件的分工和权限的划分。对行政复议的申请人来说，是到哪一级地质矿产行政机关去申请复议；对行政机关来说，是由哪一级地质矿产行政机关行使复议权。

根据地质矿产行政复议案件的种类和性质以及地质矿产行政机构的特点，地质矿产部门负有行政复议职责的机关有国务院地质矿产主管部门，省、自治区、直辖市地质矿产主管厅(局)以及部分地方性法规授权的市(地)级负责地质矿产管理工作的部门。

三、行政诉讼

(一) 行政诉讼的概念

诉讼，也就是通常所说的“打官司”，它是指法院和案件当事人在其他诉讼参与人的配合下，依法定程序对案件进行审理判决的过程。诉讼包括起诉、审判、执行 3 个基本阶段。在解决案件过程中法院处于主导地位，双方当事人则各基于诉讼法律所赋予的权力，在司法机关的主持下为维护自己的合法权益而积极活动。

行政诉讼是指当事人受某国家行政机关的违法或不当的处分以致其合法权益受到侵犯，依法请求法院对行政机关的行政行为进行合法性审查，受理请求的法院依法进行审理并作出裁决的法律制度。可见行政诉讼与一般诉讼最大的区别就是“民告官”。

(二) 行政诉讼的特点

行政诉讼法有以下几个特点：

(1) 行政诉讼是一种诉讼活动，它不仅包括法院的审判活动，同时也包括诉讼参与人，特别是双方当事人的诉讼活动。法院和诉讼参与人的诉讼活动都必须依法遵循一定的原则和程序；否则，所进行的诉讼活动不具备法律效力。

(2) 根据《行政诉讼法》第二条规定，“行政诉讼的被告人只能是国家行政机关或行政机关工作人员”；否则，不构成行政诉讼。

(3) 行政诉讼法律关系的客体是行政机关或行政机关工作人员单方面作出的具体行政行为。

(4) 行政机关的具体行政行为是违反了行政法律规范的行为。如果行政机关作为民事主体而违反了民事法律规定，就不能对其提出行政诉讼。

因此，地质矿产管理的行政诉讼，是指地质矿产行政管理机关及其工作人员在矿产资源管理过程中，对公民或者法人有关争议的行为作出了某种处罚，而被处罚者不服，因而请求人民法院通过法律程序予以裁判的活动。

(三) 地质矿产行政诉讼的范围

就地质矿产主管部门的职责而言，它在执行矿产资源法律、法规过程中，以下行为可能引起行政诉讼：

(1) 对违反矿产资源法规的行为实施的罚款、吊销勘查许可证或采矿许可证、责令停产、没收违法采出的矿产品和违法所得等行政处罚；

(2) 依法使用的各种强制措施，如查封、扣押、冻结、变卖或划拨等；

(3) 侵犯探矿权人或采矿权人自主经营的，如生产计划权、产品销售权、固定资产处分权、矿业权处分权、拒绝摊派权等；

(4) 符合法定条件而拒不颁发勘查许可证或采矿许可证，或申请两证逾期不予答复的；

(5) 有义务保护探矿权人或采矿权人合法权益而拒绝保护或逾期不予答复的；

(6) 违法要求探矿权人或采矿权人履行义务的，如乱收费、乱摊派等行为；

(7) 因执行公务给他人造成人身或财产损失的行为以及法律、法规规定可能引起行政诉讼的其他行为。

以上7种行政行为，都是地质矿产主管部门在执行矿产资源法规中可能引起行政诉讼的行为，是管理相对人，尤其是探矿权人或采矿权人进行行政诉讼的主要对象。

(四) 行政复议与行政诉讼的区别

行政复议和行政诉讼一样，都是当事人为了保护其合法权益不受侵犯而采取的诉讼活动。这两种行为既有共性，又有不同。其区别主要有以下几个方面：

(1) 受理的机关不同。受理行政复议的机关为行政机关，即原来作出行政决定的机关或其上级机关，而行政诉讼的受理机关只能是人民法院。

(2) 申请救济的理由不同。当事人对违法的行政行为和不当的行政行为都可以提出复议，而行政诉讼只能针对违法的行政行为提出。因为行政机关有自由裁量权，法院只能审查行政行为的合法性，对行政行为是否妥当则无权审理。

(3) 裁决机关的权力不同。受理行政复议的行政机关可以撤销或变更原来的行政决定，而受理行政诉讼的法院原则上只能撤销违法的行政行为，没有变更原行政行为的权力。

由此可见，行政复议所得到的救济比行政诉讼更全面充分。但行政诉讼则具有一些明显的优势：① 行政诉讼作为局外人的人民法院裁决比较公正，而行政复议由于是同一系统，上级行政机关有可能先入为主，偏袒下级行政机关；② 当事人提出行政诉讼，法院必须作出判决或裁定，而当事人申请行政复议，由于行政机关具有很大的自由裁量权，可能对当事人的申请不作出决定。

进一步阅读的书目

1. 蒋承菘.地质矿产行政管理.北京：地质出版社，1998.
2. 傅鸣珂，刘善堂.《中华人民共和国矿产资源法》讲话.北京：法律出版社，1992.
3. 曹树培.地质矿产行政法.北京：中国政法大学出版社，1993.
4. 傅鸣珂，钟自然.国际矿业投资环境立法与政策.北京：地震出版社，1993.
5. 仲伟志等.《矿产资源勘查区块登记管理办法》、《矿产资源开采登记管理办法》、《探矿权采矿权转让管理办法》条文释义.北京：当代中国出版社，1998.

思　考　题

1. 什么是地质矿产行政管理法规体系？它由哪些法律、法规、规章组成？
2. 为什么说资源保护贯穿于法规体系全程中是我国地质矿产行政法规体系的一大特色？
3. 我国的矿业权法律制度与国外类似制度比较有何异同？
4. 矿产资源国家所有原则如何具体实现？
5. 你认为我国地质矿产行政管理法规体系中最需要完善、补充和修改的是什么？